Karl Mark

75 JAHRE ROTER HUND

Karl Mark

75 JAHRE ROTER HUND

Lebenserinnerungen

BÖHLAU VERLAG WIEN · KÖLN

Gedruckt mit Unterstützung durch
das Bundesministerium für Wissenschaft und Forschung,
das Bundesministerium für Unterricht und Kunst,
das Kulturamt der Stadt Wien,
die Kammer für Arbeiter und Angestellte,
die Gewerkschaft der Privatangestellten,
die Gewerkschaft der Gemeindeangestellten,
die Bundesparteileitung der SPÖ,
die Wiener Städtische Versicherung,
die Austria Tabakwerke.

CIP-Titelaufnahme der Deutschen Bibliothek

Mark, Karl:
75 [Fünfundsiebzig] Jahre Roter Hund : Lebenserinnerungen /
Karl Mark. - Wien ; Köln : Böhlau, 1990
ISBN 3-205-05317-6
NE: Der Rote Hund

ISBN 3-205-05317-6

Satz: KLOSSSATZ, 1100 Wien
Druck: Rema-Print, Wien

INHALT

PROLOG

Am 12. Feber 1913, ich war zwölfeinhalb Jahre alt, las mein Vater beim Frühstück aus der Zeitung vor. „Gestern abend, um 10 Uhr 45', wurde der sozialdemokratische Reichsratsabgeordnete Franz Schuhmeier auf dem Nordwestbahnhof nach der Rückkehr von einer Versammlung von dem christlichsozialen Arbeiter Paul Kunschak (Bruder von Leopold Kunschak) erschossen."

Ich wußte nicht viel über Schuhmeier, nur daß er ein beliebter Führer der Arbeiter, vor allem der Ottakringer war. Auf meinem Schulweg mußte ich aber immer wieder darüber nachdenken. Vor dem Schultor des Akademischen Gymnasiums war bereits eine heftige Diskussion im Gange. Da sagte einer - und wenn ich mich richtig erinnere, war es mein Mitschüler Fritz Mandel, der spätere Berater Starhembergs: „Es ist gut, daß so ein roter Hund wegputzt worden ist." Daß man über einen Menschen so sprechen konnte, traf mich so, daß ich die zwei Stunden bis zur Zehn-Uhr-Pause nur darüber nachdachte, was ich tun solle. Um zehn Uhr wußte ich es. Stolz verkündete ich: „Von heute an bin ich auch ein roter Hund." Am Nachmittag ging ich in die Volksbuchhandlung in der Gumpendorfer Straße und kaufte mir auf Empfehlung der Genossen Scholz und Sternglas um zwanzig Heller die Broschüre: „Was will die Sozialdemokratie?" von Wilhelm Ellenbogen. Ich mußte doch wissen, was ich als „roter Hund" eigentlich will.

Viele Leute meinen, der Titel des vorliegenden Buches sei auf das von den Sozialistischen Studenten nach der Befreiung 1945 ins Leben gerufene politische Kabarett „Der rote Hund" zurückzuführen. Ich muß sie enttäuschen. Gelegentlich habe ich meinem Freund Hugo Pepper diese Geschichte erzählt, und er brachte sie vor, als beraten wurde, welchen Namen das neue Kabarett führen sollte. Wie man mir berichtete, sei der Name einstimmig mit großer Begeisterung beschlossen worden.

1988 wurde vom Bundesparteivorstand für Buch und Film anläßlich des hundertsten Jahrestages der Gründung der Sozialdemokratischen Partei als Titel die ersten Worte eines Arbeiterliedes gewählt, das man wohl als ein lyrisches Programm der Sozialdemokratie bezeichnen kann. Sie lauten: „Was wir ersehnen von der Zukunft Fernen." Der Gedanke gefiel mir, und ich nahm mir vor, alte, zum Teil schon längst vergessene Arbeiterlieder an die Spitze entsprechender Kapitel meiner Erinnerungen zu stellen. Für die Epoche bis zum Ende des Ersten Weltkrieges, der Zeit der Sammlung aller Kräfte der Arbeiterklasse, wählte ich das Lied: „Wacht auf, Verdammte dieser Erde."

Vorher aber muß ich doch ein paar Worte über die politische Situation in Österreich vor 1918 und über meine Familie und meine Jugend sagen. Mein Hineinwachsen in die Arbeiterbewegung ist nur dann verständlich, wenn man die Wurzeln kennt.

IN DER MONARCHIE

„Wacht auf, Verdammte dieser Erde ...“

Die politische Situation in Österreich

Im Jahre 1918 wurde der Zerfall der Donaumonarchie immer deutlicher. Schon von Kriegsbeginn an waren slawische Truppen (Tschechen, Slowaken, Ruthenen, Serben, Kroaten) oft sehr unzuverlässig. Widerstand, Desertion, Meuterei zeigten das immer öfter, ja sogar das Überlaufen ganzer Truppenteile wurde immer häufiger gemeldet. Die Unabhängigkeitsbestrebungen der Nationen nahmen zu und drängten zu ihrer Verwirklichung. Die Fronten im Osten und Süden brachen zusammen. Die Monarchie erlag einem Auflösungsprozeß. Am 12. November 1918 wurde die Republik Deutsch-Österreich ausgerufen. In einem Symposium der österreichisch-sowjetischen Gesellschaft in Wien wurde die Meinung vertreten, der Zerfall Österreichs sei in erster Linie eine Folge der Russischen Revolution und der ihr folgenden Umwälzungen in Mittel- und Osteuropa. Ich glaube nicht, daß der Zerfall Österreichs auf die Revolutionen von 1917 und 1918 zurückzuführen ist. Meiner Ansicht nach ist er vor allem auf das Verhalten der Habsburger zurückzuführen, die seit jeher versuchten, die verschiedenen Nationen in ihren Ländern gegeneinander auszuspielen. Sie stützten sich dabei auf die Nachkommen jener spanischen, italienischen und französischen Generäle, die sich bei der „Katholischmachung“ Österreichs besonders ausgezeichnet hatten und die nach der Schlacht am Weißen Berge 1620 mit den Gütern des unterlegenen evangelischen Großgrundbesitzes belohnt wurden. Aus dieser Zeit stammen die Namen Montecucculi, Belcredi usw. Aber auch das langsam entstehende Industriekapital, das an der Sicherung eines möglichst großen

Wirtschaftsraumes interessiert und darum gegen nationale Bestrebungen eines erwachenden Bürgertums der geschichtslosen Nationen eingestellt war, sowie die Beamtenschaft und das Heer und natürlich die katholische Kirche waren ihre festen Stützen. Im Jahre 1848/49, als sich Ludwig Kossuth erdreistete, in Ungarn eine eigene Regierung zu bilden, schlugen die Habsburger diese ungarische Revolution mit Hilfe russischer Kosaken nieder. Nach Königgrätz fand im Jahre 1867 eine Neuregelung statt, und Ungarn bekam durch den „Ausgleich" die Eigenstaatlichkeit mit einem eigenen Parlament. Gleichzeitig lieferte Franz Joseph faktisch alle anderen in Ungarn lebenden Nationen den Magyaren aus: Rumänen, Slowaken, Serben, Kroaten, Siebenbürger Sachsen, Banater Schwaben. Diese stellten immerhin mehr als die Hälfte der in diesem Gebiet lebenden Bevölkerung dar. Die parlamentarische Verteilung spiegelte dieses Bild in einem krassen Mißverhältnis wider: Rund dreihundertfünfundsiebzig magyarischen Abgeordneten standen nach meiner Erinnerung fünfundsiebzig Abgeordnete anderer Nationen gegenüber. Trotz intensiver Nachforschungen (ungarische Botschaft in Wien, Collegium Hungaricum, Universität Budapest) konnte ich nie eine klare Antwort erhalten. Erst im Feber 1990 teilte die ungarische Akademie mit: vierhundertzehn Magyaren und vierzig Slawen. Diese Auskunft würde bedeuten, daß außer den vierzig vom selbständigen kroatischen Landtag gewählten vierzig Delegierten (natürlich alle Slawen) in Restungarn nur magyarische Abgeordnete gewählt wurden. Ich selbst habe eine Reihe deutschsprachiger (Siebenbürger Sachsen, westungarische Heanzen und Banater Schwaben) und außerdem rumänische und slowakische Abgeordnete gekannt. Mir erscheint es nicht verwunderlich, daß in einer solchen Situation Schwierigkeiten und Widerstände entstanden.

Der Führer der Tschechen, Frantisek Palacky, erklärte in den achtziger Jahren des vorigen Jahrhunderts, wenn Österreich nicht bestünde, müßte es erfunden werden. So intensiv empfand er dieses Land als wirklichen Ort der Begegnung. Noch waren also Männer an der Spitze der Nationalitäten, die eine konstruktive Zusammenarbeit für ein erstrebenswertes Ziel hielten. Die Bevorzugung der Nachkommen der österreichischen Generäle und gleichzeitige Zurückdrängung der Deutschen verschärfte die nationalen Kämpfe vor allem in Böhmen. Die rasch wachsende Partei der Jungtschechen unter Kramar, zaristisch-russophil orientiert, unterstrich die Gegensätze der Nationen in der Monarchie und glaubte nicht mehr an Österreich. Palacky und seine Partei traten immer mehr zurück. Bald wurden aber auch die Jungtschechen durch radikal-nationale Gruppen abgelöst.

Dasselbe Spiel, die einen gegen die anderen auszuspielen, wurde in der Steiermark und in Kärnten zwischen Deutschen und Slowenen getrieben, in Tirol zwischen Deutschen und Italienern, und in den Küstengebieten unter Bevorzugung der Italiener zwischen Südslawen und Italienern. Diese Faktoren in der Politik der Habsburger scheinen mir entscheidend, wobei die Jahre 1917/18 als verstärkendes Moment gewirkt haben könnten. In Wien wußte man von all diesen Entwicklungen wenig. Als ich im Sommer 1918 in Prag war, hörte ich, daß es im Juni die blutige Niederschlagung eines Aufstandes gegeben hatte. In Wien war man nicht einmal darüber informiert, daß es überhaupt Widerstände gab. Konsolidierungsversuche österreichischer Sozialisten auf der Basis nationaler Autonomie fanden bei Franz Joseph kein Gehör. Das Klischee, das seine Person als „Vater des Vaterlandes" darstellt und ihn als den „lieben alten Papa in Schönbrunn" zeigt, der rührend bestrebt ist, Österreich zusammenzuhalten, scheint mir nicht nur verfälscht, sondern von geradezu manipulatorischer Unrichtigkeit. Einen Monat nach dem Attentat Fritz Adlers starb am 21. November 1916 Kaiser Franz Joseph. Die Bemühungen Karls, seines Nachfolgers, im Oktober 1918, um ein Selbstbestimmungsrecht der Nationalitäten als Grundlage der Monarchie, kamen zu spät. Sein Manifest fand keine Beachtung mehr.

Familie und Jugend

Meine Eltern

Ich wurde am 1. August 1900 in Wien geboren. Dazu wäre es nicht gekommen, hätte nicht Hedwig Mark ihre Schulfreundin Toni Strial öfter zu sich in ihre Wohnung eingeladen. Dort lernte meine Mutter, die aus kleinbürgerlichen, eher konservativen Kreisen kam, fortschrittliche Gedanken, die Welt der Moderne, vor allem auch der Kunst, aber auch Hedwigs Bruder kennen. Emil Mark, mein damals noch zukünftiger Vater, war von dem jungen, schönen Mädchen so begeistert, daß er sich vornahm, es zu heiraten. Am

5. Juli 1892 wurde Hochzeit gefeiert - am einundzwanzigsten Geburtstag der Braut.

Anton Strial, mein Großvater mütterlicherseits, war Eisenbahningenieur und entstammte einer tschechischen Bauern- und Lehrerfamilie aus Slap bei Prag, meine Großmutter Agnes Strial, geborene Glösel, einer Arztfamilie aus Preußisch-Schlesien.

Die Eltern meines Vaters, Samuel Mark, auch ein Eisenbahnbeamter, aus Jaroslau/Galizien und Mathilde Mark, geborene Pohl, aus Prag, entstammten jüdischen Familien, die zum Teil künstlerische, zum Teil wirtschaftliche Interessen wahrnahmen. Vaters Geburtsort war Prag. Meine Großmutter hielt sich zur Zeit der Geburt meines Vaters bei Verwandten dort auf, da mein Großvater damals dienstlich meist in Kolin tätig war. Kurz nach der Geburt telegrafierte man dem frischgebackenen Vater: „1. April 1864. Ein Sohn ist gekommen." Er steckte das Telegramm ein und dachte: „Ich lasse mich nicht in den April schicken." Als er nach drei Tagen nach Prag zurückkehrte, sah er, daß der Bub wirklich da war.

Nach der Matura begann dieser Bub, nun schon ein junger Mann, bei Erich Schmidt, dem damals berühmtesten Germanisten der Wiener Universität, zu studieren. Ganz besonderes Interesse hegte er für die schriftstellerische Bewegung des Naturalismus. Er gründete deshalb während der Studienzeit einen studentischen Leseverein an der Universität und trat mit den neu auftretenden Schriftstellern von Ernst Wildenbruch bis Gerhard Hauptmann in schriftliche Verbindung (so auch mit Gottfried Keller) und organisierte Veranstaltungen, bei denen neue Werke dieser Schriftsteller von bedeutenden Burgschauspielern wie Adolf von Sonnenthal, Bernhard Baumeister und Charlotte Wolter gelesen wurden.

Ungefähr achtzig Jahre später erlangte diese Verbindung zu Gottfried Keller wieder Bedeutung, als Schweizer Erwachsenenbildner Österreich besuchten. Bei dieser Gelegenheit hatte ich zu begrüßen und sagte unter anderem: „Schon mein Vater hat mit der Schweiz Verbindung gehabt. Er hat mit Gottfried Keller korrespondiert." Da sprang einer der Delegierten auf und sagte aufgeregt: „Jetzt wissen wir endlich, wer der Student ist, von dem Gottfried Keller in seinem Briefwechsel mit der Familie Exner schreibt." Ein junger Student habe sich an ihn gewendet, er möge ihm etwas zum Vorlesen in seinem Leseverein überlassen. Wir haben nie herausbekommen, wer das war. Und nun stellte sich heraus, daß es mein Vater war.

Mein Vater liebte sein Studium sehr, interessierte sich für Sprache und Literatur. Er liebte aber auch Toni und wollte mit ihr eine

Familie gründen. Dieser Plan verlangte nach einer soliden finanziellen Basis, die sich durch ein Germanistikstudium nicht so leicht hätte verwirklichen lassen. Wahrscheinlich rang mein Vater lange mit sich, aber schließlich entschloß er sich umzusatteln. Er begann Jus zu studieren und beendete das Studium in kürzestmöglicher Zeit. Bald darauf trat er als Jurist in den Eisenbahndienst. Dort machte er eine langsame, aber letzten Endes steile Karriere. Er ging 1922 im höchsten für ihn erreichbaren Rang eines Zentralinspektors (militärisch etwa dem Generalmajor entsprechend) in Pension und bekam von Karl Seitz, der als Vorsitzender des Staatsrates die Funktion des Staatsoberhauptes ausübte, den damals überaus seltenen Titel „Hofrat“ verliehen. Die Arbeit meines Vaters betreffend blieben mir zwei Begebenheiten in Erinnerung, die seine Persönlichkeit charakterisieren könnten. Zu Beginn des Ersten Weltkrieges wurde er zum Leiter der Militärtarifkontrolle ernannt. Seine Aufgabe war zu überprüfen, ob die vielen Güter, die als Militärgut kostenfrei transportiert wurden, wirklich solche waren. Das waren sie nämlich nicht immer. Dadurch kam er mit den deutschen Militärbehörden in einen heftigen Konflikt, weil diese waggonweise geplünderte Möbel, Klaviere, Teppiche und anderes als Militärgut und deshalb kostenlos von Rumänien nach Deutschland transportierten. Als gewissenhafter Mensch bestand er auf einer Nachzahlung, der die Deutschen äußerst widerwillig nachkamen.

Anders war sein Verhältnis zu seinen tschechischen Kollegen. Sie schätzten ihn sehr. Im Juni 1918 mußte ein wichtiger Akt nach Prag gebracht werden. Er vertraute mir die Papiere an, weil er, es war die Zeit des Zerfalls der Monarchie, gegen viele der Beamten ein gewisses Mißtrauen hegte. Nachdem ich die Papiere an die tschechischen Kollegen übergeben hatte, unterhielten wir uns noch ein wenig. Da betonten sie, daß mein Vater doch in Prag geboren sei und fragten, ob er nie in Betracht gezogen habe, wieder nach Prag zurückzukehren. „Wir werden in absehbarer Zeit ein unabhängiger Staat sein und eine Regierung bestellen. Da brauchen wir so Leute wie ihn. Ich garantiere Ihnen“, sagte Pater Isidor Zahradnik, der Führer der tschechischen Agrarpartei, der später Eisenbahnminister wurde, „Er könnte eine ausgezeichnete Karriere machen.“ Aber mein Vater lehnte dieses Angebot ab. Hier in Wien hatte er sein Leben verbracht, hatte seine Familie und Freunde. Hier wollte er bleiben.

Eigentlich war er ein sarkastischer, aber doch gütiger Mensch, der jeglichen Formalismus energisch ablehnte. Sicherlich war das mit ein Grund, warum er nie den Versuch unternahm, mit den

Freimaurern in Verbindung zu kommen, obwohl er gesinnungsmäßig ähnliche Gedanken vertrat und sie besonders auch in der Bürokratie eine wichtige Rolle spielten. Mir ging es genauso. Wenn auch viele meiner Freunde, auch Genossen, zu dieser Organisation gehörten, hat meine Ablehnung dieses Geheimbundes dazu geführt, daß keiner von ihnen versuchte, mich zu werben. Trotzdem aber war mein Vater schon in der Monarchie insgeheim Mitglied der Sozialdemokratischen Partei geworden. Als ich ihn später als junger Vertrauensmann für die Partei werben wollte, gab er mir zur Antwort: „Bin ich schon lange." Beim Amtsdiener im Ministerium hatte er seine Beiträge bezahlt.

Meine Mutter wollte ursprünglich Schauspielerin werden. Das stand natürlich in ihrer sehr bürgerlichen, ja kleinbürgerlichen Familie vollkommen außerhalb jeglicher Diskussion. Sie entschloß sich dann, Lehrerin zu werden, und beendete die Ausbildung mit gutem Erfolg. Wegen des Zölibats für Lehrerinnen - verheirateten Frauen war es untersagt, als Lehrerin im öffentlichen Dienst tätig zu sein, und sie hatte inzwischen geheiratet - durfte sie ihren Beruf nie ausüben.

Im Jahre 1894 kam das erste von sieben Kindern auf die Welt. Meine Mutter führte den Haushalt, manchmal unterstützt durch eine Hausgehilfin, meistens allerdings allein. Neben der Erziehung der Kinder und der Führung des Haushalts arbeitete meine Mutter intensiv schriftstellerisch: Ein Roman, Novellen, Reisebeschreibungen, Gedichte und literarische Essays, die in Zeitungen und Zeitschriften veröffentlicht wurden. Die Themen, ihrem Lebenskreis entnommen, drückten ihre Beobachtungen, Erlebnisse und Stimmungen aus und brachten ihre offene und sozialkritische Einstellung zum Ausdruck. Das letzte ihrer erschienenen Werke, ein Roman mit dem Titel „Annemarie", weist stark autobiographische Züge auf. Sie konnte so gut mit der Sprache umgehen, daß sie sogar für einen Freund, Paul Zifferer, Feuilleton-Redakteur der „Neuen Freien Presse" und späterer Presseattaché in Paris, eine von ihm erstellte Übersetzung Flauberts korrigierte und gewisse Unsicherheiten im sprachlichen Ausdruck mit ihm überarbeitete.

Starkes Interesse hatte meine Mutter auch an der Frauenbewegung. Wahrscheinlich hatte die ungerechte Behandlung der Frauen im Berufsleben, die sie durch das Zölibat für Lehrerinnen am eigenen Leibe zu spüren bekommen hatte, dazu beigetragen, daß sie sich sehr zeitig in der Frauenbewegung zu engagieren begann. Der „Allgemeine österreichische Frauenverein", dem sie angehörte und in dem sie bald die Funktion der Schriftführerin des Vereinsvorstandes übernahm, war eine, wie ich sie bezeichnen möchte, linksbürgerliche Frauenorganisation. Meine Mutter veröffentlichte einige ihrer Arbeiten im „Neuen Frauenleben“, dem Organ des Vereins. Leopoldine Kulka, die Redakteurin der Zeitschrift, wurde zu einer sehr guten Freundin. Divergenzen über die Frage, ob eine Frauenorganisation unpolitisch sein soll oder nicht, führten schließlich dazu, daß Rosa Mayreder, eine der Gründerinnen, aus der Führung des Vereins ausschied, weil sie eine Annäherung an die Sozialdemokraten nicht billigte. Auguste Fickert und Marie Lang, die anderen Gründungsmitglieder, sowie meine Mutter waren gegen diese Haltung. Alle anderen Parteien zählten ja noch lange Zeit zu den heftigsten Gegnern jeder Bewegung, die sich für die Interessen der Frauen einsetzten.

Gemeinsam mit gleichgesinnten Frauen setzte sich meine Mutter, das Frauenwahlrecht gab es noch nicht, trotzdem schon im Jahre 1902 aktiv für die Wahl von Victor Adler ein, seit dem Einigungsparteitag 1888/89 in Hainfeld der geistige Führer der Sozialdemokraten, der im Kurienwahlkreis Wieden - Favoriten, in dem wir wohnten, kandidierte. Sie beteiligte sich am öffentlichen Leben und war auch Mitglied des Delegiertenrates des Ersten Wiener Konsumvereins.

Ich kann mir das Leben meiner Eltern nicht ohne ihr Interesse an Kunst und Kultur vorstellen. Nicht nur meine Mutter und ihre schriftstellerische Tätigkeit legten davon Zeugnis ab. Auch mein Vater hatte sich als junger Mann lyrisch betätigt und sogar ein Bändchen seiner Gedichte drucken lassen. Die von Ferdinand Avenarius herausgegebene deutsche Zeitschrift „Kunstwart“, deren Redakteur Josef Luitpold Stern einige Zeit war, und der Kreis um den „Dürerbund“ waren ihre geistige Heimat. Sie bildeten in ihrem Leben einen wesentlichen Bestandteil.

Im Jahre 1869 entstand in England die Settlement-Bewegung, und in Rußland gab es ungefähr zur selben Zeit, von 1860 bis 1895, eine Bewegung von fortschrittlichen Intellektuellen, den „Narodniki“, die der Meinung waren, daß Intellektuelle und Arbeiter in Kontakt miteinander treten sollten. Diese Idee fand auch in anderen Ländern und auch in Wien bei sozialliberalen Kulturinteressierten ein starkes Echo. Dem ersten Vorstand des Settlements in Wien, Mitte der neunziger Jahre, gehörte neben Karl Renner, Walter Schiff, Karl Federn auch mein Vater an. Er war hier stark vor allem durch seine Vorlesungen an Sonntagen beteiligt, und meine Eltern besuchten alle Veranstaltungen, wissenschaftliche, literarische und musikalische Vorträge, bei denen man versuchte, die Arbeiter mit dem wertvollen Kulturerbe vertraut zu machen und dadurch Intellektuelle und Arbeiter einander näherzubringen.

Um meine Eltern sammelte sich bald ein Kreis bedeutender Personen. Jeden Samstag kam man in unserer Wohnung auf der Wieden in der Karolinengasse 10 zusammen, hatte die Möglichkeit einander zu treffen und ins Gespräch zu kommen. Meist begannen die immer sehr wertvollen Diskussionen mit einem kurzen Statement eines der Gäste. Es besuchte uns Alfred Roller, Leiter der damaligen Kunstgewerbeschule (der heutigen Hochschule für angewandte Kunst) und enger Mitarbeiter von Gustav Mahler, Oskar Strnad, einer der bekanntesten Architekten von Wien, und Richard Wettstein, Botaniker an der Wiener Universität, als bürgerlicher Demokrat später auch im Parlament. Zu diesem Kreis gehörten Menschen wie Richard Stöhr, ein Cousin meines Vaters, Verfasser einer noch heute in vielen Ländern verwendeten Formenlehre, oder Mathilde Prager, die unter dem Pseudonym Erich Holm die Übersetzerin der Werke Henrik Ibsens, August Strindbergs und anderer skandinavischer Schriftsteller war. Es kamen Walter Schiff, Statistiker, und Julius Zappert, Mediziner von der Wiener Universität, der Burgtheaterdirektor Albert Heine, der Regisseur Ferdinand Gregori, die Kammersängerin Gertrud Förstel, der Musiker Ferdinand Grossmann und der Maler Alexander Hartmann. Der Verfassungsrechtler Hans Kelsen, später durch sein Mitwirken an der österreichischen Verfassung vielen Österreichern ein Begriff, nahm auch an diesen Abenden teil. Kelsen machte eigentlich ich mit unserer Familie bekannt. Ich war noch Volksschüler, als ich einmal mit meinem Freund im Belvedere spielte. Wir stritten über irgendeine Frage und konnten uns nicht einig werden. Da beschlossen wir, irgendjemand um seinen unparteiischen Rat zu fragen. Wir wählten einen jungen Mann, der uns umso bereitwilliger Auskunft gab, als er bemerkte, daß wir uns unter der Aufsicht meiner älteren Schwester, einer sehr schönen jungen Dame, befanden. Irgendwie fädelte er es gleichzeitig so ein, daß er bei uns eingeladen wurde. Ich glaube, er hätte sie sogar gern zur Frau gehabt.

An dies alles konnte er sich noch erinnern, als er in den fünfziger Jahren, er war schon ein sehr alter Mann, von Amerika nach Wien kam, um vor dem sozialistischen Klub zu sprechen. Als ich das erfuhr, bat ich Bruno Pittermann, ihn schon beim Hauseingang begrüßen zu dürfen. „Karl Mark“, stellte ich mich vor, als er aus dem Auto stieg. „Sind Sie am Ende der Sohn?“ wunderte sich Kelsen. „Ja“, sagte ich, „ich bin der Sohn“, und fügte schmunzelnd hinzu: „Oder besser gesagt, der Bruder." Unsere Samstagabende waren noch in seinem Gedächtnis.

Wir waren eine musikalisch sehr aufgeschlossene Familie. Meine Eltern waren begeisterte Anhänger von Richard Wagner und Anton Bruckner und gehörten zu den ersten, die Bruckners Bedeutung erkannten und im Stehparterre klatschten, während im Parterre und in den Logen gepfiffen und gezischt wurde. Mein Vater hatte vier Semester bei Anton Bruckner, der auch Lektor an der Wiener Universität war, Vorlesungen über Harmonielehre belegt. Die Gegensätze zwischen den Anhängern der klassischen Musik und den Freunden von Wagner und Bruckner waren so kraß, daß eine befreundete Familie die Verbindung mit uns abbrach, weil sie der Auffassung war, daß eine Familie von „Brahminen", so nannte man die Brahmsanhänger, nicht mit Brucknerianern verkehren könne. Die Gegensätze legten sich später wieder, und nach einigen Jahren wurde die Freundschaft wieder sehr eng. Wie scharf der Gegensatz war, kann man in den Werken Eduard Hansliks, des Musikkritikers der „Neuen Freien Presse", nachlesen. Er schrieb: „Bruckner komponiert wie ein Besoffener." Meiner Herkunft aus einer „Wagner-Brucknerianer-Familie" folgend nahm ich mir im Alter von achtzehn Jahren vor, Wagners „Ring der Nibelungen" kennenzulernen. Das waren vier Aufführungen innerhalb von acht Tagen. Immer Stehparterre und dann noch zu Fuß nach Hause. Das Geld für das Stehparterre erwarb ich mir durch Nachhilfestunden und, da ich Anspruch auf eine Tabakkarte hatte, durch den Verkauf meiner Zigarettenration. Dem ist es auch zuzuschreiben, daß ich mir nie das Rauchen angewöhnte. Danach schwor ich mir: „Ich gehe nie wieder in die Oper!" Es war viel zu anstrengend. Zu meinem Pech oder zu meinem Glück fand am darauffolgenden Samstag eine Aufführung von Beethovens „Fidelio" statt. Ich dachte mir: „Gut, einmal versuche ich es noch." Da wurde aus mir ein begeisterter Opernbesucher. „Fidelio" sah ich vielleicht hundertmal. Ich glaube, ich versäumte viele Jahre hindurch kaum eine Aufführung.

Einer der Lieblingsdichter der Familie - und besonders meiner Mutter - war der Schweizer Carl Spitteler, der spätere Nobelpreisträger. Meine Mutter hatte mit ihm sehr lange vor dem Ersten Weltkrieg korrespondiert und sich gemeinsam mit dem Wiener Kulturpapst Hugo Heller, dem Besitzer der angesehensten und engagiertesten Buchhandlung in Wien, energisch für ihn eingesetzt. Mit Heller gemeinsam hatte sie ihn nach Wien eingeladen und hier Vorlesungen Spittelers organisiert, die diesem viel Anerkennung brachten.

Die Samstagabende bei meinen Eltern änderten sich nach dem Ersten Weltkrieg. Jetzt sammelte sich in unserer neuen Wohnung in Döbling in der Pyrkergasse 7 die ganze Jugend, die zum Freundeskreis meiner Geschwister gehörte. Da las mein Vater aus den Werken von Fontane, Keller, Spitteler, Gorki, Silone, Andersen-Nexö u. a. vor. Besonderen Anklang fanden aber die plattdeutsch geschriebenen Werke von Fritz Reuter, die er, in einer Mischung von Hochdeutsch und Plattdeutsch, vielen der Gäste erst zugänglich machte. Bei einem Besuch in der DDR fand ich im Reutermuseum einen Brief von Wilhelm Wolff, einem Mitarbeiter von Marx und Engels, in dem er Marx auf Reuters Werke und besonders auf ihren gesellschaftskritischen Inhalt aufmerksam machte. Reuter war viele Jahre aus politischen Gründen inhaftiert, was er in der „Festungstid“ schilderte.

Zu Beginn des Ersten Weltkrieges hatte Spitteler die Schweizer gemahnt: „Vergeßt nicht, daß ihr Schweizer und keine Deutschen und keine Franzosen seid!“ Er brachte hier eine liberale, internationale Haltung zum Ausdruck, wodurch er Anerkennung und Freundschaft von Romain Rolland und Henri Barbusse gewann. Aber es schadete ihm in der Zeit eines fanatischen deutschnationalen Patriotismus so sehr, daß es nicht einmal seinem mit ihm eng befreundeten Verleger Eugen Diederichs gelang, ihn aus dem Hintergrund, in den man ihn verdrängt hatte, wieder ins Rampenlicht zu holen. In unserem Haus geriet er nie in Vergessenheit. Die Wertmaßstäbe und Richtlinien, die er in seinen Büchern vertrat, begleiteten mich mein ganzes Leben.

Das Deutschbewußtsein wurde gewöhnlich durch den Gegensatz zu anderen Nationen herausgearbeitet. Mir war das fremd. Selbstverständlich waren die anderen genauso wie ich, und ich wollte und konnte nie unterscheiden, was die Besonderheit an dem „Deutschsein“ war. Im Oktober 1961 war ich mit verschiedenen Abgeordneten des Europarates einmal im französischsprachigen Aostatal in Italien. Nach einem Volksfest, als wir nach Hause gingen, tanzten die Talbewohner auf dem Weg und forderten uns ganz unbeschwert zum Mittanzen auf. Viele wunderten sich darüber, mir aber war das selbstverständlich. Die Äußerungsformen anderer Nationen sind mir genauso nahe wie die von Deutschen oder Österreichern. Ich war besonders daran interessiert zu sehen, wie die Menschen in fremden Ländern leben. Das Ergebnis war: Sie sind genauso wie ich, wenn auch die Formen sich manchmal unterscheiden. Innerlich sind sie uns gleich und deshalb mit demselben Respekt zu behandeln wie Menschen meines eigenen Landes.

Spitteler beeindruckte mich auch deshalb so, weil er ein Schriftsteller war, der unabdingbare Gesetzmäßigkeiten in der Gesellschaft, ähnlich wie Karl Marx, anerkannte. Für Marx waren es historisch-ökonomische Gesetze, Spitteler nannte sie „ananke", den Zwang, ein Wort, das aus dem Griechischen kommt und die schicksalhafte Macht der Natur und ihrer Gesetze bedeutet. Der Zusammenhang, den ich später zwischen ihm und Marx feststellte, war mir damals, als ich als Kind seine Werke kennenlernte, nicht klar. Ein Buch meines sehr geschätzten Lehrers, Otto Rommel, machte es mir viel später bewußt. Das, was er schrieb, lag einfach auf einer Linie mit dem, was ich mir dachte. Eines meiner Lieblingswerke war „Imago", ein Buch, in dem er versuchte, das zum Ausdruck zu bringen, was in einem Mann im Verhältnis zu einer Frau vorgeht. Er wählte dafür eine Dreiteilung der männlichen Sichtweise: Die Frau in ihrer menschlichen, natürlichen Erscheinung, als Verkörperung des Idealbildes einer Frau und der inneren Stimme, die ihm sagt, was er zu tun habe. Sie ist einmal Theuda, einmal Imago und dann die Hohe Herrin. Das faszinierte mich. Ich hielt es für eine ausgezeichnete Darstellung und nahm an, daß es kein Zufall ist, daß die Individualpsychologen um Alfred Adler ihre Zeitschrift nach diesem Buch nannten. Professor Erwin Ringel bestätigte erst vor kurzem diese Auffassung. Auch sie sahen in der menschlichen Psyche die verschiedensten Strömungen, die die Handlungen beeinflussen.

Ich las damals auch Freud, aber er hinterließ in mir nicht denselben Eindruck. Er schien mir doch zu einseitig auf die Rolle des Sexuellen konzentriert zu sein. Unter dem Einfluß dieser Ideen und der Persönlichkeit meiner Mutter, pflegte ich sehr oft zu sagen: „Ich bin ein Mutterkind, aber kein Muttersöhnchen". Ich hoffte damit die Bedeutung meiner Mutter für mein Werden ohne den Verlust meiner eigenen Persönlichkeit auszudrücken. Die Lebensweisheit meines Vaters, deren Wirkung auf mich ich nicht so unmittelbar spürte und die ich deshalb erst später erkannte, entwickelte mein Verständnis für die Menschen und die Welt. Mit meiner Mutter hatte ich oft stundenlange Debatten, weil mich ein Problem quälte. „Ich weiß nicht, was gut und was böse ist", sagte ich zu ihr. Sie verstand, daß es für mich eigentlich nichts Schlechtes gab, daß Dinge gut sein können, auch wenn sie schlecht erscheinen. Wie war es dann möglich, Dinge zu beurteilen und Entscheidungen zu treffen? Ich hatte schon damals den Eindruck und habe ihn heute noch, daß alles, was ich mache, aus einem inneren Zwang aus mir herauskommt. Ich weiß nicht, wer ihn hineingepflanzt hat, doch das ist eigentlich nicht wichtig. Er ist da.

Ich konnte immer mit meinen Eltern reden und meine Zweifel und Probleme mit ihnen besprechen. Sie ließen mich an ihrem Leben teilnehmen. Für sie und für mich war es selbstverständlich, daß ich an den Fortschritt und die Freiheit glaubte. Keiner meiner Freunde hatte so ein Zuhause wie ich.

Ich wurde konfessionslos aufgezogen. Kurz bevor ich in die Schule kam, wurde ich evangelisch getauft, um Schwierigkeiten auszuweichen. Der Religionsunterricht führte mich in die Geschichte des österreichischen Protestantismus ein, und irgendwie steckt in mir immer noch eine protestantische Ader. Aber diese Einstellung des Protestes, des nicht willenlos Akzeptierens ist eher eine politische als eine religiöse. Meiner Mutter und meinem Vater gegenüber allerdings nahm ich nie eine solche Abwehrhaltung ein. Im Gegenteil. Früher sagten wir Kinder zu ihnen Mama und Papa. Aber eines Tages beschlossen wir, von nun an Vater und Mutter zu sagen. Wir hatten den Eindruck, daß sie es verdienten. Es schien uns ein Vater mehr zu sein als ein Papa und eine Mutter mehr als eine Mama. Sie übten nie Zwang auf mich aus, und ich hatte den Eindruck, sie ließen mich machen, was ich für richtig hielt. Vielleicht war das gar nicht ganz so, doch sie konnten mir dieses Gefühl der Freiheit vermitteln und machten es mir dadurch auch sehr leicht, ihnen und damit ihren Werten und Vorstellungen zu vertrauen. Das bedeutet aber nicht, daß ich ein „folgsames" Kind gewesen wäre. Ich tat nicht immer das, was vielleicht ihren Vorstellungen entsprochen hätte. Als ich Anfang 1919 bei einer Theaterpremiere protestierte, verhaftet wurde und die ganze Nacht nicht nach Hause kam, überschütteten sie mich nicht mit Vorwürfen, wie das andere Eltern wahrscheinlich getan hätten, sondern nahmen es, obwohl sie sich sicher Sorgen um mich gemacht hatten, als Reaktion und Ausdruck meiner Gefühle mit allen ihren Folgen zur Kenntnis. Ich wurde auch nie körperlich gezüchtigt. Meine erste und einzige Ohrfeige bekam ich auch nicht von ihnen, sondern von einem meiner Lehrer.

Meine Geschwister

Meine älteste Schwester Agathe (1894) war nicht nur sehr schön, sondern auch vielseitig begabt und künstlerisch ambitioniert. Sie studierte an der Kunstgewerbeschule bei Oskar Strnad, Alfred Roller und Oskar Kokoschka und gehörte zu deren besten Schülern. Sie heiratete später Moritz August Kornfeld, führte ein großes Haus und widmete sich neben ihrer künstlerischen Betätigung auf dem Gebiet der Malerei auch dem Gesangstudium. Ich habe noch einzelne Platten von ihr. Sie lebte in einem Kreis von bedeutenden Künstlern und Intellektuellen, darunter Ferdinand Großmann, der spätere Chormeister des Staatsopernchores, oder Johannes Itten, der berühmte finnische Künstler, Walter Gropius, Ernst Plischke vom Bauhaus Wien, der später nach Weimar ging, und ein sowjetischer Schriftsteller, der Fedja genannt wurde, der Attaché der sowjetischen Handelsmission und viele andere. Daneben führte sie einen engagierten Modesalon für eine kleine exklusive Gruppe ihrer Freundinnen.

Nach Agathe kam meine Schwester Grete (1895). Ihr Wunsch war, wie der meiner Mutter als junges Mädchen, Schauspielerin zu werden. Sie begann an der Akademie für Musik und darstellende Kunst bei dem Burgtheaterdirektor Albert Heine, dem Regisseur Ferdinand Gregori und dem Burgschauspieler Weidemann zu studieren. Sie verstarb leider mit knapp zwanzig Jahren plötzlich und gänzlich unerwartet.

Dann kam ein Bub, Hans (1897), der nur zwei Jahre lebte. Von ihm weiß ich nichts.

Mein älterer Bruder Robert (1898), studierte nach seinem Kriegsdienst, den er als Leutnant der Reserve beendete, Medizin und ging auf Rat seines Ordinarius, Professor Durig, auf ein Jahr an ein Institut in Morristown in die USA, später nach Würzburg und Köln, wo auch Hans Kelsen lehrte. Bemerkenswerterweise waren die beiden Österreicher die einzigen Hochschulangehörigen, die 1932 knapp vor der Machtergreifung der Nationalsozialisten in Deutschland an der offiziellen Feier des Verfassungstages der Weimarer Republik teilnahmen. Robert war seiner politischen Einstellung nach ein bürgerlicher Demokrat, der sich immer gegen meinen, wie er sagte, „proletarisierenden Einfluß auf die ganze Familie" wandte. In der Zeit des Nationalsozialismus gelang es ihm, wahrscheinlich mit Hilfe nationalsozialistischer Freunde, den Nachweis seiner Abstammung zu umgehen und seine Tätigkeit an der Universität Münster fortzusetzen. Selbst evangelisch aufgezogen, hatte er eine Frau aus einem alten, katholischen Geschlecht aus Westfalen geheiratet. Nach der Besetzung durch die Engländer übernahm er 1945 die Leitung der Klinik in Münster. Als die englische Besatzungsmacht ihm kurze Zeit später wieder einen nationalsozialistischen Professor vor die Nase setzte, nahm er ein Angebot an die Universität Rostock an. Der Eiserne Vorhang schnitt ihm bald darauf den Rückweg ab. Wegen eines unbegründeten Verdachts der Teilnahme an einer Konspiration einer antikommunistischen Organisation an der Universität, die von Österreichern ausgegangen war, versetzte man ihn an die neue Klinik an der Universität Halle, was seine wissenschaftliche Bedeutung unterstrich. Er wurde zum Vorsitzenden des gemeinsamen Internistenverbandes von Ost- und Westdeutschland gewählt. Als der Versuch scheiterte, nach Wien zurückzukehren, ließ er sich wieder in Münster nieder und eröffnete dort eine Privatpraxis.

Der nächste in der Reihenfolge der Geschwister war dann ich (1900).

Mir folgte mein jüngerer Bruder Richard (1902). Auch er war künstlerisch sehr begabt und schloß sich dem Freundeskreis Agathes an, besonders an Walter Gropius. Ihm folgend gab Richard das Gymnasium auf und ging nach Weimar. Wie viele begabte Menschen hochsensibel, litt er sehr an der Welt. Er zog sich ein Nervenleiden zu, heiratete dann in England, kehrte nach Wien zurück und vollendete sein Gymnasialstudium, eng befreundet mit seinem Lehrer Professor Dr. Friedrich Gläser. Richard hatte zahlreiche Kinder, die auf verschiedenen Gebieten Wertvolles leisteten. Der Älteste, Toni, war ein berühmter Schifahrer, der mit knapp fünfundzwanzig Jahren die österreichische Schimeisterschaft errang und für die Olympischen Spiele 1960 nominiert wurde. Leider fiel er vorher einem tödlichen Schiunfall zum Opfer.

Schließlich gab es noch meine jüngste Schwester Käthe (1904), die praktisch als einzige unter meinen Geschwistern aktive Sozialistin war. Richard war zwar im Jahre 1919 auch einer der Gründer der Sozialistischen Mittelschülerorganisation gewesen, hatte aber dann später nie mehr aktiv mit Politik zu tun. Käthe heiratete Felix Stark, einen der führenden Leute der Mittelschülerbewegung. Politisch sehr aktiv, hatten sie sowohl in der Zeit des Austrofaschismus als auch in der Zeit des NS-Regimes Schwierigkeiten, verbrachten einige Zeit wegen beruflicher Möglichkeiten meines Schwagers - er fand endlich einen Posten in der Rüstungsindustrie - in Berlin und kehrten, als das Laboratorium dieser Fabrik wegen der Bombenangriffe auf Berlin nach Ried am Riederberg verlegt wurde, nach Österreich zurück. Nach dem Ende des Krieges waren sie gleich zur Stelle. Felix baute die Falkenbewegung in Döbling auf und konnte wieder in den Schuldienst zurückkehren, wo er es bis zum Landesschulinspektor brachte, und meine Schwester blieb weiter mit der politischen Arbeit verbunden.

Heimat

Solange ich denken kann, gab es für mich zwei Orte, die ich mit dem Begriff „Heimat“ verbinde. Der eine ist Wien: Die Wieden, der vierte Gemeindebezirk, wo ich meine ersten Kindheitsjahre verbrachte, und Döbling, wohin meine Familie übersiedelte, als ich fünfzehn Jahre alt war. Seither lebe ich fünfundsiebzig Jahre im selben Haus, Pyrkergasse 7. Der andere Ort, den ich von meinem Gefühl her gleichwertig als Heimat betrachte, ist Ramseiden, ein kleines Dorf in der Nähe von Saalfelden im Bundesland Salzburg.

Im Frühjahr des Jahres 1901 überlegten meine Eltern, wo sie die Sommerferien verbringen könnten. Mein Vater war in Wien im Eisenbahnministerium tätig und errechnete die weiteste Entfernung, die es ihm ermöglichen würde, uns am Sonntag zu besuchen, wenn er samstags Nacht hin und sonntags Nacht zurückfuhr. Der Ort, den er übers Wochenende erreichen konnte, war Saalfelden. Das hörte zufällig eine Hausgehilfin, die aus der Gegend kam. Sie erzählte: „Ja, da gibt es den Laböck-Bauern, Georg Schider, der in Ramseiden ein steinernes Haus gebaut hat. Schauen Sie sich das doch einmal an.“ Ein steinernes Haus war in dieser Gegend, in der Holzhäuser üblich waren, da jedem Hof nicht nur ein Wasserrecht, sondern auf Grund eines alten Servituts auch der Bezug von Holz und Bauholz zustand, eine Seltenheit. Als der Bauer bei der Besichtigung - bis dahin hatte den Eltern alles recht gefallen - die Tür des zweiten Stockes, den er vermieten wollte, öffnete, fanden sie einen so wunderschönen Blick auf das Kitzsteinhorn vor, daß sofort ein Vertrag geschlossen wurde. Meinen ersten Geburtstag verlebte ich bereits in Ramseiden und seither fast jeden, es sei denn, ich befand mich gerade im Gefängnis oder war sonst durch die Weltgeschichte verhindert.

Der Besitzer des Hauses, Georg Schider, war ein besonderer Mann. Er war der Sohn eines Landarbeiters und konnte sich natürlich nicht vom Militär freikaufen wie reichere Bauernsöhne. Er mußte in den fünfziger und sechziger Jahren des vorigen Jahrhunderts zwölf Jahre Militärdienst machen, den er bei der österreichischen Armee in Lombardo-Venetien, damals noch bei Österreich, abdiente. Nachdem er abgerüstet hatte, verdingte er sich als Knecht, lebte sehr sparsam und heiratete eine Bauerntochter.

Meine Mutter fragte einmal die Bäuerin, seine Frau: „Wieviel Kinder hast du gehabt?“ Sie antwortete: „Vierzehn. Gott sei Dank leben nur mehr vier.“ Das darf man aus heutiger Sicht nicht falsch interpretieren. Sie hätte nicht alle ernähren können.

Später gelang es dem Bauern, ein zugrundegegangenes Bauerngut billig zu erwerben, das er langsam ausbaute und das mit der Zeit zu einem der größten des Dorfes wurde. Georg Schider war nicht nur Bauer, er war ein Mann, der wußte, worauf es ankommt. Früher einmal waren die Rassen der Pinzgauer Pferde und Rinder sehr geschätzt. Die Zucht von beiden war vollkommen vernachlässigt, bis Georg Schider sich ihrer annahm und die erste Pinzgauer Pferde- und ebenso die erste Rinderzuchtgenossenschaft in Saalfelden gründete. Er verstand es, sein Wissen in die Tat umzusetzen, und erwarb damit großes Ansehen.

Nun gab es zu dieser Zeit für den Reichsrat ein Wahlrecht, das die Wähler in Kurien einteilte. Es gab Kurien des Großgrundbesitzes, der Handelskammern, der Stadt- und Marktgemeinden und der Landgemeinden. Das Land Salzburg hatte insgesamt fünf Abgeordnete. Einer von ihnen wurde in der Kurie des Großgrundbesitzes gewählt. Da es aber in Salzburg keinen adligen Großgrundbesitz gab, das Land war früher ein Fürsterzbistum, ein geistlich-weltlicher Besitz, stellten die beiden konservativen Parteien, die Katholischkonservativen und die Deutschkonservativen, je einen Kandidaten für die Kurie der Großgrundbesitzer. Für die Deutschkonservativen war es Georg Schider, der auch gewählt wurde und sechs Jahre lang im Reichsrat blieb. Auf Grund dieser Tätigkeit hatten sich bei ihm alle möglichen Druckschriften und Protokolle angesammelt, die er auf seinem Dachboden gestapelt verwahrte. Als ich schon ein bißchen älter war, konnte ich mein Interesse daran kaum mehr zügeln. Man sah mich auf dem Dachboden verschwinden und stundenlang nicht mehr zurückkommen. Begeistert verschlang ich alle diese Unterlagen.

Einmal, beim Lesen der Protokolle, dachte ich, ich müsse Abgeordneter werden, wie der Laböck-Bauer, um den Menschen zu helfen. Ich wollte auch nie, auch später nicht, Minister werden, denn mir schien der Abgeordnete viel wichtiger. So fand in Ramseiden eine wichtige, grundsätzliche Entscheidung für mein Leben statt.

Dem Laböck-Bauern verdanke ich auch den Eindruck, den mein erstes selbstverdientes Geld in mir hinterließ. Als Bub half ich in den Ferien immer auf dem Feld. Als ich mich einmal vom Bauern verabschieden ging, weil die Schule wieder begann und wir zurück nach Wien mußten, griff er in seine Tasche und überreichte mir ein Zwei-Silberkronen-Stück. Darauf war ich ungeheuer stolz. Er zeigte mir, daß er meinen Arbeitseinsatz anerkannt hatte. Ich glaube, ich hob das Geldstück jahrzehntelang als Erinnerung auf.

Mit den Jahren wurde der Bauer immer älter und arbeitete deshalb auch weniger selbst auf dem Feld. Er saß dann öfter vor dem Haus und redete mit den Leuten, die vorbeigingen. Ich setzte mich gern zu ihm. Er interessierte sich sehr, was so alles in Wien passierte und freute sich, obwohl er kein Sozialdemokrat war, aber für Fortschritt und gegen Klerikalismus, wenn ich erzählte, daß die Sozialdemokraten den Christlichsozialen eines ausgewischt hatten.

Als ich dann wirklich einige Jahrzehnte später selbst Abgeordneter war, saß ich, wenn ich von Sitzungen in Wien nach Ramseiden fuhr, mit anderen Abgeordneten im Coupé. Wenn ich ihnen diese Geschichte erzählte, wollten sie mir oft nicht glauben und konnten sich nicht vorstellen, daß ein Bauer, ein bürgerlicher Abgeordneter, sich mit mir, dem jungen Sozialdemokraten, unterhalten hatte. Erst nach 1945 begann sich das menschliche Verhältnis der verschiedenen Parteipolitiker zu lockern. Daß Georg Schider damals schon mit einem zwölfjährigen Städter so offenherzig über politische Probleme gesprochen hatte, machte ihnen großen Eindruck.

Er war ein alter Mann, aber er dachte sehr modern. Dies stellte er unter Beweis, als er, von allen Parteien gewählter Obmann des gemeinsamen Ortsschulrates für Markt und Land, bei der im Jahre 1906 neu zu bauenden Schule verlangte, daß ein Haustelefon in der Schule eingerichtet werden müsse. „Die Kinder werden das Telefon einmal brauchen“, war seine Begründung.

Ich bekam mein erstes Telefon vier Jahre später in Wien überhaupt erst zu Gesicht. Das war bei einem Besuch bei den Kindern des „Ankerbrotmendel“. Der Besuch war sehr aufregend, denn es gab noch etwas, das ich zum ersten Mal aus der Nähe sah: Zwei Sozialdemokraten. Sie hießen Julius Tandler und Franz Schuhmeier, letzterer derselbe, der im Jahre 1913 ermordet wurde. Sie waren Schulkollegen des „Ankerbrotmendel“ und besuchten ihn sonntags öfter zum Kegeln.

In Ramseiden waren die Bauernkinder meine Freunde. Eines unserer liebsten Spiele war „Nationen“, ein Ballspiel, bei dem jeder Mitspieler eine andere Nation vertritt. Das war so eingewurzelt, daß die Bauernburschen im normalen Leben dann auch so genannt wurden. Das Spiel war unser Leben. Als im Krieg einer fiel, schrieben sie mir: „Stell Dir vor, der ‚Deutsche' ist gefallen."

Dort auf dem Land sah ich nicht nur alle möglichen Lebenserscheinungen, die sich in der Stadt hinter verschlossenen Türen und fern von Kinderaugen abspielten, sondern ich erfuhr auch, was Frömmigkeit war, indem ich die Bauern am Samstagabend bei ihren Kreuzgängen beobachtete. Ich lernte aber auch, daß man sie in Frage stellen konnte. Als der Erste Weltkrieg ausbrach, saß Georg Schider wieder auf seiner Bank vor dem Haus. Die Leute gingen vorbei und sagten: „Wir gehen zum Gottesdienst. Wir wollen für den Sieg beten. Gehst du nicht mit?" Er schüttelte den Kopf und sagte nichts. Als sie vorbei waren, wandte er sich zu mir: „Alle beten jetzt zum Herrgott um den Sieg. Was soll da der arme Herrgott machen?" Das beeindruckte mich sehr.

Zweifellos ist die Weisheit und Toleranz dieses einfachen Bauern eine der Wurzeln meiner politischen Entwicklung. Die andere aber waren Diskussionen, die ich nach Kriegsende mit einem polnischen Juden hatte, der vor den Russen nach Wien geflüchtet war und ein alter Bolschewik - so die Bezeichnung der Mehrheitsfraktion der russischen Sozialdemokratie - war. Er klopfte mir einmal auf die Schulter und sagte: „Du bist ein guter Bursche, aber du denkst statisch; du mußt lernen, dynamisch zu denken." Das machte auf mich einen starken Eindruck, und ich versuchte, diesen Rat zu befolgen. Und so wurde aus dem Schüler des Bauern Georg Schider und des „Bolschewiken" David Bergmann der Sozialist Karl Mark.

Schulzeit

Auf der Wieden besuchte ich die Volksschule Alleegasse, heute Argentinierstraße 11. Es gab nur fünfklassige Volksschulen, aber es bestand die Möglichkeit, nach der vierten Klasse eine Aufnahmsprüfung für das Gymnasium zu machen. Ich nützte diese Gelegenheit und trat mit zehn Jahren in das akademische Gymnasium ein. Am Anfang war es sehr mühsam für mich, denn ich fand mich überhaupt nicht zurecht. Zwar hatte ich im ersten Semester in Gesang ein „Sehr gut", in Latein aber bekam ich ein „Nicht genügend". Das berührte meinen Vater irgendwie. Er sagte: „So geht das nicht weiter!" und setzte sich zu mir und erklärte mir ein paar Stunden lang, worum es sich in Wirklichkeit handelte. Ich hatte nämlich keine Ahnung gehabt, wozu und wie ich Latein lernen sollte. Im zweiten Semester hatte ich ein „Sehr gut“ in Latein. Das war nämlich damals möglich, daß man im Jahreszeugnis eine ganz andere Note hatte als im Semesterzeugnis. In Gesang allerdings bekam ich dann ein „Nicht genügend“, weil mein Lehrer herausfand, daß ich nicht einmal Noten lesen konnte.

Das Schulpublikum war ein großbürgerliches. Ich beobachtete, daß sich meine Kollegen beim Pedell alle möglichen feinen Sachen kauften und sie dann oft wegwarfen, während meine Jause meist aus einem Schmalzbrot bestand. Da bekam ich das Gefühl, daß da irgend etwas nicht stimmte.

In unserer Klasse waren vierundfünfzig Schüler. Nur vier davon hatten lauter „Sehr gut“ im Zeugnis. Das waren die Söhne von einem Lehrer, einem Buchdrucker, einem Eisenbahner und ich als Sohn eines Beamten. Mir fiel auf, daß es die nicht so Begüterten waren, die gute Lernerfolge erzielten. Diese Kleinigkeiten, Beobachtungen, die viele Schulkinder mit einem gewissen Gefühl für Gerechtigkeit machen, führten bei mir mehr oder weniger systematisch dazu, die Voraussetzungen für das Erkennen der Klassenlage zu schaffen.

Das alles hielt mich aber nicht davon ab, bei allen Lausbübereien führend zu sein. Es brachte mir sogar in „Sittlichem Betragen“ ein „Entsprechend“ ein. Zusammen mit dem Sohn des Präsidenten des Landesschulrates heckte ich einen schönen Streich aus. Wir sagten dem Klassenvorstand, der Deutschprofessor lasse ihn ersuchen, er möge der Klasse ausrichten, daß am nächsten Tag nicht Grammatik, sondern Lektüre behandelt wird. Für Grammatik hätten wir lernen müssen, für Lektüre brauchten wir uns nicht vorzubereiten. Am nächsten Tag begann der Deutschprofessor Grammatik zu prüfen. Die Klasse wurde unruhig: „Bitte, der Klassenvorstand hat doch gestern gesagt, ...“ Daraufhin wurde in einer hochnotpeinlichen Untersuchung festgestellt, daß wir zwei das Ganze inszeniert hatten. Es war natürlich unmöglich, dem Sohn des Landesschulratspräsidenten in „Sittlichem Betragen“ ein „Entsprechend“ zu geben. Ich bekam es. Das war auch der Tatbestand, der daran schuld war, daß ich die einzige „Watschn“ meines Lebens bekam. Nicht von den Eltern. Es gab einen Lehrer, der eigentlich mit der ganzen Sache nichts zu tun hatte. Er leitete die „Militärischen Übungen“, ein obligatorisches Freifach. Er hatte also von dieser peinlichen Angelegenheit erfahren und sagte zu mir: „Jetzt wirst du deine Schulgeldbefreiung nicht mehr bekommen, die an einen gewissen Notendurchschnitt gebunden ist, und dein Vater muß jetzt zahlen." Dann gab er mir eine „Watsche". Sehr geradlinig wies er mich auf die ökonomischen Auswirkungen meines Streiches hin. Ich rechnete ihm das hoch an.

Nachdem Bürgermeister Karl Lueger, der Gründer und Führer der Christlichsozialen Partei, 1910 gestorben war, entstand in dieser Partei eine große Krise. Eine Kette von Korruptionsfällen kam ans Tageslicht. Das führte zur Bildung einer antichristlichsozialen Front gegen den „Gott nimm", wie man dieses System nannte. Die Korruptionswirtschaft, die in der Gemeinde Wien bestanden hatte, sollte beseitigt werden. Die Gemeinde war von den Christlichsozialen dominiert, die Einblick in die Wählerlisten hatten und Wahlkarten für längst verstorbene Leute ausstellten, die dann irgendeiner ihrer Parteigänger verwendete, um seiner Partei zum Stimmengewinn zu verhelfen. Es handelte sich um einen ausgemachten Wahlschwindel, dessen Aufdeckung in der Bevölkerung Unmut hervorrief. Bei den Wahlen im Jahre 1911, die in den meisten Bezirken zu Stichwahlen führten, stimmten bei diesen Freiheitliche, Deutschnationale und Sozialdemokraten geschlossen gegen den christlichsozialen Kandidaten. Vor der Stichwahl in unserem Wahlkreis zwischen dem Liberalen Ernst Zenker und dem Christlichsozialen Heinrich Schmidt zog ich mit meinen Freunden los, um die Plakate des Christlichsozialen herunterzureißen. Das passierte ohne großen politischen Anspruch. Ich empfand dieses Stellungnehmen eher als gesellschaftliche Pflicht einem Problem gegenüber, das in den Medien und im täglichen Leben diskutiert wurde. Ich wußte damals noch nicht, daß ich einmal Sozialist sein würde.

Vielleicht war es eher die Freude an der Opposition, die mich dazu verleitete das freiheitliche Bezirksblatt, den „Wiedner Volksboten" - sozusagen der Taufpate unseres sozialistischen Bezirksblattes „Döblinger Volksbote", das seit 1945 ununterbrochen erscheint - erst zu lesen, als ich sah, daß sich der Trafikant, der ein christlichsozialer Bezirksrat war, ziemlich ärgerte, wenn er es verkaufen mußte. Außerdem las ich zu der Zeit die „Neue Freie Presse", ein Blatt, das sehr viel von liberalen Juden gelesen wurde. Da las ich dann die Wahlresultate, wußte sie durch mein starkes Interesse an Zahlen auswendig und freute mich, wenn ich sie statistisch vergleichen konnte.

Die Christlichsozialen wurden schließlich vernichtend geschlagen, von den zwanzig Sitzen, die sie in Wien gehabt hatten, blieben ihnen nur drei, einer davon war Döbling.

Erst zwei Jahre später faßte ich den Entschluß, ein „roter Hund“ zu werden. Nachdem ich mich mit Ellenbogens Broschüre: „Was will die Sozialdemokratie?“ eingehend beschäftigt hatte, las ich die sozialistischen Zeitschriften: „Der Kampf“ (Wien) und „Neue Zeit“ (Stuttgart), aus denen ich mich auch über die Situation in anderen Ländern informieren konnte. Das, was ich las, fand ich in den politischen Ereignissen bestätigt. In mir entstand das Gefühl, einer großen Bewegung anzugehören. Ich wollte auf sie bauen. Es gab für mich nichts anderes als die Linie der Sozialdemokratie.

Am Ende der vierten Klasse Mittelschule bekam ich von der Schule eine Freikarte zu einem Flugmeeting in Aspern. Die Vorführung fand am 28. Juni 1914 statt. Die bekanntesten Flieger des Heeres und berühmte Piloten aus vielen anderen Ländern führten dort ihre Kunststücke vor. Die Hofloge war voll besetzt. Plötzlich erhoben sich die dort Anwesenden und verließen aufgeregt die Loge. Niemand konnte sich den überraschenden Aufbruch erklären. Als ich später mit meinen Freunden zur Straßenbahnhaltestelle schlenderte, wurde unser Blick von der druckfrischen Extraausgabe gefangengenommen. Die Schlagzeile lautete: „Thronfolger Franz Ferdinand und seine Gattin Sophie ermordet.“

Einen Monat später erging die Kriegserklärung Österreichs an Serbien. Da ich die Protokolle der internationalen Sozialisten-Kongresse intensiv studiert hatte, wußte ich, daß beim großen Kongreß im Jahre 1912 in Basel - der nächste sollte im August 1914 in Wien stattfinden - der Beschluß gefaßt wurde, bei Kriegsausbruch sofort in Generalstreik zu treten. Obwohl Österreich seine gesamten Streitkräfte schon mobilisiert hatte, sagte ich im Vertrauen auf diesen Beschluß am Abend des 31. Juli zu meinen Schwestern: „Ihr braucht euch nicht zu fürchten“, denn sie hatten natürlich Angst davor, daß ihr Freund, ihr Bräutigam am nächsten Tag schon einrücken müßte, „die Arbeiter streiken morgen.“

Meine Mutter befand sich an diesem Tag auf der Rückreise von einem Kuraufenthalt in Amrun an der Nordsee. Als sie in Leipzig umstieg, sah sie vor dem Bahnhof eine Versammlung von hunderttausend Menschen, die erbittert gegen den Krieg protestierten. Am nächsten Tag erklärte Deutschland an Rußland den Krieg. Es kam nicht, wie ich versprochen hatte. Die Arbeiter streikten nicht.

Das verstand ich zwar nicht, vertraute aber darauf, daß sie es sich wohl überlegt haben müßten, warum sie es nicht taten. Und da ich mich einmal auf ihre Seite gestellt hatte, würde ich mit ihnen gehen. Ich stellte mir das eben so idealistisch vor.

Von den deutschen sozialdemokratischen Abgeordneten rückte einer, Ludwig Frank, ein Jude, freiwillig ein und fiel sehr bald. Er hatte sich bewußt gemeldet. Dieses schien mir ein richtiger Ausdruck der Arbeiter zu sein. Karl Liebknecht, der energisch gegen den Krieg protestierte, fand dagegen nicht meine Anerkennung. Ich stand fest auf der Seite der Mehrheitssozialdemokraten, der Anhänger der Kriegskredite. Die Differenzen in der Reichstagsfraktion spitzten sich immer mehr zu, und schließlich bildeten die Gegner der Kriegskredite einen eigenen Klub, der später die Grundlage der Unabhängigen Sozialdemokratie unter Führung von Hugo Haase wurde. Insbesondere aber die Abgeordneten aus der Kriegsindustrie und den ländlichen Gebieten, wie die Abgeordneten von Essen und Elberfeld, Friedrich Ebert und Philipp Scheidemann, bekannten sich zu der Mehrheit der Sozialdemokratie. Die Arbeiter in den Gebieten, die mit der Kriegsindustrie nichts zu tun hatten, wie die Maschinenindustrie in Berlin oder die Textilindustrie in weiten Gebieten Sachsens oder auch die Hamburger Werftarbeiter, mußten damit rechnen, daß ihre Beschäftigungsmöglichkeiten geringer würden und opponierten gegen die Haltung der Mehrheitssozialdemokraten und schlossen sich den Unabhängigen an. Später arbeiteten beide Gruppen in die gegnerischen Gebiete hinein und versuchten auch dort Fuß zu fassen. Die Situation, die für die Menschen durch den Krieg entstand, änderte die Lage wesentlich. Die Unzufriedenen wandten sich den „Unabhängigen Sozialisten", der USPD, zu.

Die österreichische Parteispitze nahm gegen den heftigen Widerstand des Parteisekretärs Fritz Adler, den Sohn Victor Adlers, und seiner Freunde, die sich gegen einen „Versöhnungskurs" wandten, Stellung. Sie verstanden unter „Versöhnungskurs" die Zustimmung zu den für die Kriegsführung getroffenen Maßnahmen und Krediten und den Verzicht auf den ernsthaften Kampf gegen die Ausschaltung des Parlaments und die autoritäre Führung des österreichischen Ministerpräsidenten Graf Stürgkh schon lange vor Ausbruch des Krieges und erst recht nach dem Kriegsbeginn. Die Parteispitze glaubte nicht an die Möglichkeit, den Krieg wirklich verhindern zu können. Vor allem nicht allein aus den Aktivitäten der Arbeiterschaft heraus. Einen Generalstreik bei Kriegsausbruch hielt Victor Adler für undurchführbar. Waren die Mittel der Propaganda zuwenig, um einem Krieg entgegenzuarbeiten, so könnte man nur auf das Ende des Krieges hoffen und auf eine Stimmung, die die Klassenkämpfe nach dem Krieg vorbereiten würde.

Im Herbst, als ich nach einem wunderschönen Sommer in Ramseiden wieder in die Schule mußte, machten sich schon die ersten Auswirkungen des Krieges bemerkbar. Das Gebäude des akademischen Gymnasiums war als Kriegsspital eingerichtet worden, und wir mußten in das Franz-Josephs-Gymnasium auf der Stubenbastei übersiedeln. Da dieses auch die eigenen Schüler unterzubringen hatte, war der Unterricht geteilt. Einmal hatten wir vormittags Unterricht, einmal nachmittags. Am Nachmittag war es für uns Buben besonders schwer, konzentriert zu bleiben. Das Zeitungsviertel lag gleich neben unserer Schule, und wir wußten, daß zwischen halb drei und drei Uhr dort die neuesten Extra-Ausgaben an die Verkäufer ausgegeben wurden. Wir waren immer schon furchtbar gespannt, was es Neues gab. Beim ersten Ruf der Zeitungsverkäufer rannten wir hinunter, um ja die erste Ausgabe zu ergattern. Die Professoren tolerierten dieses Verhalten. Unser Klassenvorstand wußte, daß wir auf keinen Fall aufpassen würden und verwendete die Nachmittagsstunden dazu, Sherlock Holmes vorlesen zu lassen. Damals lernte ich nahezu das gesamte Werk von Conan Doyle kennen.

Was wir in unserer Freizeit wie eine Art Sport betrieben, war, allen möglichen Generälen zu schreiben und uns sehr zu freuen, wenn wir Autogramme zurückbekamen. Einmal bekam ich eine Karte, auf die ein Postbeamter geschrieben hatte: „Lieber Freund Mark, was Du da tust, ist eitel Quark." Als ich das las, dachte ich: „Der hat recht" und hörte damit auf. Dann wurden viele der Lehrer an die Front eingezogen und einige meiner Freunde, ein paar auch aus Ramseiden, die älter waren als ich. Mit ihnen zu korrespondieren, erschien mir bald sinnvoller.

Gerade junge Menschen sind, wenn sie eine gewisse Sensibilität zeigen, nicht nur durch die Literatur beeinflußbar. Ganz entscheidend wirkt neben dem Elternhaus die Persönlichkeit der Lehrer und, über sie hinaus, das Schulsystem. Einem fortschrittlich denkenden jungen Menschen hatte das vorhandene System mit seiner verknöcherten, starren, dem Klerikalismus zugeneigten, Organisation wenig zu bieten.

Im Gymnasium hatte ich einen Geschichtslehrer, der uns, was er „die Lektion" nannte, diktierte. Das mußten wir beim nächsten Mal auswendig können. Wichtig waren für ihn Jahreszahlen, Kriege, Herrschergeschlechter. Lauter Dinge, die mir zuwider waren. Trotzdem lernte ich die Jahreszahlen und konnte sie auch gut, aber aus irgendeinem unerfindlichen Grund, so ist das meistens, hatte der Professor einen „Pik" - das ist der Wiener Ausdruck für heftige

Abneigung - auf mich. Er prüfte mich einmal zweiunddreißig Jahreszahlen. Ich wußte alle. Die dreiunddreißigste fiel mir nicht ein. Er sagte nur: „Mark, setzen. Nicht genügend."

Der Wille zur Reform war aus einer Bewegung von jungen Lehrern in den neunziger Jahren des vorigen Jahrhunderts entstanden, die der Meinung waren, man müsse modernere Formen für die Schulpraxis einführen. Ihr Vorbild war die, in einem Buch von Pawel Blonski beschriebene, „Arbeitsschule", das ich natürlich eifrig studierte. Schule und Arbeit sollten im Arbeitsunterricht miteinander verbunden werden. Gegen den Einfluß der Kirche strebten sie eine Modernisierung von Lehrplänen und Lehrmethoden an. Das wichtigste der modernen Lehrmethoden bildete die Mitarbeit des Schülers am und während des Unterrichts. Das war zu der Zeit, zu der ich die Schule besuchte, eigentlich noch nicht gestattet, doch einige meiner Lehrer versuchten bereits Formen der Mitarbeit anzuwenden.

Otto Rommel, später nach 1918 der erste Leiter einer Bundeserziehungsanstalt für begabte Kinder mittelloser Eltern, war der Lehrer am akademischen Gymnasium, der mich nachhaltig am stärksten beeindruckte. Er war Herausgeber der großen Gesamtausgabe von Nestroy, beschäftigte sich, was ich aber erst viel später erfuhr, intensiv mit Carl Spitteler und gehörte dem Kunstwart-Dürerbundkreis an, einer kulturpolitischen, fortschrittlich orientierten Organisation. Er zog uns im Unterricht soweit zur Mitarbeit heran, daß er uns unsere Arbeiten selbst beurteilen ließ, bevor er uns eine Note gab. So passierte es mir einmal, daß ich eine Schularbeit, die ich geschrieben hatte, unbewußt stark kritisieren mußte, weil sie so schlecht war. „Sie haben vollkommen recht", sagte er dann, „ich habe Ihnen auch ein Nicht genügend gegeben." Da ich sonst immer sehr gute Noten bei ihm hatte, wollte er mich wahrscheinlich nur darauf aufmerksam machen, daß ich mir diesmal zuwenig Mühe gegeben hatte. Aber diese Herausforderung wirkte auf mich. Offenheit im Umgang mit mir machte mir immer großen Eindruck.

Mein Latein- und Griechischprofessor, Radnitzky, unterrichtete mich von der ersten bis zur sechsten Klasse. Er war unser Klassenvorstand. Ich schätzte ihn zuerst nicht sehr, weil ich seine Methode nicht verstand. Später sah ich dann, daß er etwas Wichtiges machte, indem er großen Wert auf Vokabeln legte. Er bestand jedoch nicht auf sturem Auswendiglernen, sondern veranlaßte uns, herauszufinden, woher ein Wort stammte. Wir sollten also nicht gehorsam lernen, was wir später vergessen würden, sondern unseren Verstand schulen, um Querverbindungen zu schaffen und zu kombinieren. Das machte mich neugierig. Zu seinem oder, besser gesagt, zu meinem Glück, schenkte mir mein Vater zu Weihnachten ein etymologisches Lexikon. Zu jedem Wort fand ich aus dem Lexikon Ableitungen und war damit der Beste der Klasse und eignete mir auf diese Weise einen außerordentlich guten Grundstock an.

Für diese Zeit hochinteressante didaktische Ansätze vertrat auch mein Physikprofessor Kottenbach im Döblinger Gymnasium.

Im Herbst 1915 übersiedelte meine Familie nach Döbling. Ich wechselte die Schule erst ein Jahr später, da der Schulweg sich doch als zu lang und zeitaufwendig herausstellte. Die Struktur der Lehrerschaft war durch die Auswirkungen des Krieges aus ihrem ursprünglichen Gefüge gerissen, denn viele junge Lehrer rückten ein und ältere, schon pensionierte sprangen für sie ein, die, ohne verallgemeinern zu wollen, doch eher von konventionellen Bildungsansprüchen ausgingen, aufbauend auf Autorität und Gehorsam, um die jungen Menschen zu braven Untertanen zu erziehen. Diese Art Lehrer duldete keinen Einspruch, keinen Widerspruch, kaum eine Frage.

Es war völlig ungewöhnlich, wenn es sich ein Professor gefallen ließ, daß die Schüler mit ihm diskutierten. Und so oft, wenn wir den Wert einer Haltung nicht erkannten, nützten wir diese „Freiheit" aus. Im Döblinger Gymnasium zählte es bald zu meinen Aufgaben, dem Philosophieprofessor, Guido von Alth, eine Frage zu stellen, zu der er möglichst ausführlich Stellung zu nehmen pflegte. Ich diskutierte damals schon gerne und entwickelte hier eine Geschicklichkeit, mit der es mir gelang, ihn immer wieder in eine Diskussion zu verwickeln, über die die Schulstunde vorbeiging, was ihn so ablenkte, daß er zur Freude meiner Kollegen darauf vergaß, uns zu prüfen.

Bei dem Physikprofessor hätte dieses Ablenkungsmanöver nicht funktioniert. Sein Stil war sehr sachlich. Er kam am Anfang des Jahres in die Klasse, stellte sich vor uns hin und sagte: „Meine Herren, ich habe für Physik zwei Stunden in der Woche. Sie glauben doch nicht, daß ich Ihnen in diesen zwei Wochenstunden - es sind nicht einmal vierzig Wochen - die moderne Physik erklären kann. Das geht nicht, und ich werde es nicht tun. Ich werde Ihnen am Ende einen kurzen Überblick verschaffen, damit Sie sagen können, Sie haben etwas davon gehört. Aber wir werden versuchen, physikalisch zu arbeiten." Dann arbeitete er mit uns monatelang die Gesetze des freien Falles durch. Den Wert einer praxisorientierten, experimentellen Arbeit im Unterricht erkannte man in seiner vollen Tragweite eigentlich erst später. Welch anderen Stellenwert hatten diese Stunden gegenüber den „Lektionen“ des Geschichtsprofessors. Der Physikprofessor forderte uns auf, selbst zu denken - ein Schritt in Richtung Demokratisierung.

Einige Jahre zuvor waren Lehrer mit derartigen Ansprüchen noch diszipliniert oder vom Schuldienst entlassen worden. Zu diesen hatten Männer wie Paul Speiser, Karl Seitz oder Otto Glöckel gehört. Die Gedanken der modernen Erziehung und Bildung wurden von Sozialdemokraten auf der einen, von Liberalen auf der anderen Seite getragen. Sie gründeten 1905 den Verein „Freie Schule“, deren Präsident Baron Hock, ein liberaler, bürgerlicher Abgeordneter jüdischer Abstammung, ihr Generalsekretär aber der Sozialdemokrat Paul Speiser, der spätere Vizebürgermeister von Wien, war. Die Zielsetzung der Organisation war ein Schulreformprogramm, das nach 1918 von Otto Glöckel durchgeführt wurde.

Im Jahre 1917 nahm ich an einer Versammlung teil, bei der Otto Glöckel als Abgeordneter eine Rede hielt, in der er seine Schulpläne erläuterte. Ich fand das sehr interessant und begann darüber nachzudenken, wie ich da etwas machen könnte. Ich wußte, es gab den Verein „Freie Schule“, der eine eigene Schule in der Albertgasse 23 führte. Ich wußte aber auch, daß man als Mittelschüler keinem Verein angehören durfte, wenn es sich nicht um kirchliche Einrichtungen, wie zum Beispiel die Marianische Kongregation oder um die eher auf gesellschaftlicher Basis organisierten Wandervögel, handelte. Über diese Mitgliedschaft wurde großzügig hinweggesehen. Trotzdem ging ich in das Sekretariat der „Freien Schule“. Dort traf ich Paul Speiser, und ich sagte zu ihm: „Ich bin ein Mittelschüler. Ich darf mich zwar nicht organisieren, aber ich möchte etwas tun.“ Er überlegte und sagte: „Du könntest eine Fünferschaft bilden.“ Das Organisationssystem bestand darin, daß ein einzelner fünf Mitglieder warb, die er regelmäßig betreute. Ich warb also fünf Mitglieder und bildete eine Fünferschaft, was eigentlich gar nicht illegal war, da ich selbst ja nicht als Mitglied diesem Verein angehörte. Es war die erste organisatorische Tätigkeit, die ich ausübte. Die Idee schien es mir wert, mich dafür einzusetzen.

Kritisch betrachtete ich die verschiedenen Bewegungen, die sich unter dem Motto „fortschrittlich“ präsentierten. Eines der Gymnasien, in denen nach modernen Methoden unterrichtet wurde, war eine private Mädchenmittelschule in der Inneren Stadt, die von Eugenie Schwarzwald geführt wurde und ein Zentrum des geistigen Lebens in Wien bildete. Nach dem Zusammenbruch der Monarchie entstand eine enge Verbindung zur „Freien Vereinigung sozialistischer Mittelschüler", doch da war ich dem Mittelschulalter schon entwachsen. Zu meiner Schulzeit war die Schwarzwaldschule der Sammelplatz der „Freideutschen Jugend", die vor dem Ersten Weltkrieg, zu Pfingsten 1913, ihren Höhepunkt in einem großen Treffen auf dem Hohen Meißner gefunden hatte. Sie manifestierten den jugendlichen Freiheitsgedanken und wandten sich deutlich gegen die „rückständige" Welt der Erwachsenen. Ein wichtiger Treffpunkt waren ihre Sonntagsausflüge.

Da mich einige Freunde aufgefordert hatten, mitzugehen, nahm ich einmal, um zu sehen, wie die Leute dort waren, an einem Ausflug teil. Doch es gefiel mir nicht, und die Atmosphäre war mir zuwider. Die Lebenseinstellung war nicht die meine. Ihr Hauptfeind waren die Eltern, und es kam ihnen darauf an, anders als sie und in reiner Opposition zu ihnen zu leben. Für mich war das nicht wichtig, anders zu leben, sondern überhaupt zu leben, was nichts anderes bedeutete, als das zu tun, was ich für richtig hielt, und dafür die Verantwortung zu tragen. Ich opponierte nicht gegen meine Eltern, die sich bemühten, mir jede Freiheit zu lassen, sondern gegen die Gesellschaftsordnung, die dies nicht allen Menschen erlaubte und gewährleistete. Es war nicht die Reform im Lebensstil, die ich suchte, sondern die Reform der Gesellschaftsordnung, für die ich kämpfen wollte. Ich hielt die jungen Leute der Schwarzwaldschule nicht für wirklich progressiv. Weder das Fehlen der Krawatte, was das Erwachsensein symbolisieren sollte, noch der Schillerkragen, den sie trugen, und - wollten sie dazugehören - tragen mußten, bedeutete in meinen Augen etwas für den Fortschritt der Menschheit.

Dabei schätzte ich einige unter ihnen sehr, wie Karl Frank, den ich schon im Freundeskreis meiner Schwester Agathe kennengelernt hatte. Karl Frank, aus einem alten Wiener Bürgerhaus stammend, hatte in der Batterie meines Schwagers Kornfeld gedient, der Hauptmann an der italienischen Front war. Frank, der ihm als Leutnant zugeteilt war, machte in der Offiziersmesse einmal eine „majestätsfeindliche" Bemerkung, worauf er vor das Kriegsgericht gestellt und zum Tode verurteilt wurde. Mein Schwager, der mit den Sozialisten sehr sympathisierte und ihm helfen wollte, setzte alles in Bewegung, um feststellen zu lassen, daß Frank geistesgestört war. Es gelang ihm. Frank wurde nicht hingerichtet und kam im Herbst 1918 frei.

Viele Dinge nahmen meine Aufmerksamkeit in Anspruch, und mein Interesse an der Schule ließ merklich nach.

Die Lage der Mittelmächte verschlimmerte sich zusehends; die Versorgungslage im Lande wurde immer katastrophaler. Vielfach mußte man sich stundenlang um die wichtigsten Lebensmittel anstellen, und ich habe mich mehr als einmal bald nach Mitternacht beim Konsum oder einem anderen Geschäft angestellt, damit ich gleich nach der Öffnung um sieben Uhr noch etwas bekomme und um acht Uhr in der Schule sein konnte. Als man sich gezwungen sah, die Lebensmittelrationen zu kürzen, kam es im Raum Wien zu spontanen Arbeitsniederlegungen, die sich im Jänner 1918 zu einer großen Streikwelle erweiterten.

Während dieses „Jännerstreiks" kam ich zur Musterung. Die Straßenbahnen verkehrten nicht, ich mußte zu Fuß zum „Dreher", dem Musterungslokal auf der Landstraße, gehen. Ich wollte unbedingt einrücken, aus einem schwer zu erklärenden Gefühl heraus: Wollte ich die Arbeiter vertreten, mußte ich ihr Schicksal teilen. Gingen sie an die Front, mußte ich auch an die Front gehen. Wahrheitsgemäß sagte ich bei der Musterung: „Ich möchte gerne einrücken." Ich hatte sogar schon eine Aufnahmezusage bei den Kaiserjägern, die mir mein Freund, Hans Brunow, der dort als Leutnant diente, besorgt hatte. War es mein unbedingtes „Ja" zum Kriegsdienst oder die Angst vor „revolutionären Umtrieben" in der Armee im Zusammenhang mit dem Streik, kurzum ich wurde wegen allgemeiner Körperschwäche für untauglich erklärt.

Jetzt sank mein Interesse für die Schule noch mehr. Die jungen Männer, die nicht tauglich waren, wurden jedes halbe Jahr neuerlich gemustert. Das bedeutete für mich einen Termin im August. Warum sollte ich für die ordentliche Matura lernen? Ich war überzeugt, daß sie mich dann nehmen würden und daß ich dann, als nicht unbedeutenden Nebeneffekt, die Kriegsmatura bekäme. Wozu sich dann noch um die Schule kümmern? Ich besuchte lieber das Burgtheater und ging in die Oper und trieb es so weit, daß mein Griechischprofessor vier Wochen vor der Matura drohte, mich überhaupt nicht zuzulassen. Er machte seine Drohung dann doch nicht wahr, und zur Überraschung aller bestand ich die Prüfung mit sehr gutem Erfolg.

Die schriftlichen Arbeiten in Latein und Griechisch waren die besten der Klasse. Dasselbe galt für die Deutscharbeit. Zur Verwunderung meiner Kollegen wählte ich das Thema: „Österreichs Ruhmestage." Sie sagten: „Bist du verrückt? Das nimmst du? Du bist doch Republikaner.“ Genau das war aber der Grund für meine Entscheidung. Ich hob in diesem Aufsatz vor allem die kulturellen Aspekte in Österreich hervor, über die ich sehr viel wußte, vermied es jedoch absichtlich, wie es eigentlich naheliegend gewesen wäre, die Habsburger vorkommen zu lassen oder auch nur eine Schlacht zu erwähnen. Weder die Prüfungskommission noch der Deutschlehrer durchschauten meine „Hinterlist“, und die Arbeit wurde einstimmig als die beste der Maturaklasse erklärt. Das hatte zur Folge, daß mir der Landesschulrat eine Einladung Kaiser Karls - dieser hatte nämlich die Verfasser der besten Arbeiten aller Maturaklassen Wiens ins Burgtheater eingeladen - zu einer Aufführung von Grillparzers „Ein Bruderzwist in Habsburg“ übermittelte. War es eine Ironie?

DIE FOLGEN DES ERSTEN WELTKRIEGES

„Mit uns zieht die neue Zeit . . .“

An der Hochschule

Im September 1918 kam die Zeit der Inskription. Ich beschloß, Jus zu studieren. Mein Ziel war eigentlich das Studium der Staatswissenschaften - ich wollte doch Abgeordneter werden. Da es dieses Studium noch nicht gab, mußte ich drei Semester Jus studieren. Als ich zur Universität kam, stand auf einem schwarzen Brett: „Konstituierung der Sozialdemokratischen Studenten und Akademikervereinigung.“ Da sagte ich mir: „Aha, jetzt weißt du, wo du hingehörst“ und ging hin.

Interessante Leute wie Käthe Pick-Leichter und Otto Leichter, Otto Heller und Gerda Brun-Kautsky, waren anwesend. Sie wählten einen Vorstand und als ihren ersten Präsidenten Max Adler, Soziologe, Jurist und bedeutender sozialistischer Theoretiker des Austromarxismus. Danach schritten sie an die Bildung von Fachgruppen. Mediziner meldeten sich, Philosophen gab es eine ganze Menge, vor allem Historiker, auch Techniker. Schließlich suchten sie einen Juristen. Es war bei der ganzen Versammlung nicht ein einziger Student da, der Jus inskribiert hatte - außer mir. Ich meldete mich und wurde prompt als Fachgruppenleiter bestellt, womit ich auch dem Vorstand angehörte. Zum ersten Mal Funktionär.

Ich war bemüht, meine Funktion gut zu erfüllen und begann die Arbeit. Tagsüber mit Agitation bei den Studienkollegen an der Universität, abends bei den Sitzungen und auch oft noch nachts - wenn ich, da nach neun Uhr die Straßenbahnen nicht fuhren, manchmal allein, manchmal mit Otto Leichter, der denselben Weg hatte, in Gedanken vertieft oder heftig diskutierend nach Hause ging.

Zunächst waren wir nur wenige. Doch schon in den nächsten Semestern machten sich die Heimkehrer und der Nachwuchs aus der Mittelschulbewegung bemerkbar, die im Dezember 1918 entstanden war. Die jungen Leute, die damals an die Uni kamen, waren politisch engagierter oder hatten sogar Organisationserfahrung.

Im Herbst 1918 rief ein Abgeordneter des Staatsrates die Studenten auf, sich für das Hilfskorps dem Staatsrat zur Verfügung zu stellen. Ungeordnet kehrten die Soldaten von den Fronten zurück und zu wenige waren da, die als Anlaufstelle hätte dienen können.

Ich meldete mich, weil ich dachte, auf diese Weise helfen zu können, für ein bißchen Ordnung zu sorgen. Zuerst hängte man mir ein Gewehr über den Wintermantel. Das sah zwar imposant aus, doch ich konnte nicht einmal schießen. So ausgerüstet stellte man mich vor das Tor des Nordbahnhofes. Hier kämpfte man mit dem Abtransport der Fremdarbeiter, die während des Krieges regelrecht nach Österreich verschleppt worden waren und die jetzt das Land so schnell wie möglich verlassen wollten. Es entstanden große Probleme. Die Kapazität der Züge war zu beschränkt, um alle auf einmal in ihre Heimat zu bringen.

Der Nordbahnhof mußte gesperrt werden. Die Arbeiter wollten sich das nicht gefallen lassen und bereiteten sich darauf vor, zu stürmen. Ich stand vor dem Bahnhof, allein, und hörte, wie man das Tor hinter mir verschloß. Kurz darauf wurde es noch einmal geöffnet, jemand packte mich, riß mich hinein und schloß wieder ab. Im letzten Augenblick war ihnen eingefallen, daß da draußen noch einer ihrer Helfer stand. Das war ein Glück, denn ich nehme an, daß mich die erboste Menge nicht sehr sanft behandelt hätte.

Das Einsatzgebiet bildeten vor allem die Bahnhöfe, und unsere Hauptaufgabe war es, die Ankommenden zu entwaffnen. Das gelang nicht immer zu vollkommener Zufriedenheit. Da war ein Artillerieoffizier, der mit seiner ganzen Batterie zurückgekommen war mit der kompletten Ausrüstung. Er sah ein, daß ich alle Waffen beschlagnahmen mußte. Einen kleinen Privatrevolver wollte er nicht abgeben. „Den möchte ich behalten“, sagte er. „Ich darf ihn aber nicht belassen“, erwiderte ich. Er gab ihn ab, aber als ich am nächsten Tag im Magazin nachsah, mußte ich feststellen, daß der Revolver nicht mehr da war.

Ein anderes Mal stand ich in Hütteldorf auf dem Bahnhof. Da fuhr ein Zug ein, bestehend aus einem Salonwagen, einem Schlafwagen, einem Aufenthaltswagen und einem Kassenwagen. Verantwortlich dafür zeichnete Feldmarschalleutnant Lütgendorf, der Onkel des späteren Ministers. Auch er mußte zur Kenntnis nehmen, daß ich seinen Zug beschlagnahmte. „Was“, dachte ich, „soll ich jetzt mit dem Zug anfangen?“ Ich telefonierte und erfuhr, daß ich den Zug am Südbahnhof abliefern sollte. In der Zwischenzeit mußte Lütgendorf den Lokomotivführer schon für sich gewonnen haben, denn er fuhr nicht, meinen Angaben folgend, zum Südbahnhof, sondern zum Ostbahnhof und blieb in einiger Entfernung von der Station stehen. Da niemand da war, dem ich den Zug hätte übergeben können, blieb mir nichts anderes übrig, als mich auf den Weg zur Station zu machen und zu melden: „Ich habe einen Zug beschlagnahmt.“ Als ich zurückkam, war der Zug weg. Mitsamt der Kriegskasse. Als Lütgendorfs Neffe Minister war, meinte ich: „Wissen Sie, mit Ihrer Familie habe ich schon schlechte Erfahrungen gemacht. Sie hat mir schon einmal einen Zug gestohlen.“ „Wieso?“ Er war entrüstet. Ich erzählte ihm den Vorfall. Er lachte und sagte: „Das sieht meinem Onkel ähnlich.“

Der Auflösungsprozeß der Monarchie machte Fortschritte, schon bevor sich Kaiser Karl entschloß, in einem Manifest den Völkern die Freiheit der Entscheidung zu geben. Die Abgeordneten im alten österreichischen Reichsrat hatten schon vorher begonnen, sich getrennt voneinander in eigenen Nationalräten zu konstituieren. Die deutschsprachigen wählten einen Staatsrat, der eine Art Regierungsgewalt darstellen sollte, obwohl die kaiserliche Regierung weiterhin bestand. Der deutsch-österreichische Staatsrat nahm die von Deutschen bewohnten Gebiete in Anspruch, zu denen auch Teile von Böhmen und Mähren gehörten. Diese wurden von vornherein von den Tschechen als Bestandteil der tschechischen Krone und daher der neuen tschechoslowakischen Republik betrachtet.

Die einzelnen Nationen tagten nun getrennt voneinander. Da sie keine gesamtösterreichischen Vollmachten hatten, konnten sie auch nicht im Parlament tagen.

Die deutschen Abgeordneten kamen im niederösterreichischen Landhaus in der Herrengasse zusammen. Vor dem Gebäude sammelte sich bald eine große Menschenmenge. Die Vertreter der einzelnen Parteien sprachen vom Balkon des Landhauses aus. Der christlichsoziale Bürgermeister Weiskirchner (Wien) redete - unfreundlich begrüßt - unklar herum, Bürgermeister Dinghofer (Linz), der großdeutsche Redner, verlangte den Anschluß an das große Mutterland Deutschland, und der Sozialdemokrat Karl Leuthner sagte: „Wir wollen die Republik Deutsch-Österreich.“ Das war eine erste Willenskundgebung. Natürlich wurde er bejubelt.

In den nächsten Tagen zogen eine Unzahl von Demonstrationen durch die ganze Stadt, die die diversesten Vorstellungen und Forderungen zum Ausdruck brachten.

Am 17. Oktober erschien das kaiserliche Manifest „An meine Völker“, in dem Karl den Völkern die Entscheidung über ihre Zukunft freistellte. Der tschechoslowakische Staat wurde proklamiert, die südslawischen Völker lösten sich los, Galizien schloß sich Polen an, und auch Ungarn trennte sich von der Doppelmonarchie. Der Ministerpräsident Österreichs, also der im Reichsrat vertretenen Länder, Lammasch, war ohne jeden Einfluß. Am 11. November verzichtete Kaiser Karl auf die Ausübung des Regierungsrechtes.

Am selben Tag starb Victor Adler. Am 12. November wurde in einer Sitzung im Parlament, zu der nur mehr die deutsch sprechenden Abgeordneten erschienen, die Republik „Deutsch-Österreich“ ausgerufen. Jemand zog auf dem Mast vor dem Parlament eine rot-weiß-rote Fahne auf, und plötzlich besetzte das Volkswehrbataillon 41, das von Kommunisten geführt wurde, die Rampe und riß aus der Fahne den weißen Mittelteil heraus. Nun war die Fahne nur mehr rot. Gleichzeitig entrollten sie ein riesiges Transparent mit der Forderung: „Wir wollen die sozialistische Republik.“ Es fielen Schüsse. Ich weiß nicht, ob es je aufgeklärt wurde, wer zuerst schoß. Eine Panik entstand. Die Menschen stoben in alle Richtungen auseinander. Wir flohen vom Parlament auf die Rampe der Universität. Dort sammelten sich alle Studenten, nationale, bürgerliche, sozialistische. Die Republik war da.

Karl Renner wurde als Staatskanzler nominiert. Karl Seitz, einer der drei Präsidenten des Staatsrates, mit der Funktion des Staatsoberhauptes betraut. Die stark in der Mehrheit befindlichen bürgerlichen Abgeordneten stimmten diesen Nominierungen zu. Es wurde damals erzählt, daß der einzige, der gegen die Ausrufung der Republik stimmte, der Abgeordnete Wilhelm Miklas war, ein Christlichsozialer. Er wurde im Jänner 1928 von der Bundesversammlung zum Bundespräsidenten gewählt. Doch auch in dieser Funktion nahm er eine ähnliche Haltung ein. 1938 wurde er von den Nationalsozialisten abgesetzt.

Im Herbst wurde der Wiener Gemeinderat durch sozialdemokratische und liberale Mitglieder ergänzt. Nach der Ergänzung gab es vierundachtzig Christlichsoziale, sechzig Sozialdemokraten und einundzwanzig Liberale und Nationale, vorher waren von hundertfünfundsechzig Gemeinderäten hundertsechsunddreißig Christlichsoziale, neun Sozialdemokraten und zwanzig Liberale und Nationale. Das war auch in den Bezirksvertretungen ähnlich. Die Führungsrolle in allen öffentlichen Körperschaften hatten immer noch die Christlichsozialen inne. Auch in Döbling blieb der alte christlichsoziale Bezirksvorsteher Wenzel Kuhn im Amt.

Die Nationalratswahlen 1919 und die Arbeiterräte

Im Feber 1919 fanden die ersten Wahlen in der Republik statt. Sechsundzwanzig Parteien bewarben sich um die Sitze in der konstituierenden Nationalversammlung. Dabei spielten die Nachrichten über die Ereignisse in Deutschland, die erbitterten Kämpfe zwischen den Spartakisten und den reaktionären Freikorps, in deren Verlauf Rosa Luxemburg und Karl Liebknecht grausam ermordet wurden, stark in das Geschehen in Österreich hinein.

In der Studentenorganisation hatten wir nichts mit den Wahlen zu tun. Ich hätte aber gerne etwas dazu beigetragen. Wahlen erschienen mir doch etwas Wichtiges zu sein. Am Tag der Nationalratswahl, dem 16. Feber 1919, ich war noch nicht zwanzig Jahre alt und durfte deshalb nicht wählen, entdeckte ich eigentlich erst, daß es, abgesehen von der Studentenorganisation auch eine Parteiorganisation gab. Schnurstracks ging ich am folgenden Tag in die nächste Sektion in der Pyrkergasse 41, meldete mich mit meinem Freund Walter Nuki als Parteimitglied an und sagte: „Ich möchte gerne mitarbeiten." Oskar Passauer, Betriebsobmann der „Bodenkredit" und Sektionsleiter, war davon nicht begeistert. „Was machen Sie?" fragte er mich. Ich antwortete: „Ich bin Student." Er hielt mir eine lange Rede, in der er mir erklärte, daß das gar keinen Sinn habe, weil Studenten kein Sitzfleisch hätten und seines Erachtens lieber zu Hause bleiben und studieren sollten. Fast schon hätte ich mit hängendem Kopf die Sektion verlassen, da schaltete sich der Maschinist Karl Neuhauser, Passauers Stellvertreter, in das Gespräch ein und nahm für mich Stellung. „Weißt du, Oskar", sagte er, „laß es ihn versuchen. Du wirst dann schon sehen, ob er Sitzfleisch hat." So bekam ich eine Chance. Ich durfte Mitgliedsbeiträge kassieren und wurde Vertrauensmann der Partei.

Bei den Wahlen wurden die Sozialdemokraten mit zweiundsiebzig Mandaten die stärkste Partei, gefolgt von der neunundsechzig

Mandate starken Partei der Christlichsozialen. Diese beiden Parteien schlossen sich mit den Großdeutschen zu einer, wie es hieß, notwendigen Koalition zusammen. Man mußte abwarten und sehen, wie sie zu arbeiten imstande sein würde.

Die Arbeit im Parlament bildete nur die eine, die außerparlamentarischen Aktionen der Rätebewegung, die im Frühjahr 1919 durch die Ausrufung der Räterepublik in Budapest und München auch in Wien einen Auftrieb erhalten hatte, die andere Seite. Auch bei dem Putschversuch der Kommunisten am 17. April, einem Gründonnerstag, bei dem die Verbindung zwischen der bayrischen und der ungarischen Räterepublik hergestellt werden sollte, kam es zu Todesopfern als eine Gruppe von Kommunisten das Polizeigefangenenhaus stürmen wollte. Durch anonyme Flugblätter wurde zur Teilnahme an einer Massendemonstration, der Besetzung des Parlaments und der Ausrufung der Räterepublik aufgerufen. Ich wurde damals von der Sektion aufgefordert, an der Bildung eines Kordons am Gürtel mitzuwirken. Wir sollten den Leuten, die den Gürtel passierten, davon abraten, an dem Putsch teilzunehmen. Es kam zwar zu Schießereien, doch konnte das Ausmaß der Unruhen relativ gering gehalten werden.

Die Rätebewegung folgte dem russischen Vorbild der „Sowjets". Sie bestand seit dem Jännerstreik als eine Art Kampfsystem, nach den Wahlen mit Billigung der neuen Regierung, gebildet aus Vertretern der Betriebe, aber auch die Bezirksorganisationen, die Gewerkschaftskommission, der Parteivorstand, das Frauenrechtskomitee und der Wiener Ausschuß der SDAP entsandten Mitglieder.

Bis zur Gründung der Kommunistischen Partei im November 1918, zu der sich die linksradikalen Gruppen zusammengeschlossen hatten, bildete die SDAP ein Sammelbecken aller in der Arbeiterschaft vorhandenen Strömungen. Fritz Adler, dem der Vorsitz der KP angetragen wurde, lehnte dies ab und blieb Sozialdemokrat.

Als sich herausstellte, daß die Kommunisten im Arbeiterrat mit Hilfe von einigen Sozialdemokraten öfter ihre Anträge durchsetzten - für den Putsch hatten sie allerdings nicht abzustimmen gewagt - entschied sich die SDAP für die sogenannte Parteidisziplin. Das bedeutete, daß nur jemand, der sich zur Fraktionsdisziplin verpflichtete, als Sozialdemokrat in den Arbeiterrat gewählt werden konnte. Auch die Studenten verlangten, im Arbeiterrat vertreten zu sein. Die Universität sollte als Betrieb betrachtet werden. Der Bezirksarbeiterrat Innere Stadt beschloß, den Studenten, die sich zur Arbeiterbewegung bekannten, vier Sitze zuzugestehen. Entsprechend der Zusammensetzung dieser Gruppe - ein großer Teil von ihnen waren Juden aus Galizien, die im Krieg vor den Russen nach Wien geflüchtet waren - wurden je ein rechter und ein linker Poale-Zionist und je ein Kommunist und ein Sozialdemokrat gewählt. Keiner der Funktionäre der sozialdemokratischen Studentenbewegung aber wollte die Verpflichtung der Fraktionsdisziplin auf sich nehmen. Für mich war das selbstverständlich. Warum war ich denn zur Partei gegangen? Doch damit ich dazugehörte und beteiligt war. Ich übernahm das Mandat und war auf diese Weise plötzlich Arbeiterrat der Inneren Stadt.

Auch weitere Putschversuche blieben nicht aus. Unter dem Einfluß von Bela Kun, der maßgeblich an der Schaffung der ungarischen Räteregierung beteiligt war, fand am 15. Juli ein Putsch der Kommunisten statt. Wieder versuchten wir eine gewisse Überschaubarkeit dadurch zu erreichen, daß wir den Leuten abrieten, teilzunehmen. Der neuerliche Versuch der Kommunisten, die Regierung zu stürzen und eine Räterepublik auszurufen, führte zu keinem Erfolg.

Da gab es zum Beispiel einen Mann, der in Winzendorf in Niederösterreich eine Räterepublik ausrief. Er kam zwar aus der Arbeiterbewegung, war weder Kommunist noch Sozialdemokrat, hatte aber in dem Ort großen Einfluß. Diese Republik dauerte einige Wochen, aber heute weiß fast niemand mehr davon.

Erst langsam festigten sich die Parteien und die staatliche Ordnung. Die Radikalisierung der Arbeiterschaft nahm ab, und die bürgerliche Macht begann sich zu stabilisieren. In diesem Prozeß verloren auch die Arbeiterräte ihre Funktion als Ergänzung der staatlichen Organe. Ihre Aufgaben, wie die Überwachung der Lebensmittelversorgung oder die Hilfestellung bei Wohnungsnotständen, gingen Schritt für Schritt in die Hände der sich etablierenden Gemeindeverwaltung über.

DIE ROLLE DER STUDENTENBEWEGUNG

Als aktiver Funktionär

Die Sozialistischen Studenten begannen ihren Wirkungsradius zu vergrößern, indem sie Sonderorganisationen schufen. Neben die Fachvereine der verschiedenen Fakultäten trat die akademische Gruppe der Naturfreunde, zu deren Gründungsmitgliedern ich mich auch zählen kann. Mit ihrem Obmann, Leopold Happisch, dem Sohn des Gründers der Naturfreunde, Alois Happisch, war ich sehr befreundet, und er zog mich gern zu Rate.

Die Wirtschaftshilfe der Hochschülerschaft ging, unserer Meinung nach, sehr parteiisch vor, und deshalb gründeten wir eine eigene, um Leute, die uns nahestanden, wirtschaftlich beim Studium zu unterstützen und ihnen finanzielle Erleichterungen für das Studium zu verschaffen, was von Julius Tandler, dem Fürsorgestadtrat, sehr unterstützt wurde. Er war es auch, der uns das Haus in der d'Orsaygasse 5 als Studentenheim vermittelt hatte und die Mensa subventionierte, die wir dort führten.

Nach der Gründung des Schutzbundes im Jahre 1923 beschloß man, an der Universität ebenfalls eine Schutzbundgruppe zu schaffen. Ich bekam den Auftrag, sie zu organisieren. In Erinnerung an den Geist der Revolution 1848 und das Bündnis des liberalen Bürgertums mit den Arbeitern, nannten wir sie „Akademische Legion". Bei den vielen Auseinandersetzungen an der Universität, die zwischen nationalen und klerikalen mit sozialdemokratischen Studenten stattfanden, kam die Gruppe immer wieder zum Einsatz.

Je mehr die nationalistische Welle aufkam, desto stärker spürten wir ihre Schikanen. Die Hochschülerschaft, die damals noch keine gesetzlich begründete Körperschaft war, hatte in ihren Statuten den Paragraphen, daß nur Arier in der Studentenschaft wählen und gewählt werden dürften. Wir wurden zu einer Versammlung für die Beratung über diese Statuten eingeladen. Da erhob sich ein Klassenkollege vom Döblinger Gymnasium und sagte: „Ich möchte darauf aufmerksam machen, daß im Saal ein Vertreter einer Gruppe sitzt, dessen Mutter Jüdin ist." Ich stand auf und sagte deutlich: „Lieber Paul Frank, meine Mutter ist keine Jüdin. Mein Vater ist Jude, ist aber längst aus der Religionsgemeinschaft ausgetreten. Ich aber werde diesen Saal natürlich verlassen." Alle meine Genossen folgten mir. Dadurch erhoben wir dagegen Protest. Wir waren ebensolche Staatsbürger wie die anderen. In der zweiten Hälfte der zwanziger Jahre hatte die Hochschülerschaft, die von den Nationalen dominiert war, überall den sogenannten „Arierparagraphen", der bereits den später berüchtigten Ariernachweis verlangte, wollte man aktiv sein. Bis zum Einmarsch der Nazis wurde dieser Paragraph relativ salopp gehandhabt.

Ihren ersten Auftritt sollte die Akademische Legion bei der Kundgebung zum fünfundsiebzigsten Jahrestag der Märzrevolution 1848 haben. Am Gedenkstein der Märzgefallenen hatten die liberalen Kräfte immer Kundgebungen durchgeführt. Jetzt taten wir das, und ich hatte die Rede zu halten. Der erste militärische Kommandant war Georg Weissel, der 1934 seine bedeutende Rolle beim Widerstand in Floridsdorf am Galgen büßte. Obmann und Organisator war ich. Bruno Pittermann dichtete einmal folgende Zeilen, die sich darauf bezogen:

„Fürn Krieg haben wir einen Kommissär,
das ist der Karl Mark.
Er war zwar nie beim Militär,
aber in der Taktik ist er stark."

Nachdem wir in Wien ein gewisses Organisationssystem aufgebaut hatten, versuchten wir auch mit den Sozialisten der anderen österreichischen Hochschulen Verbindung herzustellen. Wir hörten von Gruppen in Graz und Innsbruck, und da wir nicht viel von ihnen wußten, mußte jemand hinfahren, um sie kennenzulernen. Da mein Vater Eisenbahnbediensteter war, hatte ich das Recht, solange ich studierte, für einen geringen Betrag die Eisenbahn zu benutzen. Das war der Grund, weshalb man in der Studentenorganisation feststellte: „Da fährst du!" Das waren meine ersten dienstlichen Reisen.

Ein besonders bemerkenswerter Aspekt der Studentenbewegung, sei es damals oder heute, ist die Vorwegnahme der Entwicklung in der gesamten internationalen Arbeiterbewegung. Es hatte immer wieder Bestrebungen gegeben, sozialistische Parteien auf internationaler Ebene zusammenzufassen. Die im Jahre 1864 gegründete Erste Internationale scheiterte auf Grund nationaler Interessengegensätze. Im Jahre 1889 erfolgte in Paris ein neuerlicher Versuch, eine internationale Gesprächsbasis zu finden. Es kam zur Gründung der Zweiten Internationale. Sie zerfiel bei Beginn des Ersten Weltkrieges.

Die Studentenbewegung hatte bereits 1921 den Versuch unternommen, einen Verband der kommunistischen und sozialistischen Studentenorganisationen im deutschsprachigen Raum zu gründen. Ein Kongreß in Leipzig sollte die Gelegenheit bieten, eine gemeinsame Linie herauszuarbeiten. Ich wurde gemeinsam mit Marius Tausk aus Graz zu diesem Kongreß geschickt und mußte dann sogar, im größten Saal von Leipzig, der bis auf den letzten Platz gefüllt war, bei einer großen Versammlung für die Einigung der Internationale den Vorsitz führen. Weder die Mehrheitssozialdemokraten, also kurz gesagt die Zweite Internationale, noch die Kommunisten, die Dritte Internationale konnten den Vorsitz für sich in Anspruch nehmen. Sie brauchten jemanden, der eine vermittelnde Stellung einnehmen konnte. Die Österreicher nahmen eine solche ein. Da es nur zwei österreichische Delegierte gab und Tausk aus einer gewissen Schüchternheit heraus sich diese Aufgabe nicht zutraute, trat ich aufs Podium. Die Verhandlungen verliefen erfolglos, wir kamen zu keiner Einigung und begannen uns, wie die Dachorganisationen später, auseinanderzuentwickeln. Eine Konferenz, die bestrebt war, Sozialdemokraten, Kommunisten und die dazwischenstehende Gruppe von Parteien wie die österreichische, die wesentlich von Otto Bauer und dem Austromarxismus und den deutschen Unabhängigen bestimmt wurde, also die Zweite, Dritte und Zweieinhalbte Internationale zu einigen, fand unter Vorsitz von Friedrich Adler im Feber 1922 in Wien statt. Die Konferenz brachte kein Ergebnis.

1923 wurde ein Einigungsparteikongreß von der Zweiten und Zweieinhalbten Internationale nach Hamburg einberufen. Dem Verband der Sozialistischen Studenten Deutschlands und Österreichs wurden zwei Delegierte zugestanden. Von den Deutschen war dies Ella Seger, geborene Lachmann, von den Österreichern ich. Die Verhandlungen waren insofern erfolgreich, als es zur Einigung über die SAI, die Sozialistische Arbeiterinternationale, kam. Zu ihrem Sekretär wählten sie Friedrich Adler, der mir durch Oskar Pollak ausrichten ließ, ich solle beim nächsten Kongreß wieder wie diesmal in Hamburg im Kongreßbüro mithelfen. Das tat ich auch.

Im Jahre 1925 reiste ich nach Marseille. In Monte Carlo bekamen mein Reisebegleiter Josef Pleyl und ich Lust, im Meer zu baden. Eigentlich hatte ich, den Kopf voll mit Politik, nicht damit gerechnet, baden zu gehen. Mit ernstem Gesicht machte mich der Aufseher aufmerksam: „Sie müssen ganze Bekleidung haben", worauf ich mir ein geschlossenes Badekostüm auslieh. Badehosen, wie man sie bei uns schon längst trug, waren hier, wo erst seit kurzem der Urlaub gesetzlich festgelegt war und damit der Badeaufenthalt in Mode kam, noch sehr unschicklich, ja geradezu Anstoß erregend. Pleyl konnte seine modische Errungenschaft also auch nicht zur Schau stellen.

Auf dieser Reise trafen wir in Nizza zufällig Max Winter, den Vizebürgermeister von Wien. Er hatte mit Karl Renner und anderen vereinbart, sich in Nizza zu treffen. Und zwar dort, „wo man sich trefft". Das war ein geflügeltes Wort aus dem Chanson vor dem Ersten Weltkrieg, das beschrieb, wie sich die ganze jüdische Bourgeoisie im Ampezzotal trifft. Als wir durch Nizza spazierten, kamen wir zu einem Platz, auf dem viele Kaffeehaustische im Freien standen. Das mußte der Platz sein, „wo man sich trefft". Kaum hatten wir uns gesetzt, erschien Renner am anderen Ende des Platzes. Max Winter stellte mich vor. „Kennen Sie vielleicht zufällig Frau Toni Mark?" fragte mich Renner interessiert. Ich lachte und sagte: „Ja. Sie ist meine Mutter." „Hörst du, Luise", sagte er zu seiner Frau, „das ist der Sohn von der Toni, mit der ich allerweil getanzt hab." - Das überzeugte mich trotzdem nicht von seinen Ansichten, gehörte er doch zum rechten Flügel der Partei, der die Zusammenarbeit mit den Christlichsozialen für notwendig hielt, was ich bereits in Frage stellte.

In Marseille angekommen, meldete ich mich im Kongreßbüro und stieß dort auf Oskar Pollak, den Leiter des Sekretariats der Internationale. Er sah meine Karte an, ich war Gastdelegierter, Pollak aber sagte: „Du wirst doch hier nicht einen Delegierten spielen. Du wirst schön brav im Büro arbeiten. Dich brauche ich." Meine Arbeit im Büro war rein organisatorisch, aber recht interessant, da ich, obwohl ich fast gar nicht Französisch und nur wenig Englisch sprach, mit vielen Leuten in Berührung kam und Gelegenheit hatte, sie kennenzulernen.

Nach einigen interessanten Tagen, in denen wir viel über die Situation in den Ländern Europas und auch in mehreren Ländern der übrigen Welt erfuhren, trat ich die Rückreise an, die mich über die französischen Alpenpässe durch den Mont-Cenis-Tunnel bis Turin und von dort über Bozen nach Wien brachte.

Langsam löste ich mich aus der aktiven Arbeit in der Studentenbewegung. Die persönlichen Verbindungen aber blieben aufrecht, insbesondere in der Zeit des Austrofaschismus und des Nationalsozialismus.

Als Verbindung zwischen Parteivorstand und den sozialistischen Studenten

Im Jahre 1945 begannen die Studenten, wie alle anderen sozialistischen Gruppen, ihre Organisation neu aufzubauen. Während der illegalen Zeit war Erwin Scharf bis 1938 der Vorsitzende des illegalen Sozialistischen Studentenbundes, auch Josef Schneeweiß hatte eine wichtige Position innegehabt. Scharf, Schneeweiß und Hugo Pepper halfen jetzt, eine neue Organisation auf die Beine zu stellen.

In den fünfziger Jahren suchte die Partei jemanden, der sich um die Jungen und den Nachwuchs kümmern sollte. Nach einer Unterredung mit Bruno Pittermann wurde ich vom Wiener Vorstand und dann vom Bundesparteivorstand zu allem, was in diesen Bereich fiel, delegiert: Zu den Sozialistischen Mittelschülern, den Studenten und schließlich auch zum BSA, dem Bund Sozialistischer Akademiker. Da ich deshalb bei wichtigen Ereignissen immer anwesend war und meine Aufgabe sehr ernst nahm - der Umgang mit der Jugend war seit meiner eigenen Studentenzeit ein wichtiges, zukunftsweisendes Thema für mich geblieben - entspann sich daraus eine Art Legende. Es begann mit einer Rede Hertha Firnbergs, die auf die beiden Gründer der Studentenbewegung im Jahre 1945 verwies: Josef Schneeweiß und mich. Weder er noch ich können dieses Verdienst in Anspruch nehmen.

In der Studentenbewegung agierten in den fünfziger Jahren zwei dominierende Leute: Heinz Fischer und Hannes Androsch. Der eine mehr nach links, der andere nach rechts orientiert. Da meine Sympathie sich dem Linken zuwandte, entstand bald eine Freundschaft zwischen Heinz Fischer und mir, auch weil er sich besonders für Leo Trotzkis Werke, von denen ich die meisten besitze, interessierte. Wir diskutierten den immer stärker werdenden Gegensatz zwischen links und rechts, als von der rechten Seite in der Studentenbewegung ein massiver Vorstoß gestartet wurde.

Hannes Androsch legte einen Statutenentwurf vor, der besagte, daß der Verbandsvorstand die sozialistischen Hochschulausschußmitglieder bestimmen dürfe und diese dann Sitz und Stimme im Vorstand hätten. Praktisch gesehen bedeutete das: Ein Vorstand mit einer rechten Mehrheit würde mit größter Wahrscheinlichkeit Mitglieder für den Ausschuß bestimmen, die ebenfalls rechts stünden und könnte somit seine Position im Vorstand um diese Stimmen verstärken. Ich hielt das für einen undemokratischen Versuch, die Positionen der Rechten innerhalb der Studentenbewegung sozusagen zu versteinern.

Auch die Zentralsekretäre der Partei, Otto Probst und Alois Piperger, fanden den Entwurf unannehmbar. Sie rieten mir, vor der Abstimmung die Haltung der Partei zum Ausdruck zu bringen: „Wenn ihr das beschließt, wird die Partei die Verbindung mit euch abbrechen und euch nicht weiter anerkennen. Das solltest du ihnen vorher sagen."

Bei der Tagung der Studenten beantragte Heinz Fischer zuerst den Tagesordnungspunkt „Statuten" abzusetzen. Er wurde niedergestimmt. Zusammen mit seinen Freunden verließ er den Saal. Ich blieb und vertrat den Standpunkt der Partei. Ungeniert wurde das Statut beschlossen. Ich war doch etwas aufgebracht, als ich den Zentralsekretären davon berichtete und erwartete weitere Instruktionen. Der Rückhalt Androschs in höheren Parteikreisen war sehr stark. Die Zentralsekretäre waren in ihren Äußerungen um vieles vorsichtiger geworden. Sie beriefen sich auf die bevorstehende Bundespräsidentenwahl, versuchten mich zu besänftigen und meinten plötzlich kompromißbereit: „Da wird man schon in den sauren Apfel beißen müssen." „Ihr schon", sagte ich, „ich nicht. Wenn ihr einen Dummen haben wollt, dann sucht euch einen. Ich will nichts mehr damit zu tun haben. Vorgänge, die ich nicht verantworten kann, brauche ich nicht zu vertreten." Am folgenden Tag teilte ich der Parteiführung mit, daß ich die Delegation zu den Studenten nicht mehr behalten könne.

Trotz meines Rückzugs und obwohl ich nie Mitglied des BSA (Bund sozialistischer Akademiker, Intellektueller und Künstler) war, wenn auch Sprecher des Bundes im Parlament, wurde ich als „der alte Studentenvertreter" zu jeder größeren Veranstaltung im BSA eingeladen und dort als der Veteran der Intellektuellenbewegung begrüßt. Vielleicht respektierten sie es auch, daß ich bereit war, meine Meinung zu vertreten und, ohne mich vor den Konsequenzen zu scheuen, meine Delegierung zurückgelegt hatte.

Ich wollte nicht daran mitwirken, Leuten, die ich nicht vollinhaltlich unterstützen konnte, die Geschicke der Partei in die Hand zu geben. Ganz im Gegenteil. Ich sah und sehe meine persönliche Wirkung als Linker in der Partei zum Großteil darin, Menschen, die ähnliches Gedankengut vertreten, zu unterstützen und weiterzubringen. Ich halte es für einen der wichtigsten Punkte, zu wissen, daß man die Verantwortung bei der Auswahl der Funktionäre tragen muß.

Einmal, ich war damals gerade für die Studenten unterwegs, saß mir in der Bahn eine Dame gegenüber, die ich, wie wir bald feststellten, kannte. Sie war Angestellte der Arbeiterkammer Niederösterreich und hieß Hertha Firnberg. Während wir über dieses und jenes plauderten, fragte ich sie unvermittelt: „Warum gehen Sie nicht in die Politik?“ Sie antwortete ein bißchen zurückhaltend, aber ich spürte ihr Interesse, und ich nahm mir vor, da Hertha Firnberg aus Favoriten kam, Otto Probst, der für diesen Bezirk zuständig war, auf sie aufmerksam zu machen. Bei der nächsten Wahl wurde sie auf die Kandidatenliste gesetzt, kam bald in den Nationalrat und wurde später Minister für Wissenschaft und Forschung.

Bildung und Justiz sind zwei ganz wichtige Bereiche im politischen Leben. Hier sollten verantwortungsbewußte Menschen ihre Arbeit leisten.

Bei einer Einladung der Familie Harnisch geriet ich mit meinem Schwager Pepo Afritsch, der auch geladen war, wie gewöhnlich heftig aneinander. Ein junger Mann, der mir unbekannt war, versuchte Pepo zu beruhigen und sagte: „Überleg dir das doch einmal. Da ist schon einiges richtig an dem, was Herr Mark sagt.“ So lernte ich Christian Broda kennen. Als ich ihn zufällig wieder in der Bahn traf, stellte ich auch ihm die Frage: „Warum gehen Sie nicht in die Politik?“ - „Adolf Schärf mag mich nicht“, sagte er sehr offen. Es verging nicht viel Zeit bis Johann Resch, der Wiener Finanzreferent, sich in einer Wiener Vorstandssitzung darüber beklagte, daß ein wichtiger Prozeß der Stadt Wien so schlecht geführt wurde, daß es besser sei, damit zu rechnen, daß er verloren wurde. Ich schlug ihm vor, sich doch einen jungen Anwalt zu suchen, der nicht so mit Vorurteilen belastet wäre. „Ja, du hast recht“, pflichtete er mir bei, „aber wen denn?“ Ich nannte Christian Broda. Er gewann den Prozeß. Resch sorgte dafür, daß er bei nächster Gelegenheit in den Bundesrat delegiert wurde. Bei den nächsten Nationalratswahlen kam er in den Nationalrat und wurde schließlich zum Minister für Justiz bestellt, eine Position, die für die Entwicklung des Landes von größter Bedeutung war.

AUF DEM WEG ZUR MEHRHEIT

„Kleiner roter Ziegelstein baut die neue Welt . . .“

Das Rote Wien und die Heimwehr

Im Zweiten Weltkrieg traf ich einmal den alten Paul Speiser im Heiligenstädter Park. Ich fragte ihn: „Wie wird denn die Zeit nach dem Krieg sein?“ Da erinnerte er sich an die Anfänge der Ersten Republik: „Ich werde dir etwas sagen: Die besten Leute in der Gemeindeverwaltung waren Schwarze, die zur Zeit Luegers hineingekommen sind, aber als ehrliche Beamte, die ihre Aufgabe im Dienst der Bevölkerung gesehen haben. Die haben damals bald erkannt, daß wir alle Kraft für die Schwachen einsetzten, um ihnen Gerechtigkeit zu verschaffen. Sie haben uns damals am meisten geholfen, und viele sind in unsere Partei eingetreten.“

Aber nicht nur die „schwarzen“ Gemeindebeamten aus der Zeit Karl Luegers, auch die meisten Wiener erkannten bald, daß im Rathaus ein frischer Wind wehte, daß die Arbeit der Sozialdemokraten unter der Führung von Jakob Reumann und später von Karl Seitz neues Leben in die Gemeindestube brachte, das nicht mehr von den „Hausherren“ des ersten Wahlkörpers, den „besseren“ Leuten des zweiten Wahlkörpers und den „Spießbürgern“ des dritten Wahlkörpers bestimmt wurde. Neben diesen hundertvierundvierzig Vertretern waren noch einundzwanzig des vierten Wahlkörpers gestanden, bei deren Wahl aber die Stimme der privilegierten Männer der drei Wahlkörper mitbestimmten, die auf diese Weise zweimal abstimmen konnten. Hundertsechsunddreißig christlichsozialen Gemeinderäten standen neunundzwanzig Sozialdemokraten und Liberalen gegenüber, die die Herrschaft des „Gottnimm“ (eine von einem christlichsozialen Stadtrat geprägte Bezeichnung des korrupten Verwaltungssystems in der Gemeindeverwaltung) weder richtig kontrollieren noch etwa gar beseitigen konnten.

Bei den ersten Gemeinderatswahlen in der neuen Republik im Mai 1919 wurden hundert Sozialdemokraten und dazu zehn tschechische Sozialisten und nur fünfundfünfzig Bürgerliche gewählt. An die Spitze der Gemeindeverwaltung wurden Männer gestellt, die das Wohl der breiten Massen des Volkes im Auge hatten. Hugo Breitner brachte durch seine Steuerpolitik die Mittel auf, die dazu erforderlich waren. Otto Glöckel sorgte dafür, daß das „Rohrstaberl“ als Erziehungsmittel durch moderne Methoden ersetzt und begabten Kindern aus allen Schichten des Volkes der Weg zum Aufstieg geebnet wurde. Julius Tandler reformierte „Armenwesen“ und „Gesundheitsfürsorge“. Aus dem „Armenrat“, der Gnaden verteilte, wurde der Fürsorgerat, der für Bedürftige gesetzlich verbriefte Rechte zu wahren hatte. Das Gesundheitswesen wurde erneuert und die „Wiener Krankheit“, die Tuberkulose, fast zur Gänze vertrieben. Vor allem aber wurde das Wohnungselend, in dem die meisten Wiener leben mußten, durch eine großzügige Wohnbautätigkeit von Jahr zu Jahr entscheidend gemildert. Daß die Verhältnisse in Wien sich von Grund auf gewandelt hatten, konnte man an den Bauten für Wohnraum, für Spitäler, für Kinderheime erkennen. Seitz sagte einmal: „Wenn wir nicht mehr leben, werden diese Steine für uns sprechen.“ Was Wunder, daß all dies für die Menschen immer wieder Anlaß war für Jubel und Freude. Die Eröffnung jedes neuen Gemeindebaues, der zahlreichen Menschen lebenswürdigen Wohnraum verschaffte, wurde zu einem Volksfest. Aber auch jeder neue Sportplatz und jede neue Bücherei wurde gefeiert.

Als Bezirkssekretär war es meine Aufgabe, die würdige Gestaltung all dieser Freudenkundgebungen vorzubereiten. In Döbling war es vor allem die feierliche Eröffnung des durch seine architektonische Bedeutung weltberühmten Karl-Marx-Hofes, die ungeheuren Jubel erweckte.

Der „kleine rote Ziegelstein“, der an die Stelle des Marmors der Prunkpaläste getreten war, wurde zum Symbol der „Neuen Welt“. Aber gerade das erbitterte jene Gruppen, die entweder ihre Privilegien oder gar die Grundlage ihrer Existenz verloren hatten, wie etwa die zahlreichen aus den neuen Nachfolgestaaten nach Wien zurückgeschickten Beamten oder die arbeitslos gewordenen Offiziere. Schon im November 1918 hatten in den Cottagevierteln in Währing und Döbling Flugzettel kursiert, in denen aufgefordert wurde, sich zu organisieren und zu bewaffnen, um sich gegen

Übergriffe des Pöbels zu wehren. Wenn auch diese Versuche wenig Widerhall fanden, so begannen sich die durch den Umbruch Betroffenen in eigenen Organisationen zu sammeln. Da gab es Offiziersverbände und Frontkämpferbünde, Kriegsinvalide und Inflationsopfer, Heimwehr und Heimatschutzverbände, die sich mit Erbitterung gegen die „neuen" Herren wehrten. Viele Gruppen bewaffneten sich mit Waffen aus den alten Beständen der k. u. k. Armee, soweit sie von den Italienern, die für die Abrüstung Österreichs verantwortlich waren, übersehen worden waren. Unter dem Eindruck von Mussolinis „Marsch auf Rom" und den Erfolgen der Faschisten in Italien verbanden sich die meisten dieser Gruppen in der Heimatschutzbewegung, der österreichischen Form des grünen Faschismus. Dem „Marsch auf Rom" entsprechend, war das gemeinsame Ziel der Austrofaschisten der „Marsch auf Wien", das Wegräumen allen „revolutionären Schutts" und die Entmachtung der in Wien herrschenden Sozialdemokratie.

Döbling

Döbling entstand aus den Dörfern Oberdöbling, Unterdöbling, Nußdorf, Heiligenstadt, Grinzing, Sievering und dem Kahlenbergerdorf. Sie wurden im Jahre 1890 im Zuge der Eingemeindung zum neunzehnten Wiener Bezirk zusammengefaßt. Salmannsdorf und Glanzing wurden erst 1938 durch die Nationalsozialisten von Währing abgetrennt und an Döbling angeschlossen. Die ursprünglich ländliche Struktur des Bezirkes wich langsam dem Charakter eines Industriegebietes. In der Industriezone zwischen Heiligenstädter Straße und Donaukanal befanden sich Groß- und Mittelbetriebe, wie die Glühlampenfabrik Watt, die Zigarettenfabrik Samum, das Nußdorfer Brauhaus, die Metallbetriebe Weiser-Fiat, Elektra, Hübner & Mayer und die Süßwarenbetriebe Hofbauer und Egger. Die Automobilfabrik Gräf und Stift, die Gasmesserfabrik Danubia, die Zimmerei Hartl, die Uhrenfabrik Schauer und die Süßwarenfabrik Bensdorp waren im Bezirksteil Krim, der zwischen Krottenbachstraße und Sieveringer Straße liegt, angesiedelt. Der Erste und später auch der Zweite Weltkrieg ließen hier große Rüstungsbetriebe entstehen, die am Ende des Ersten Weltkrieges ungefähr zehntausend Metallarbeiter beschäftigten.

Der am Rande des Wienerwaldes gelegene Teil des Bezirkes blieb in seiner ursprünglichen dörflichen Struktur erhalten und wurde immer stärker ein Zentrum des Fremdenverkehrs. Grinzing mit seinen Nobelheurigen für die ausländischen Touristen, die Buschenschenken in Nußdorf, Heiligenstadt, Sievering und Neustift für die „Einheimischen".

Im Jahre 1918 entstanden in dieser Region die ersten österreichischen Gruppen der Landarbeitergewerkschaft und des Arbeitsbauernbundes. Das Cottage-Viertel, im Nordwesten gelegen, war vor allem ein vornehmes Viertel des Bürgertums. Hier waren die Sozialdemokraten bis zum Jahre 1932 immer die stimmenstärkste Partei. Was auf den ersten Blick verwunderlich erscheint, wird sofort verständlich, wenn man sich vor Augen führt, daß zu dieser Zeit in jedem bürgerlichen Haushalt noch zahlreiche Hausangestellte (Hauswart, Hausgehilfin, Köchin, Kindermädchen, Chauffeur, Gärtner) lebten, die meist sozialdemokratisch wählten.

Der erste sozialdemokratische Vertreter Döblings im Parlament war Franz Schuhmeier, der im Jahre 1901 zum Reichsratsabgeordneten des Wahlkreises der V. (allgemeinen) Kurie, zu dem aber auch Ottakring, Hernals und Währing gehörten, gewählt wurde. Trotzdem war Döbling der letzte Bezirk, den die Christlichsozialen 1911 in Wien halten konnten.

Das sollte sich am 4. Mai 1919 ändern. Bei diesen Gemeinderatswahlen setzte man mich bereits als Leiter eines Agitationslokales ein, ein außerhalb der Sperrzone um das Wahllokal gelegener Raum, von dem aus Propagandamaterial und Stimmzettel verteilt wurden, die es damals noch von jeder Partei separat gab. Wieder wußte ich nicht, was ich zu tun hatte. Plötzlich tauchten zehn Holz- und Bauarbeiter auf, die der Obmann der Gewerkschaft geschickt hatte. Sie sollten mir helfen, die Stimmzettel zu verteilen.

Trotz einer sehr viel schwächeren Wahlbeteiligung gegenüber dem 16. Feber, dem Tag der Wahlen zur konstituierenden Nationalversammlung, erreichte die SDAP in Döbling über zehntausend Stimmen gegenüber fünftausendfünfhundert der Christlichsozialen. Damit war sie berechtigt, den Bezirksvorsteher zu stellen, und nominierte dafür ihren Obmann, den Lehrer Josef Seleskowitsch, der dieses Amt bis zu seiner gewaltsamen Absetzung am 12. Feber 1934 bekleidete.

Nach diesen Gemeinderatswahlen begannen die Sozialdemokraten die Kommunalverwaltung neu aufzubauen. Die Arbeiterräte begannen sich zurückzuziehen. Sie bildeten später die Basis der Ordnerorganisationen, die ursprünglich betriebsmäßig zusammengefaßt waren. Ihre Entwicklung führte später zum Aufbau des Republikanischen Schutzbundes, dessen Mitglieder aus den Ordnerorganisationen stammten.

Nach elf Jahren faschistischer und nazistischer Herrschaft übernahm ich, von der russischen Besatzungsmacht zum „Burgomistr“ von Döbling bestellt, für sieben Monate dieses Amt, bis von den Amerikanern, die von Mitte September an die Besetzung des Bezirkes übernommen hatten, Mitte Oktober meine Ablöse erzwungen wurde. Nach mir wurden bis 1978 immer wieder Sozialisten als Bezirksvorsteher gewählt, von 1945 bis 1960 Karl Schwendner, von 1960 bis 1965 Franz Opfermann, nach ihm von 1965 bis 1974 Franz Weber und dann bis 1978 Richard Stockinger. Erst 1978 gelang es der ÖVP wieder, den Bezirksvorsteher zu stellen.

Im Jahre 1919 waren von den fünf Gemeinderäten Döblings drei Sozialdemokraten (Karl Reisinger, Karl Schmid und Gisela Laferl). 1921 wurde Josef Seleskowitsch als Bezirksobmann abgelöst. An seine Stelle trat Gemeinderat Karl Reisinger, der diese Funktion bis zum Feber 1934 beibehielt. Gemeinsam mit Josef Seleskowitsch schied auch der Bezirkssekretär Wiehard aus, so daß der neue Obmann sich in den Sektionen um einen neuen Sekretär umschauen mußte. In meiner Sektion (I Oberdöbling) machte ihn ein Sektionsmitarbeiter mit den Worten: „Nimm dir den Karl Mark, der hat als Student in den Abendstunden Zeit und sich in der Sektion gut bewährt.“ So wurde ich ehrenamtlicher Bezirkssekretär. Erst 1925 wurde ich fest angestellt. Ich blieb in dieser Stellung bis zum Feber 1934.

Am 1. Dezember 1921 trat ich meinen Dienst an. Gerade an diesem Tag gab es in Wien anläßlich von Preissteigerungen von Brot und Milch stürmische Kundgebungen, an denen besonders auch Döblinger Betriebe beteiligt waren. Die Döblinger Betriebsratsobmänner fragten mich, ob sie so wie die anderen mit in die Stadt marschieren sollten. Ich wußte mir keinen Rat, da ich ja noch nicht einmal die Telefonnummer der „Wienzeile“, wie man damals den Sitz der Parteiinstanzen und der Arbeiter-Zeitung nannte, kannte.

Zu Beginn meiner Tätigkeit stieß ich immer wieder auf Widerstände. Doch das hatte ich erwartet. Vor allem die älteren in der Organisation hatten ihre Ressentiments gegen alle Intellektuellen, die ihres Erachtens zwar als Ideologen, nicht aber zur praktischen Arbeit taugten. Ich wollte ihnen beweisen, daß sie sich irrten. Es gab auch andere. Ich stürzte mich also in den zwei Stunden, die mir abends zur Verfügung standen, in die Arbeit und begann die

Organisation sinnvoll aufzubauen. Davon konnte nämlich bis jetzt nicht die Rede sein. Döbling hatte vor dem Ersten Weltkrieg im Gegensatz zu Ottakring mit zirka sechzehntausend nur vierhundert Mitglieder gehabt. Ein großer Teil war durch den Krieg ausgefallen, so daß ungefähr zweihundert bis dreihundert Mitglieder aus dieser Zeit noch übriggeblieben waren. Was ich im Sekretariat vorfand, waren allerdings rund dreitausend Karteikarten. Für alle Leute, die im November 1918, angesteckt von der revolutionären Stimmung, beigetreten waren, gab es Karteikarten, aber keine Organisation, um sie zu betreuen. Ich mußte die Ärmel aufkrempeln. Das erste, was ich tat, war festzustellen, wer von den Mitgliedern überhaupt noch erreichbar war. Nach etwa einem halben Jahr wurde mir, dem ehrenamtlichen Bezirkssekretär, eine angestellte Schreibkraft, Marie Krickl, zur Verfügung gestellt, die bis 1924 im Sekretariat arbeitete.

Die Grundlage meines Organisationsprinzips war die Schaffung kleiner Sektionen. Ich ging davon aus, daß relativ kleine, überschaubare Sektionen mit zwanzig bis vierzig Mitarbeitern effizienter arbeiten könnten als große, kaum kontrollierbare. Aus den drei Stammsektionen Döbling, Krim und Heiligenstadt entwickelten sich dreizehn weitere Sektionen, in denen das alltägliche Parteileben - Versammlungen, Konferenzen, Vorträge - stattfand.

Bald nach dem 1. Dezember 1921 gab es die erste Bezirksvorstandssitzung, an der ich teilnahm. Da gab es außer mir nur zwei jüngere Genossen, die Arbeiterin in der Zigarettenpapierfabrik Samum, Josefa Popp, 1895 geboren, und den gelernten Mechaniker Josef Wiedermann, 1901 geboren. Bald entwickelte sich zwischen uns eine echte Freundschaft, die bis zum Tod von beiden hielt. Wiedermann war nicht jemand, der sich sofort für andere öffnete, sondern er sah sich die Menschen genau an, bevor man seine Freundschaft erwarb. Er war zweiter Bezirkskassier, doch in Wirklichkeit der erste, denn der erste war nicht unbedingt vertrauenswürdig. Auf Wiedermann konnte man sich verlassen. Auch von Popp galt dasselbe. Sie hatte jung geheiratet, ihr Mann kam behindert aus dem Krieg zurück, und sie versuchte sehr tapfer, mit dieser Situation fertigzuwerden.

Dadurch, daß die Organisation praktisch neu aufgebaut werden mußte, gelang es mir und ihnen, viele neue Funktionen mit jungen Leuten zu besetzen. Jede Position setzt Wissen voraus. Wir nahmen die politische Schulung sehr ernst. Regelmäßig traf ich mich mit jungen Sozialisten, neun Fabrikarbeitern, einem Lehrer und einem Intellektuellen, um den ersten Band des „Kapitals“ durchzuarbeiten. Durch diesen Arbeitskreis entstanden richtige Freundschaften. Sie bildeten einen festen Zusammenhalt, der viele politische Schwierigkeiten bis in die Zweite Republik hinein überdauerte.

Neben der täglichen Arbeit, nach Einführung des Betriebsrätegesetzes im Mai 1919 lag mir sehr viel daran, Betriebsräteschulen einzuführen, in denen Gewerkschafter wie Viktor Stein oder Eduard Straas unterrichteten. Wir organisierten Arbeiterschulen und Frauenschulen, die die Ideenwelt und die Geschichte des Sozialismus genauso wie Theorie und Praxis der Volkswirtschaft behandelten und vor allem den jüngeren Mitgliedern die Möglichkeit gaben, Neues kennenzulernen.

Der politischen Schulung standen hohe kulturelle Ansprüche zur Seite. Josef Luitpold Stern, der bekannte Dichter und Volksbildner, später Leiter der Arbeiterhochschule in der Sickenberggasse, hatte sich als Obmannstellvertreter zur Verfügung gestellt. Der Obmann des Bildungsausschusses war einer meiner besten Freunde: Der Eisenbahner Edwin Schuster, der im Lager Mauthausen von den Wachhunden der SS zerfleischt wurde. Vor kurzem wurde der sozialistische Widerstandskämpfer durch die Benennung eines Gemeindebaues in Döbling geehrt.

Was ich heute noch sehr mutig finde, war der Beschluß, den wir zum zehnten Jahrestag des Beginns der Russischen Revolution im März 1927 faßten. Wir gaben ein Oratorium in Auftrag. Luitpold Stern und Viktor Korda stellten Text und Musik zusammen und nannten es: „Die Stunde der Befreiung." Als es in Döbling das erste Mal aufgeführt wurde, es sollte bis 1934 in ganz Österreich noch fünfundzwanzigmal wiederholt werden, hielt Otto Bauer die Festrede. Noch im Herbst 1945 kam es zu einer Wiederaufführung, bei der leider das Notenmaterial in Verlust geriet.

Wir organisierten Theaterabende im Volkstheater, im Carl-Theater in der Praterstraße und im Casino Zögernitz, Auftritte des Sprechchores unter Elisa Karau und des Amateurkammerorchesters unter der Leitung von Erwin Leuchter. Später in der Emigration Generalmusikdirektor von Brasilien. Es bildeten sich in diesem, kulturelle Aktivitäten fördernden Klima neben dem gemischten Chor des Arbeitersängerbundes noch fünf Männerchöre in verschiedenen Betrieben und Gewerkschaften, die neben dem Biertrinken auch eine gewisse Bedeutung erhielten, oder die heute noch bestehende Arbeitermusikkapelle „Oboe".

Noch vor der Premiere der „Dreigroschenoper" im Volkstheater hatten wir Döblinger für die sechste Aufführung das halbe Haus gemietet und alle Karten im Bezirk verkauft. Nach der dritten Vorstellung rief mich der Leiter der Kunststelle, Josef David Bach, an, um mir mitzuteilen, daß auf Grund der Tatsache, daß fast keine Karten verkauft worden waren, die „Dreigroschenoper" abgesetzt werden müsse. Ich bestand auf dem abgeschlossenen Mietvertrag und setzte durch, daß die von uns gemietete Vorstellung durchgeführt werden würde. Inzwischen hatte der Run auf die „Dreigroschenoper" begonnen. Auch unser Vorschlag, wie ich es ausdrückte: „Wenn die Leute nicht ins Theater gehen, muß das Theater zu den Leuten gehen", also Vorstellungen in der Vorstadt durchzuführen, wurde von ihm brüsk abgelehnt. Erst 1954 wurde von der Arbeiterkammer unter Karl Mantler diese Idee verwirklicht.

Die ungewöhnliche Arbeitsüberlastung aller Funktionäre des Bildungsausschusses veranlaßte uns 1930 Franz Berlinger zum hauptamtlichen Bildungssekretär zu bestellen, dem außer der Schulungsarbeit und den zahlreichen kulturellen Veranstaltungen auch die Obsorge für die drei Arbeiterbüchereien des Bezirkes zustand.

In der SAJ entstand die Spielgruppe „Döblinger Rothemden". Das politische Kabarett war eine Aktion, die aus der Mittelschülerbewegung kam. Sie führten im Gspöttgraben Spiele vor, die zum Beispiel die Bauernkriege darzustellen versuchten. Daneben leisteten die jungen Leute aber auch Kabarettarbeit und gingen mit ihren bissigen und polemischen Liedern und Sketches in die Bezirke. Die Nachfrage war so groß, daß die SAJ ihre Mitglieder aufforderte, selbst solche Kabarettgruppen zu bilden und sich ihrer Texte zu bedienen, die Friedrich Scheu später einmal in einem Buch sammelte. Wir in Döbling bildeten auch eine solche Gruppe, tanzten jedoch insofern aus der Reihe, da wir eigene Texte verwendeten. Außerdem konzentrierten wir uns von vornherein auf die Tätigkeit auf dem Land, vor allem im Waldviertel und im Burgenland. Manchmal war nicht einmal eine Bühne vorhanden, da mußten wir eben selbst aus Brettern eine bauen. Selbstverständlich bedeutete es dann einen großen Erfolg, wenn die Leute kilometerweit zu Fuß kamen, um zuzusehen. Um besonders aufzufallen, trugen wir nicht wie die anderen blaue, sondern rote Hemden. Deshalb hießen wir auch „Döblinger Rothemden".

Rund um mich sammelte sich eine kleine Gruppe von jungen Döblingern, die auch in der Studentenbewegung eine besondere Stellung einnahmen. In der Studentenbewegung gab es zwei Fraktionen. Die einen, meist Wiener und in Wien zu Sozialdemokraten geworden, betrachteten, kurz zusammengefaßt, den ideologischen Faktor als Leitmotiv ihrer politischen Arbeit. Die anderen kamen zum Studium aus den Ländern nach Wien, waren eher auf praktische Arbeit eingestellt und stellten ihre künftige Beschäftigung und ihre Haltung zu den Problemen der Gegenwart in den Vordergrund ihrer Interessen. Die meisten von ihnen wohnten in der d'Orsaygasse, dem ersten von sozialistischen Studenten eingerichteten Studentenheim.

Zwischen den d'Orsayisten, wie sie genannt wurden, und den Wiener Intellektuellen, die auf Grund ihrer Entwicklung unterschiedliche Standpunkte vertraten, befanden sich die Döblinger in einer Art Mittelposition. Wie ich, waren es Wiener sozialistische Studenten, die sich neben dem Studium, das die ideologische Beschäftigung mit den Problemen förderte, schon in die praktische Parteiarbeit eingelebt hatten.

Die neue Organisationsstruktur hat dazu geführt, daß der Bezirk nach 1945 sehr rasch wieder den Stand erreicht hat, den er vor 1934 gehabt hatte. Von den elftausend im Jahre 1934 organisierten Mitgliedern haben wir 1989 neuntausend, also etwa achtzig Prozent, erhalten. Die Zahlen für Wien, für dieselben Termine, sind vierhundertzwanzigtausend und zweihundertzehntausend, also knapp fünfzig Prozent. Natürlich muß man dabei berücksichtigen, daß gewisse Verschiebungen in der Bevölkerung zwischen den einzelnen Bezirken auch eine Verstärkung des Prozentanteils der Döblinger mit sich gebracht haben, der von weniger als vier auf etwa fünf Prozent der Gesamtmitgliederzahl von Wien gestiegen ist.

Es wäre ungerecht, wenn man nicht jener Frauen und Männer, der Jungen und der Alten, gedenken würde, die geholfen haben, diese Organisationsstruktur aufzubauen. Und es wäre ungerecht, einzelne zu nennen. Wir müssen alle im Gedächtnis behalten.

Intellektuelle und Arbeiter

Früher wie heute lehnte ich Titel und Auszeichnungen ab. Sie erzeugen eine Kluft zwischen den Menschen. Ich strebte keine Distanz zu den Arbeitern an, wollte gar nicht von ihnen mit einem Titel genannt werden, wie sie es taten, wenn sie über Otto Bauer als „unser Doktor“ sprachen, sondern einfach „der Karli“ heißen. Wenn man nicht mit den Leuten lebt, Aufmärsche, einen Wahltag, einen Schutzbundalarm, mitmacht, an Ausflügen teilnimmt oder mit ihnen baden geht und einfach bei ihnen ist, wenn sie über ihre Probleme reden, kann man ihr Vertrauen nicht gewinnen. Das tat ich bewußt. Darum beneideten mich manche Genossen aus den „intellektuellen Kreisen“, die eine gewisse Distanz zu den Arbeitern nicht überwinden konnten, die sie dann auch auf mich übertrugen. Zum Beispiel organisierten Otto Bauer und seine Frau Helene Zusammenkünfte an Sonntagabenden. Dort konnten geistig Interessierte miteinander diskutieren. Ich wurde nie eingeladen. Von Intellektuellen, die sehr engagiert in der Organisation praktische Arbeit leisteten, nahm er an, daß ihre Bestrebungen von dem Wunsch getragen waren, Karriere zu machen, wie wir es leider heute erleben. Otto Bauer bevorzugte also diejenigen Intellektuellen, die rein theoretisch arbeiteten und hegte gegen die anderen ein gewisses Mißtrauen.

In einer Versammlung sozialistischer Studenten analysierte Otto Bauer das Verhältnis zwischen Intellektuellen und Arbeiterbewegung und sagte: „Der Intellektuelle kommt zur Arbeiterbewegung, angewidert von den Zersetzungserscheinungen des Bürgertums und hofft, dort die Menschen zu finden, die ein neues Leben aufbauen werden. Bald aber merkt er, daß auch die Arbeiter vielfach dieselben Fehler haben wie die verachteten ‚Bürger‘. Die meisten sind von dieser Erkenntnis enttäuscht. Nur die, die erkennen, daß gerade weil der Arbeiter genauso ein Produkt der kapitalistischen Ordnung ist wie der Bürger, es notwendig ist, die Gesellschaftsordnung zu verändern. Nur die sind wirklich Sozialisten.“ Diesen Standpunkt vertrat auch ich immer wieder.

Darüber hinaus bin ich der Meinung, daß der Intellektuelle in der Arbeiterbewegung nicht die Aufgabe hat, die Arbeiter zu führen oder ihnen zu sagen, was sie zu tun haben. Seine Aufgabe ist, das auszudrücken, was die Arbeiter selbst nicht zu sagen imstande sind. Die Intellektuellen haben eine Art Sprachrohr zu sein. Deshalb betrachte ich mich nicht als einen Menschen, der den Arbeitern sagen soll, was sie zu tun haben, er muß mit ihnen leben, um zu erkennen, was sie wollen, und diese Erkenntnis zu artikulieren.

Ich war ein Intellektueller, der unter den Arbeitern lebte und konnte das ausdrücken, was sie wollten. Ich konnte ihre Bestrebungen begreifen und sah die Situation natürlich anders als jemand, der von außen beobachtete und dann das Beobachtete interpretierte.

Wir hatten in Döbling einen kleinen Diskussionszirkel, dem auch die Studentin Mizzi Feßler angehörte. Sie, die übrigens immer zu Bauers Abenden eine Einladung bekam, erhielt einmal, nach einer ausgiebigen Debatte über das geistige Leben der Partei, von diesem Kreis den Auftrag, darüber einen Artikel für den

„Kampf“ zu schreiben. Nach einer Ablehnung durch den Chefredakteur des „Kampf“, Oskar Pollak, wurde er nach der Intervention von Fritz Adler (seit 1919 Nationalratsabgeordneter und Vorstandsmitglied der Partei) dann doch gedruckt.

Etwas später sollte auch ich einen Artikel schreiben, der die Agrarfrage zum Thema hatte. Oskar Pollak lehnte ihn ebenso ab. Es lag mir fern, das so einfach hinzunehmen und ich wandte mich an Otto Bauer. In seinem Antwortbrief stand, dieser Artikel sei für den „Kampf“ unbrauchbar, denn alles, was darin stehe, beweise deutlich, daß ich keine Ahnung vom Leben auf dem Land hätte. Es hatte keinen Sinn, ihn darauf hinzuweisen, daß ich mich nicht nur theoretisch, sondern seit meiner frühesten Kindheit jeden Sommer auch praktisch mit dem Leben auf dem Land auseinandergesetzt hatte.

Einige Jahre später erschien Bauers Abhandlung zur Agrarfrage in dem Buch: „Wald und Weide.“ Otto Bauer hatte neue Erfahrungen und manche meiner Vorschläge verwerten können. Es konnte also nicht so ganz gestimmt haben, daß mein Artikel auf Phantasie und Unwissenheit aufgebaut war.

Der Linzer Parteitag

Im Jahre 1926 wurde von Otto Bauer auf dem Linzer Parteitag der Entwurf für ein neues Parteiprogramm vorgelegt. Darin heißt es: „Die Sozialdemokratie ist die Partei der arbeitenden Volksklassen.“ Meine Freunde in Döbling und ich diskutierten über die Richtigkeit dieser Formulierung und kamen zu dem Schluß, daß der Ausdruck prinzipiell falsch sei. Wir waren der Meinung, es gäbe nur eine Arbeiterklasse und um sie gescharte Volksklassen. Diesen Beschluß konnten wir mit knapper Mehrheit in unserer Bezirkskonferenz durchsetzen, obwohl Otto Glöckel, Abgeordneter und Listenführer des Wahlkreises, und andere führende Funktionäre dagegensprachen. Der Antrag wurde also an den Parteitag weitergeleitet. Wir waren unglaublich gespannt, was passieren würde.

Da ich als Sekretär natürlich nicht delegiert war, bat ich um Urlaub, um nach Linz zu fahren. Der Bezirksobmann schrieb mir aber vor, am Montag, dem Tag, an dem die Entscheidung fallen sollte, wieder auf meinem Posten in Wien zu sein. In Linz erzählte ich allen Leuten, daß ich nur bis Sonntag bleiben dürfe. Das erzielte die von mir gewünschte Wirkung. Gönnerhaft und ganz nebenbei erwähnte der Bezirksobmann am Sonntag, daß er es sich überlegt habe und ich auch bis Montag bleiben dürfe. Leider konnte und wollte ich jetzt nicht mehr umdisponieren.

Am nächsten Tag berichtete Otto Bauer sachlich zu Paragraph 1 des Parteiprogramms, die Döblinger hätten einen vom Entwurf abweichenden Antrag gestellt, der zu berücksichtigen sei. Das Programm müsse dahingehend geändert werden. So erhielt der Paragraph 1 unsere Formulierung.

Ein stark umstrittener Passus im Parteiprogramm lautet:

> Die sozialdemokratische Arbeiterpartei wird die Staatsmacht in den Formen der Demokratie und unter allen Bürgschaften der Demokratie ausüben. Die demokratischen Bürgschaften geben die Gewähr dafür, daß die sozialdemokratische Regierung unter ständiger Kontrolle der unter der Führung der Arbeiterklasse vereinigten Volksmehrheit handeln und dieser Volksmehrheit verantwortlich bleiben wird. Die demokratischen Bürgschaften werden es ermöglichen, den Aufbau der sozialistischen Gesellschaftsordnung unter den günstigsten Bedingungen, unter ungehemmter, tätigster Teilnahme der Volksmasse zu vollziehen.
> Wenn sich aber die Bourgeoisie gegen die gesellschaftliche Umwälzung, die die Aufgabe der Staatsmacht der Arbeiterklasse sein wird, durch planmäßige Unterbindung des Wirtschaftslebens, durch gewaltsame Auflehnung, durch Verschwörung mit ausländischen gegenrevolutionären Mächten widersetzen sollte, dann wäre die Arbeiterklasse gezwungen, den Widerstand der Bourgeoisie mit den Mitteln der Diktatur zu brechen.

Bewußt behaupteten alle Gegner, daß im Programm die „Diktatur des Proletariats“ gefordert werde. Obwohl leicht erkennbar war, daß die „Diktatur des Proletariats“ nur im Falle von reaktionären Umsturzversuchen zeitweise verwendet werden solle. Ein deutliches Beispiel gab mir mein Sitznachbar im Parlament, Abgeordneter und Listenführer der ÖVP in Tirol, Dr. Franz Gschnitzer. Er hielt eine flammende Rede gegen das Linzer Programm und erntete bei seinen Parteifreunden lebhafte Zustimmung. Als er auf seinen Platz zurückkehrte, fragte ich ihn: „Herr Professor, haben Sie das Linzer Programm gelesen?“ Er antwortete: „Nein, bitte können Sie es mir leihen?“

Da gab es keinen Zweifel, seit dem Linzer Parteitag stand ich links von Otto Bauer. Vor und auch während des Krieges hatte ich alle Entscheidungen der deutschen Mehrheitssozialdemokraten und der österreichischen Partei nahezu kritiklos akzeptiert und ihnen bedingungslos zugestimmt, weil ich überzeugt war, die deutschen Arbeiter würden schon wissen, warum sie die Kriegspolitik im

Reichstag unterstützten, obwohl ich es nicht verstand. Meine Position war in dieser Zeit rechts von Otto Bauer. Doch langsam und unter dem Einfluß von Fritz Adlers Prozeß hatte ich meinen Standpunkt hinterfragt. War es nicht notwendig, auch selbständig zu den Dingen Stellung zu nehmen? Mußte man denn nicht eine eigene Meinung haben und diese vertreten, auch wenn die Mehrheit nicht dasselbe dachte? Wo war mein Platz in dieser Bewegung?

Der 15. Juli 1927

Schattendorf und der Prozeß

Wir schrieben das Jahr 1927. Im Jänner wurden in Schattendorf im Burgenland ein arbeitsloser Kriegsinvalide und ein achtjähriges Kind von Leuten der Frontkämpfer, einem politisch rechts stehenden Heimatschutzverband, aus dem Hinterhalt erschossen. Im Juli wurde den Todesschützen der Prozeß gemacht. Er endete mit ihrem Freispruch.

Ich befand mich damals auf Urlaub in den Schweizer Bergen. Als ich auf der Rückfahrt in Innsbruck zum Bahnhof kam, um meine Heimreise anzutreten, hörte ich, in Wien sei Revolution. Die Sozialdemokraten hatten voll Zorn über dieses Urteil, das ihnen alles andere als gerecht erschien, demonstriert. Dabei wurde der Justizpalast von unbekannten Tätern in Brand gesteckt. Die Polizei schoß in die Menge. Es gab fast hundert (neunundachtzig) Tote und zahlreiche Verletzte. Die Freien Gewerkschaften und die Sozialdemokratie reagierten mit dem Aufruf zum Generalstreik.

„Bei uns haben die Eisenbahner gesagt, das ist eine politische Angelegenheit, die uns als Gewerkschaften nichts angeht“, erzählte mir am 15. Juli 1927 mittags der Innsbrucker Eisenbahner Adolf Populorum, später Abgeordneter zum Nationalrat, den ich kannte, weil er damals Tiroler Obmann der Sozialistischen Arbeiterjugend (SAJ) war. „Deshalb beteiligen sie sich nicht an dem Streik.“ Ich war unsicher, ob ich meine Reise in Saalfelden noch einmal unterbrechen könne, da ich meine Wohnungsschlüssel bei meinen Eltern gelassen hatte. Wie sollte ich dann nach Wien kommen, falls die Eisenbahner doch streikten? „Möglich, daß noch ein Streikbeschluß kommt“, sagte Populorum, „aber nicht so schnell. Du kannst ruhig einen Tag unterbrechen.“

Dasselbe fragte ich auch den Stationsvorstand von Saalfelden: „Bekomme ich morgen früh noch einen Zug?“ Er hatte keine Zweifel.

Als ich am nächsten Tag in der Früh zum Bahnhof kam, wurde auch hier schon gestreikt. Jetzt vertrat die örtliche Streikleitung die Meinung, es handle sich eindeutig um eine gewerkschaftliche Angelegenheit, und ich geriet in Auseinandersetzungen mit ihr. „Daß du politischer Sekretär bist, ist ganz unwichtig“, sagten sie mir ins Gesicht. „Wir können dir keine Erlaubnis geben, mit den Milchzügen zu fahren.“ Ich mußte nach Wien und wäre eben mit den Milchzügen, die trotz Streik verkehrten, mitgefahren. Das erlaubten sie zuerst nicht. Schließlich erwirkte ich die Erlaubnis doch, allerdings ein wenig zu spät. Der Streik war schon wieder abgebrochen, wie ich später erfuhr, aus Sorge vor einer militärischen Konfrontation.

Der Schutzbund

In Wien sah ich dann die Verwirrung. Was sollte jetzt geschehen? Noch wußte es niemand, und es begannen die Auseinandersetzungen über das, was geschehen war. Ein Teil der Sozialisten war der Meinung, daß der Artikel von Friedrich Austerlitz in der Arbeiter-Zeitung über den Freispruch das auslösende Moment für die Demonstrationshaltung der Arbeiterschaft gewesen sei, und der Parteivorstand es versäumt habe, rechtzeitig Ordner und den Schutzbund zu mobilisieren, um die zu erwartende Demonstration in einer gewissen Ordnung zu halten. Auf Grund dessen war die Demonstration eskaliert.

Doch wieso war es überhaupt so weit gekommen? In dieser Frage standen einander innerhalb der Partei zwei Meinungen gegenüber. Die „Rechten“ kritisierten die von Otto Bauer verfolgte Linie, die die Leute aufputschte, dann aber nicht dafür sorgen konnte, ihre Emotionen im Zaum zu halten. Sie stellten die Politik Otto Bauers und den Austromarxismus in Frage. Die anderen, denn es fiele mir schwer, sie „Linke“ zu nennen, vertraten die Auffassung, die Taktik der Partei sei wohl richtig, die Parteispitze habe aber gerade in diesem Moment falsch gehandelt und einen sehr großen Fehler begangen.

Aus dieser Diskussion entstand eine Reihe neuerlicher Fragen, allen voran die nach der Rolle des Schutzbundes. Sollte er seine Funktion als Ordnergruppe beibehalten oder zu einer militärischhierarchischen Organisation umfunktioniert werden? Diese beiden Positionen wurden durch zwei Männer, Theodor Körner, im Ersten Weltkrieg Generalstabschef der Isonzoarmee und jetzt sozialdemokratischer Bundesrat, und Alexander Eifler, Major beim Bundesheer, vertreten. Eifler strebte eine straffe militärische Organisation an mit Zügen, Kompanien und Regimentern. Das bedeutete: keine politische Diskussion mehr und militärische Disziplin unter dem Motto: Befehl ist Befehl. Theodor Körner meinte, gegen eine reguläre Militärtruppe könne man mit einer halbmilitärischen, halbzivilen Truppe nicht Widerstand leisten, dann müsse man dafür sorgen, daß der Widerstandswille den Massen bewußt sei. Er formulierte das einmal ungefähr so: „Wenn nicht die letzte Hausfrau entschlossen ist, einen Kübel mit heißem Wasser auf den Heimwehrler zu schütten, der beim Haustor hereinwill, dann hat es kaum Sinn, Widerstand zu organisieren.“ Widerstand würde erst dann etwas fruchten, wenn alle der Meinung seien, daß er geleistet werden müsse. Theodor Körner galt als sehr rechts stehend, aber eine Historikerin, Ilona Duczynska, nannte ihr Buch über ihn: „Der demokratische Bolschewik.“ Diese Einschätzung entspricht meiner Meinung über ihn, doch er konnte sich, vor allem in dem Kreis der eher rechts stehenden niederösterreichischen Sozialdemokraten, dem er angehörte, mit seiner Meinung nicht durchsetzen.

Auch wir im Bezirk diskutierten über die jüngsten Ereignisse und das Problem „Schutzbund“. Die Gruppe junger Leute, die sich um mich zusammengefunden hatte, stimmte Körner zu und brachte das sogar in einem Brief an ihn zum Ausdruck. Der Bezirksparteivorstand teilte liniengetreu die Meinung des Parteivorstands. Der Vorschlag Eiflers wurde gebilligt und der Schutzbund seinen Vorstellungen entsprechend organisiert. Körner aber verließ den Schutzbund.

Ich selbst durfte, da ich eine Parteifunktion als angestellter Sekretär innehatte, nicht Mitglied des Schutzbundes sein. Trotzdem verlangten meine Freunde vom Schutzbund am 7. Oktober 1928, ich solle sie bei einer Kundgebung in Wiener Neustadt begleiten. „Ich kann ja gar nicht mitkommen“, sagte ich. „Ich habe ja nicht einmal eine Uniformmütze. Außerdem habe ich einen sehr großen Kopf.“ Doch es nützte alles nichts. Einer von ihnen, der, wie ich, einen besonders großen Kopf hatte, mußte zu Hause bleiben, ich bekam seine Mütze und nahm an dem Aufmarsch teil. Er war ein Gegenaufmarsch zu einem, den die Heimwehr provokativ in der Arbeiterstadt Wiener Neustadt organisieren wollte. Mitten auf der Straße mußte ein Polizeikordon Aufstellung nehmen, auf der einen

Straßenseite marschierte die Heimwehr, auf der anderen wir und über die Köpfe der Polizisten hinweg gab es erregte Diskussionen, aber keine Zusammenstöße. Die Heimwehr hatte ihr Ziel, Wiener Neustadt äußerlich zu beherrschen, nicht erreicht.

DER ANFANG VOM ENDE

„Unsterbliche Opfer, ihr sanket dahin ...“

Spitzbergen

Die Wirtschaftskrise machte Österreich sehr zu schaffen. Die Zahl der Arbeitslosen stieg ins Uferlose, und nationalsozialistische Tendenzen wurden immer deutlicher sichtbar.

Im Jahre 1930 machte ich eine Reise nach Spitzbergen. Mein Monatsgehalt, das Urlaubsgeld und der Geburtstagszuschuß meiner Eltern reichten gerade für dieses oder ein ähnliches Reiseangebot. Ich fuhr auf einem großen Dampfer der Hamburg-Südamerika-Gesellschaft, der eigentlich für den Auswandererverkehr aus Spanien und Portugal nach Südamerika bestimmt war. Bei der Jungfernfahrt aber wurde er für Touristenreisen eingesetzt. Als wir die Polargrenze überfuhren, schrieb ich auf eine Postkarte: „Diese Karte ist um zwölf Uhr nachts bei hellem Sonnenschein an Bord der Monte Olivia geschrieben worden.“ Nach einiger Zeit verschwand die Sonne hinter dicken Wolken, und wir gerieten in die Nachwehen eines großen Sturms. Normalerweise waren wir zweiundzwanzig Personen an jedem Tisch im Speisesaal. An diesem Tag erschienen vierzehn zum Frühstück. Zu Mittag waren wir acht, am Nachmittag fünf. Wieviele es am Abend waren, kann ich nicht sagen, denn da erging es mir so wie den anderen, und zwar deshalb, weil ich gesehen hatte, wie sich ein junges Paar innig umschlungen über die Reeling beugte und sich übergab. Das hatte eine solche Wirkung, daß ich mich sofort in meine Kabine zurückziehen mußte. Der Steward verstand mich gut und riet mir: „Ruhig liegenbleiben und sonst gar nichts.“ Ich folgte ihm.

Zwei Tage später fand man mich wieder an meinem Lieblingsplatz, dem Bug des Schiffes. Es gab hier eine kleine Erhöhung, von der aus man bequem in die Weite sehen und sich den Wind um die Nase blasen lassen konnte. Das mochte ich sehr gern. Doch bald stellte sich heraus, daß das auch andere gerne hatten. Eine Gruppe von jungen Leuten leistete mir Gesellschaft. Adolf Hitler, der im September statt bisher zwölf nun hundertsieben Mandate erringen sollte, gehörte natürlich zu unseren Gesprächsthemen. Die meisten fanden allerdings Politik uninteressant und dachten daher auch nicht daran, ihre demokratischen Rechte in Anspruch zu nehmen. Ich erklärte ihnen zuerst einmal, daß ich überzeugt davon sei, daß jeder zur Wahl gehen muß, weil man da eigentlich über sein eigenes Schicksal entscheide. Dessen müsse man sich bewußt sein. Ich redete so lange, bis sie es verstanden. Dann aber kamen sie mit der unangenehmen Frage: „Und wie sollen wir wählen?“ „Ich bin Ausländer, ich kann euch das schwer sagen“, sagte ich. „Nein, das könnt ihr nicht von mir verlangen.“

Am nächsten Tag kamen drei junge Metallarbeiter aus Bielefeld zu mir und fragten mich, wie ich zu Hause wähle. „Sozialistisch“, sagte ich. „Ja“, meinten sie, „Sie haben recht, man muß wählen. Und Sie haben auch recht, daß man sozialistisch wählen muß. Aber welche der drei sozialistischen Parteien soll man wählen?“ Sie hatten drei rote Fahnen gesehen mit einem weißen Kreis in der Mitte: Eine mit drei Pfeilen, eine mit Sichel und Hammer und eine mit einem Hakenkreuz. Das waren für sie die drei sozialistischen Parteien.

Eine junge Dame, Ute Cramer, die ich auf dem Schiff kennengelernt und der ich sehr den Hof gemacht, dabei aber offensichtlich ihre politische Bildung vernachlässigt hatte, schrieb mir später: „Ich habe Ihren Rat befolgt. Ich bin wählen gegangen und habe hoffentlich in Ihrem Sinne gewählt. Ich habe der Deutschen Sozialistischen Arbeiterpartei meine Stimme gegeben.“ Bestimmt wählte sie die Deutsche Nationalsozialistische Arbeiterpartei, denn die anderen hießen ja Sozialdemokraten und Kommunisten. Sie hatte, im Vertrauen darauf, daß es die Partei war, die ich meinte, die NSDAP gewählt.

Ihre Tante, der es sehr gefiel, daß ein so netter Mensch ihrer Nichte den Hof machte, fragte mich eines Tages auf dem Schiff: „Was tragen Sie hier im Knopfloch?“ Ich antwortete: „Ein Abzeichen.“ „Was für ein Abzeichen?“ „Ein Parteiabzeichen.“ „Bei welcher Partei sind Sie denn?“ wollte sie wissen. Ich konnte mir schon vorstellen, daß sie die Antwort nicht begeistern würde: „Bei der Sozialdemokratischen Arbeiterpartei Deutsch-Österreichs.“ „Aber

Herr Mark“, kam auch schon der Vorwurf, „Sie sind doch ein anständiger Mensch.“

Dem Vater, einem Geheimen Medizinalrat aus Bonn, gefiel meine Freundschaft zu seiner Tochter gar nicht. Er versuchte mich bei jeder Gelegenheit lächerlich zu machen, um bei der Tochter entgegenzuwirken. Einmal brachte er das Gespräch auf Weine und kritisierte die schlechte Qualität der Wiener Weine. Ich war auch nicht auf den Mund gefallen und sagte: „Ich verstehe nichts von Weinen. Ich habe nur ein einziges Mal einen Moselwein getrunken, der mir geschmeckt hat.“ Daß ich überhaupt nur ein einziges Mal Wein getrunken hatte, verschwieg ich wohlweislich. „Na, was haben Sie denn getrunken?“ fragte er mit einem spöttischen Unterton. „Also, wenn ich mich richtig erinnere, hieß er ‚Zeller Schwarze Katz‘.“ Ich hatte ihn damals nur wegen seines sonderbaren Namens ausgesucht. Er gilt als der beste Moselwein. - Und seither war ich für den Vater ein erfahrener Weinkenner.

Jungfront und Linke

Im Jahre 1932 übernahm das Kabinett Dollfuß die Regierungsgeschäfte. Christlichsoziale, Landbund und Heimwehr bildeten eine konservative Koalition. Wir Jungen in Döbling versuchten bei den Gemeinderatswahlen im selben Jahr einen aus unserem Kreis in den Gemeinderat zu bringen. Unser Plan war es, den Bezirksvorsteher abzuwählen und den Listenführer unserer Gemeinderatsliste, Karl Reisinger, zum Bezirksvorsteher zu wählen.

An die zweite Stelle der Gemeinderatsliste wollten wir einen von den Jungen setzen. Doch wer sollte das sein? Nach langen Diskussionen legten wir fest, daß ich einmal, meinen Vorstellungen entsprechend, in den Nationalrat gehören, während mein Freund Josef Wiedermann, der kommunalpolitisch interessiert war, jetzt auf die Gemeinderatsliste kommen sollte. Wir unterlagen zwar mit diesem Vorhaben im Bezirksausschuß - mein Vater stand auch auf unserer Seite -, doch es wurde immer deutlicher, daß die Jungen nicht mehr übersehen oder überhört werden konnten.

Um diesen drängenden Jungen eine Art Sprachrohr zu geben, wurde innerhalb der Gesamtpartei die „Jungfront“ geschaffen, die den Leuten zwischen fünfundzwanzig und dreißig, die, den Jugendorganisationen entwachsen, keinen Platz in der Bewegung finden konnten, oft arbeitslos waren und viel Zeit hatten, eine adäquate Möglichkeit zu bieten, in der Partei mitzuarbeiten und ihre Meinung zum Ausdruck zu bringen.

Bei einer Bezirkskonferenz 1932 traten wir, obwohl man der Jungfront kein Beschlußrecht zuerkannt hatte, sie also keine Aktionen beschließen konnte, geschlossen auf. Otto Bauer sollte über die politische Situation berichten. Wir bereiteten vor, daß bei der Diskussion nach seinem Referat fünfundzwanzig Delegierte, die mit uns sympathisierten, sich zu Wort melden sollten. Jeder von ihnen hatte eine besondere Frage zu stellen. Wieder stand die Frage des Widerstands im Mittelpunkt der Diskussion. Wir wandten uns gegen die Kompromisse des Parteivorstandes, die eigentlich keine Kompromisse waren, sondern, wie ich es nannte, Konsense. Für mich gibt es einen Unterschied zwischen Kompromiß und Konsens. Das eine war ein Mittelweg zwischen verschiedenen Anschauungen, das andere aber schien mir ein Nachgeben ohne Rücksicht auf eigene Vorstellungen zu sein. Es handelte sich nämlich fast immer darum, zuzustimmen. Und das ist kein Kompromiß, sondern ein Konsens. Wir Jungen vertraten die Ansicht, man müsse sich gegen den immer stärker werdenden Heimwehrfaschismus und Nazismus zur Wehr setzen.

Von Otto Bauers „Die österreichische Revolution" war ich begeistert. Seine wissenschaftliche Qualifikation stand für mich außer Zweifel, und ich kann hier nur Leo Trotzki zustimmen, der etwas boshaft sagte, Otto Bauer sei der gelehrigste Schüler des Marxismus, er verstehe es immer ausgezeichnet, zu erklären, was andere vorher gemacht hatten. Seine brillanten Analysen ersetzten aber nicht die Fähigkeit, Wissen auch in die Tat umzusetzen. Und diese Fähigkeit fehlte ihm. Diejenigen, die vielleicht imstande gewesen wären, das in die Tat umzusetzen, wären die Genossen vom rechten Flügel gewesen. Das lag aber nicht in ihren Intentionen. Ihr Weg war der Konsens, nicht der Kampf. Der Gegensatz zwischen denen, die glaubten, man müsse zu gemeinsamen Beschlüssen mit den Gegnern kommen, und denen, die meinten, es müsse gehandelt werden, scheint mir die Situation der SDAP in der Zeit von 1920 bis 1934 immer mehr zu charakterisieren.

Obwohl ich vom Alter her, ich war zu dieser Zeit bereits über dreißig Jahre alt, eigentlich nicht mehr zur Jungfront zählte, war ich in Döbling, neben ihrem Obmann Robert Weisz, ihr ideologischer Führer, ähnlich wie Ernst Fischer, der in der Wiener Jungfront neben Otto Felix Kanitz die geistig führende Rolle spielte, wurde auch ich zu unzähligen Referaten geholt.

Fischer stammte aus einer Offiziersfamilie. Seine Mutter hatte sich von ihrem Mann getrennt und ihre Kinder, drei Knaben und ein Mädchen, allein aufgezogen. Durch ihre materielle Situation kam sie unwillkürlich in die Nähe der sozialistischen Bewegung und die Kinder desgleichen. Kennen lernte ich Ernst Fischer, damals schon Redakteur des „Arbeiterwillen", der steirischen Parteizeitung, in Graz, als ich, von den Sozialistischen Studenten Wiens beauftragt, Kontakt mit der dortigen Studentengruppe aufnehmen sollte.

Fischer war schriftstellerisch tätig. Bekannt wurde sein Drama „Lenin", eine Auseinandersetzung mit den Sozialrevolutionären, geschrieben in der Form der griechischen Tragödie mit einem Chor, der die Handlung begleitet und erklärt, was mir besonders gefiel. Leider existiert das Manuskript heute nicht mehr, da alle Exemplare, darunter eines, das ursprünglich in meiner Obhut lag, verlorengingen. Darüber hinaus schrieb er auch viele politische Werke und verfaßte die Broschüre „Probleme der Jugend", die Bibel der Jungfront. - Neu aufgelegt wurde das Werk im Jahre 1945, als er schon Kommunist war. Es hatte wenig von seiner Aktualität und Brisanz eingebüßt. - Bald war er der absolut geistige Führer der Jungfront.

Allerdings gelang es der Parteispitze immer wieder, parteivorstandstreue Leute in die führenden Positionen der Jungfront zu bringen, wie Alois Piberger, der als Parteiangestellter die offizielle Linie vertrat. Eine ähnliche Rolle in der Jungfront wie ich spielte auch Franz Jonas in Floridsdorf, zunächst Arbeiterbibliothekar und später zweiter Sekretär der Bezirksorganisation Floridsdorf. Die Vorträge, die Ernst Fischer, Ludwig Wagner oder ich überall hielten, wo es uns gelang, eingeladen zu werden, schufen ein gewisses geistiges Klima. Sie zogen nicht nur Junge, sondern auch Ältere an. Genauso fand unsere Haltung aber auch in den Alarmgruppen des Schutzbundes Anklang, die vor allem aus sehr jungen Genossen bestanden. Auf diesem Weg gelangten Leute jeden Alters zu uns, die unserer Meinung waren. Das Alter spielte keine Rolle mehr. So entstand die „Linke in der SDAP". Wir legten besonderen Wert auf die Worte: „... in der SDAP", weil wir die Ansicht vertraten, daß es nicht zweckmäßig wäre, sich von der großen Masse der Arbeiter zu trennen. Wir versuchten immer wieder, vor allem in jedem Bezirk, jemanden zu finden, der sich darum kümmerte.

Die Bereitschaft linker Kritik an der Politik der Parteispitze hatte seit 1927 laufend zur Bildung von Oppositionsgruppen geführt. Sie wandten sich gegen die Politik des Reformismus. Immer wieder forderte man mich auf, einem dieser Zirkel beizutreten. Sie waren absolut gegen die Taktik der Partei, ohne selbst in der Arbeiterbewegung verankert zu sein. Sinnlos, sich mit ihnen zu verbinden.

Mit dem Ziel, Widerstand zu leisten, bauten wir, die wir eine Basis bei den Jungen in der Partei hatten, und nicht nur da, durch die Zusammenfassung in den Bezirken, eine Linksopposition auf. Ernst Fischer, Ludwig Wagner, Franz Schuster, von den technischen Mittelschülern, und ich kamen fast jeden Montagnachmittag in der Wohnung von Ernst Fischer in Hietzing zusammen. Es gab noch einen Fünften, der an diesen Gesprächen teilnahm, jedoch ständig wechselte. Einmal war es Albert Lauterbach, einmal Ludwig Birkenfeld oder Leo Stern, alle geschulte Marxisten. Hier, in dem „Zentralkomitee“, wenn man es so nennen will, eigentlich war es ein kleiner Kreis von Gesinnungsfreunden, die sich ein gemeinsames Ziel steckten, diskutierten wir die politische Linie, die wir vertreten wollten. Wir hatten eine still anerkannte Führungsrolle inne. Still anerkannt deshalb, weil niemand da war, der uns hätte formell anerkennen können.

Auch in den Ländern fanden wir Widerhall. Es gab starke Gruppen in Oberösterreich, besonders in Linz, geführt von dem Schutzbundkommandanten Hruschka und dem Arbeiterkammersekretär Richard Strasser und in Steyr mit dem Betriebsratsobmann der Steyr-Werke, August Moser. Sechs der achtzehn sozialistischen Landtagsabgeordneten von Oberösterreich bekannten sich zur Linken. In der Steiermark gab es eine Gruppe in Graz, die sich um Otto Fischer, Bruder von Ernst Fischer, und den Gewerkschafter Willi Scholz gesammelt hatte. Ähnliche Zentren der Linksopposition, die mit uns zusammenarbeiteten, bildeten sich in Bruck an der Mur, in Knittelfeld und Niklasdorf. Auch sie bereiteten die geistigen Voraussetzungen für den Widerstand vor. Daneben gab es Gruppen in Niederösterreich, in Tirol und im Burgenland. Jeder von uns betreute einige Wiener Bezirke. Ich, außer Döbling, die Leopoldstadt und Favoriten.

Am 1. Oktober 1933 beriefen wir eine Reichskonferenz der Linken ein, zu der sechzig Delegierte aus ganz Österreich kamen, dreißig aus den Ländern, dreißig aus Wien. In einer Villa am Kahlenberg beschlossen wir, nach einem Referat von Ernst Fischer, die Richtlinien unserer Arbeit und setzten eine Art Programm fest. „Sozialismus - Niedergang oder Aufstieg“, betitelte sich die Broschüre, die sich als Beitrag zur großen Diskussion nach der Niederlage der deutschen Arbeiterbewegung verstand. Immer noch waren die Fragen, die behandelt werden mußten: „Warum ist es so gekommen?“ und „Was haben wir zu tun?“ „In der Weltkrise des Kapitalismus“, so hieß es in der Broschüre, „gibt es keine Stimmzettel-Entscheidungen, keine Versöhnung der Gegensätze, keine Verständigung der Todfeinde. Der wirtschaftliche Ausnahmezustand ist zur Regel geworden; der politische Ausnahmezustand ist die Konsequenz. Mit allen Kompromissen ist es zu Ende: Die unlösbaren Widersprüche des Kapitalismus drängen zu einer radikalen Entscheidung. Entweder Revolution oder Konterrevolution, entweder Diktatur des Proletariats oder Diktatur der Bourgeoisie, entweder Sozialismus oder Untergang in Barbarei - vor diese Wahl sind wir gestellt. Es gibt keine andere.“ Wir propagierten die Umstellung von der Politik friedlicher Durchdringung auf revolutionäre Bereitschaft. „Die Konspiration, die Verschwörung, die ‚getarnte‘ Tätigkeit, wird zum neuen Organisationsprinzip für die soziale Revolution. Es wird alles davon abhängen, daß ein Stab geschulter, verläßlicher, zentral verbundener Revolutionäre vorhanden ist, der sich fähig zeigt, in der kommenden revolutionären Situation die Führung der Massen zu übernehmen. Eingeführt in die Organisation der Massenpartei“ - das war ungeheuer wichtig für uns und unsere Arbeit - „die Vorhut der sozialen Revolution zu sein, das ist unsere Aufgabe.“

Wir kritisierten zwar die Partei, die unseres Erachtens, nach dem August 1914 und dem Herbst 1918 in der Zeit der Weltwirtschaftskrise 1929, zum dritten Mal eine Möglichkeit in der Weltgeschichte versäumt hatte, weil sie die Marxistische Theorie des revolutionären Sozialismus durch die neue Theorie der Passivität des kleinbürgerlichen Reformismus ersetzte. Der revolutionäre stand dem reformistischen Sozialismus gegenüber, was uns veranlaßte, uns genauer mit dem Phänomen des Reformismus auseinanderzusetzen.

„1. Der Reformismus bedeutet die Abkehr von allen revolutionären Kampfmitteln und die grundsätzliche Beschränkung der Arbeiterbewegung auf die Legalität, das heißt auf jene Kampfformen, die der bürgerliche Staat der Arbeiterbewegung erlaubt.

2. Die Voraussetzung des Reformismus ist eine blühende kapitalistische Wirtschaft, die den Lohn des Arbeiters, das Einkommen der breiten Massen nicht allzu karg zuzumessen braucht, die, ohne ihren Profit zu gefährden, Zugeständnisse an die Arbeiterklasse machen kann.

3. Der gewerkschaftlich verständliche Reformismus der Vorkriegszeit war eine Vorstufe des politischen Reformismus, der die Oppositionsstellung zum bürgerlichen Staat aufgibt."

Wir kritisierten den Glauben der Sozialdemokratischen Parteien an die Sicherung der Demokratie in Deutschland. „Wenige Jahre nach den Kampfbeschlüssen des Kongresses der Sozialistischen Arbeiterinternationale 1928 in Brüssel feierten die Hakenkreuzler ihren ersten Wahlsieg über die Demokratie. Der Stimmzettel, den die Sozialdemokraten als das beste Kampfmittel der Arbeiterschaft gepriesen hatten, wurde zur Waffe der Faschisten", stellten wir ungetrübten Blickes in unserer Broschüre fest.

Die Position des Austromarxismus charakterisierten wir folgendermaßen: „Sind die Reformisten in der Krise zur Passivität verurteilt und fordert der revolutionäre Marxismus gerade in der Krise die höchste Aktivität, so versucht der Austromarxismus auch in diesem Punkt eine Mittelstellung einzunehmen: Er pendelt zwischen Aktivität und Passivität hin und her, er kündigt den Kampf an und führt ihn nicht. Er organisiert den Schutzbund, aber er hält ihn immer nur in Bereitschaft. Er sammelt Waffen und läßt sie konfiszieren, er schwört, die Demokratie zu verteidigen, aber der Anlaß zum Kampf ist für ihn niemals gegeben ... Der Austromarxismus setzte seinen Stolz darein, daß er die legalen und illegalen, die reformistischen und revolutionären Kampfmittel vereinigen könne. Im Linzer Programm wurde der Augenblick genau festgelegt, in dem die Arbeiterklasse von den friedlichen zu den revolutionären Kampfmitteln übergehen müßte. Wenn die Bourgeoisie den Kampfboden der Demokratie verlassen hat, kann das Proletariat nach dem Wortlaut des Linzer Programms nur mehr im Bürgerkrieg die Staatsmacht erobern. Die Bourgeoisie hat nach dem Wortlaut des Linzer Programms gehandelt. Aber die österreichische Sozialdemokratie hat dagegen so lange den Verfassungsgerichtshof angerufen, bis er nicht mehr vorhanden war. Hat die Krise den Reformismus widerlegt, so zeigt die Entwicklung der letzten Monate in Österreich, daß es zwischen Reformismus und revolutionärem Marxismus keinen Kompromiß und kein Kompromißsystem geben kann!"

Daraus resultieren weitere Überlegungen: „Die Arbeiterklasse muß den Faschismus schlagen, bevor sie den Kapitalismus stürzen kann. Es ist daher zunächst notwendig, sich mit dem Ursprung, den Zielen und Kampfmethoden der faschistischen Bewegung auseinanderzusetzen."

Immer wieder mußten wir betonen, daß es keinen siegreichen Antifaschismus ohne die offenste und schärfste Kritik der reformistischen Taktik geben könne. Die Ursachen des Faschismus lagen für uns nicht nur in der komplexen Situation der Wirtschaftskrise, sondern auch im Versagen der Arbeiterbewegung in dieser Krise. Die Radikalisierung war, dank der Passivität der Arbeiterbewegung, ausschließlich den Faschisten zugute gekommen. Doch die Zusammenarbeit der Bourgeoisie mit der mittelständisch-faschistischen Bewegung vollzog sich nicht reibungslos. Die sichtbaren Widersprüche zwischen den Wünschen der Mittelklassen und den Ansprüchen der Bourgeoisie oder dem „romantischen" Programm der Nationalsozialisten und der Wirklichkeit faschistischer Regierungstätigkeit erschienen uns als die Keime der Zersetzung. Bevor es aber noch soweit war, stand die Aufgabe vor uns, die eigene Partei zu revolutionieren.

Das mußte alles sehr geheim geschehen. Um Abspaltungstendenzen wie in Deutschland vorzubeugen, hatte die Partei die Bildung von Fraktionen verboten. Formell verzichteten wir, auch mit dem Gedanken, uns nicht abspalten zu lassen, auf eine statuarisch festgelegten Organisation. Wir steuerten den Kampf auf dem Boden der Einheit in der SDAP an. Das bedeutete nicht, daß wir nicht versuchten, die Unzufriedenheit mit der Politik der Parteispitze deutlich zu machen oder zu bagatellisieren. Im Gegenteil, angestrengt bereiteten wir uns auf den Parteitag 1933 vor. Es sollten so viele linke Delegierte wie nur möglich dabei sein. Meine Freunde in Döbling verlangten, entgegen aller bisherigen Übung, daß der Bezirkssekretär, also ich, delegiert werde. Die Delegation des Bezirkssekretärs war von seiner Wichtigkeit abhängig. Noch war Döbling kein sehr bedeutender Bezirk, aber die Spitze des Bezirks fürchtete, sich gegen diese Forderung zu stellen und stimmte meiner Delegation zum Parteitag zu.

In Hietzing verlangten die Linken, daß Ernst Fischer delegiert werde. Otto Bauer hatte ihm ein Koreferat zu seinem Bericht zugesagt. Das dürfte so manchem ein Dorn im Auge gewesen sein, und es wurde versucht, das zu verhindern. Man stellte ihm in Aussicht, daß er nicht delegiert werde, wenn er nicht auf sein Koreferat verzichte. Da er diese Forderung ablehnte, wurde er nicht delegiert.

Schließlich waren wir zwanzig Delegierte der Linken. Jeder von ihnen begann seine Rede mit den Worten: „Ich bekenne mich zu den Prinzipien der Linken in der Sozialdemokratie." Lautes Geschrei war die Folge. Ich war der letzte Redner. Mich ließen sie erst gar nicht zu Wort kommen. Ich ging zu Fritz Adler, der als

Gast anwesend war und mich aus der Zeit kannte, als ich bei den internationalen Kongressen, zuletzt im Sommer 1933, im Büro ausgeholfen hatte und sagte: „Genosse Adler, was sagen Sie dazu, daß man seine Meinung nicht äußern darf? Könnten Sie nicht dafür eintreten, daß man mich reden läßt?“ Er antwortete: „Ich will mich da nicht einmischen.“ Und unternahm nichts. Trotz aller Widerstände gelang es mir dann doch, zu Wort zu kommen, auch wenn man wiederholt versuchte, mich niederzubrüllen oder mit Zwischenrufen zu stören, wie etwa Otto Tschadek, der in Niederösterreich eine führende Rolle spielte. Er rief: „Bei uns wäre ein Bezirkssekretär, der gegen die Parteivorstandslinie redet, schon längst rausgeschmissen.“ Dann erhob sich ein Kärntner Bezirksparteisekretär, den wir Linken nicht kannten. Wir waren erstaunt. Vom Inhalt her vertrat er dieselbe Meinung wie wir. Da er sich aber nicht zur Linken bekannt hatte, durfte er ungestört reden und seine Meinung zum Ausdruck bringen. Sein Name war Josef Buttinger, später Vorsitzender der RS (Revolutionäre Sozialisten).

Einige unserer Vorschläge und Kritikpunkte wurden in dem Resolutionsentwurf des Parteitages berücksichtigt. Er brachte aber letztendlich keine effizienten Veränderungen. Wir hatten dem Parteivorstand vorgeworfen, die Stimmung der Basis nicht erfassen zu können, da er nur aus Parteiangestellten und Mandataren zusammengesetzt war. Uns aber erschien gerade die Meinung der Basis von Bedeutung für die Beschlüsse, die in der Partei getroffen werden sollten. Nun führte man einen Parteirat ein, zu dem nur Parteimitglieder gewählt wurden, die aus den Betrieben kamen. Doch sie holten vornehmlich linientreue Personen, begrenzten deren Autorität und gestanden ihnen kein echtes Beschlußrecht zu. Das Ganze war eine Farce, und damit war eigentlich auch die Idee gestorben, die Partei zu revolutionieren.

Der wichtigste Kritikpunkt aber blieb das defensive Konzept der Parteispitze zur Verteidigung der demokratischen Rechte, zum Kampf gegen den Faschismus und seine Macht im Staat. Für uns hieß es gleichzeitig Widerstand ohne Rücksicht auf die Aussicht auf Erfolg. Das Gefühl des Widerstands mußte in den Menschen geweckt werden. Bestärkt wurde ich in meiner Haltung von Josef Felder, dem jüngsten deutschen Reichstagsabgeordneten der Sozialdemokraten.

In Deutschland hatten sich 1931 die demokratischen Organisationen als „Reichsbanner schwarz-rot-gold“ zur Verteidigung der Demokratie zusammengeschlossen. Sie versuchten den Widerstand gegen den Faschismus zu organisieren. Zur Zeit der Beschlußfassung des Ermächtigungsgesetzes saßen sie mit ihren Waffen in den Kellern und warteten auf Weisungen. Die aber kamen nicht. Alle Verbindungen waren von den Nationalsozialisten überwacht, alle, die an Schaltstellen saßen, um die Weisungen weiterzuleiten, verhaftet. Da legten die Leute vom Reichsbanner die Waffen weg und gingen nach Hause.

Den Reichstagswahlen am 5. März 1933, in deren Folge Josef Goebbels als Reichsminister für Volksaufklärung und Propaganda ins Kabinett eintrat, folgte noch im März das „Ermächtigungsgesetz", das der Regierung und damit eigentlich Adolf Hitler die gesetzgebende Gewalt für die nächsten vier Jahre übertrug. Nur die SPD - und so auch Felder - stimmte dagegen, die KPD war in Deutschland bereits verboten und ihre Mandate annulliert. Felder ahnte, was nun kommen würde. Nach der Abstimmung floh er vor dem KZ nach Österreich. Konzentrationslager waren nach dem Brand des Reichstagsgebäudes in Berlin und der danach folgenden Außerkraftsetzung der Grundrechte Ender Feber zur „Umerziehung" krimineller und politischer Häftlinge eingerichtet worden. Wenige Monate später waren die Parteien aufgelöst und die NSDAP zur einzigen Partei erklärt.

Felders Erzählungen über die Lage in Deutschland bestätigten meine Beobachtungen und Schlußfolgerungen: Die rote Fahne allein war nicht genug. Sie war für die so wenig politisierten Menschen in Deutschland kein Unterscheidungsmerkmal zwischen Faschisten und Sozialisten. Die Auseinandersetzung zwischen den radikalen Kräften in der Arbeiterschaft und dem Bürgertum wurden in Deutschland heftiger als in Österreich geführt, wo der Klassenkampf doch oft am grünen Tisch geführt werden konnte und Streiks und Gewaltanwendung nicht allzu oft zur Anwendung kamen. Das hatte zur Folge, daß gerade im Kleinbürgertum und den Mittelschichten Deutschlands Politik mit Gewalt in Verbindung gebracht, wenn nicht gleichgesetzt wurde. Derartige Kampfmittel kamen für die Kleinbürger nicht in Frage, da sie Gewalt weder ausüben konnten noch wollten. (In Österreich gab es 1927 den berühmten Aufruf hervorragender Gelehrter und Künstler, die sich zur Mitarbeit am Roten Wien bekannten. Das wäre in Deutschland unmöglich gewesen.) Bei dieser Lage durften die Menschen den Nationalsozialisten nicht hineinfallen. Das mußten wir ihnen klar vor Augen führen. Das war jetzt unsere Aufgabe.

Wir gingen in die Bezirke, in die Sektionen. Josef Felder unterstützte uns, begleitete uns und redete. Wir versuchten die Leute zu überzeugen: „Auf Weisungen kann man nicht warten. Wenn man auf Weisungen wartet, hat man schon verloren", erklärten wir ihnen. - Warum? - „Weil sie zu spät kommen müssen, wenn sie überhaupt kommen." Es durfte uns nicht so ergehen wie in Deutschland. Im Ernstfall war dann keiner mehr da, der Weisungen hätte geben können. Die Kommunikation funktionierte nicht mehr. Man mußte nur die „Köpfe" entfernen, um das ganze System außer Kraft zu setzen.

Wir wollten auf diesen Fehler hinweisen, was aber größte Aggressionen der Parteispitze gegen die Linke zur Folge hatte, die es sich erlaubte, die Richtlinien der Parteispitze auf Grund von eigenen Überlegungen und Erfahrungen aus Deutschland in Frage zu stellen und das auch zu propagieren. Bei der Wiener Konferenz im November 1933 wurde ich wieder nach Strich und Faden niedergeschrien. Ich ließ mich aber nicht beirren, bis Sever, der Obmann von Ottakring, aufstand, einen Zettel aus der Tasche zog und ein Flugblatt verlas, dessen Inhalt sich massiv gegen die Parteispitze richtete. In einem Atemzug unterstellte er mir und der Linken, die Verfasser dieses Aufrufs zu sein. Ich war in einer schwierigen Situation. Als Bezirkssekretär kannte ich den Zettel. Immer wieder gingen sowohl legale und illegale Propagandamittel des Zentralsekretariats sowie die illegalen Propagandamittel oppositioneller Gruppierungen, deren es, wie schon erwähnt, zahlreiche gab, zu Verteilungszwecken durch meine Hände. Ich wußte also, daß dieser Aufruf von der „Funke-Gruppe" um Ilse Pollak, der Nichte des Wiener Polizeipräsidenten, Schober, und ihrem Mann, Leopold Kulcar, die in engem Kontakt mit Otto und Helene Bauer standen, kam. Es gab damals eine illegale Propaganda, die vom Propagandareferat des Parteivorstandes organisiert wurde. Es existierten aber auch die „Trotzkisten" u. a. Jeder, der Propaganda machen wollte, wandte sich an die Sekretariate in den Bezirken. Da in Döbling fast alles durch meine Hände ging, war ich immer gut über den Stand der Dinge informiert. Als ein Beispiel nenne ich hier den „Rebell", eine Zeitung, die wir Linken herausbrachten und die sich an die Arbeiter in der Steiermark wandte, vor allem an die vielen jungen Arbeitslosen, die von der nationalsozialistischen Propaganda leicht erfaßt wurden. Ich war sicher, daß einige Polizeispitzel im Saal saßen, die nur darauf warteten, daß ich, mich rechtfertigend, unüberlegt andere denunzieren würde. Nein. Das kam nicht in Frage. Ich schwieg.

Später ergriff ich noch einmal das Wort, um unseren Standpunkt zu konkretisieren: „Was wir Linken wollen, ist nur, daß uns bewußt ist, daß hinter der Heimwehr der Nazismus kommt und das bedeutet den zweiten Weltkrieg. Wenn wir den Nazismus verhindern wollen, und das wollen wir doch alle, müssen wir die Heimwehr verhindern. Wenn wir die Heimwehr verhindern wollen, müssen wir das vorbereiten. Nur wenn er richtig vorbereitet ist, gibt es einen Widerstand mit der Aussicht auf Erfolg. Wenn wir das nicht tun, wird das die letzte Wiener Konferenz sein, auf der wir miteinander sprechen können." Da rief einer, der weiter hinten saß: „Für dich schon, aber nicht für uns." Den, der das rief, kannte ich. Es war der Obmann des Militärverbandes. „Genosse Stransky", sagte ich, und nannte ihn beim Namen, was ihm sehr peinlich war, „wir werden ja sehen, für wen es die letzte Konferenz ist." Stransky emigrierte, seiner jüdischen Abstammung wegen, 1938 nach Amerika und konnte nie wieder an einer Wiener Konferenz teilnehmen. Viele Jahre später traf ich ihn in einer Versammlung Sozialistischer Emigranten in New York, die mich zu einem Bericht über die Lage in Österreich eingeladen hatten. Ich erinnerte ihn an diesen Zwischenruf.

Meine Freunde aus Döbling waren damals vor allem über die Haltung von Seitz verärgert, der nichts unternommen hatte, um die Situation demokratisch zu klären, das heißt, mich ausreden zu lassen. Als ich später an ihm vorbeigehen mußte, was ich lieber vermieden hätte, legte er mir seine Hand auf die Schulter und sagte: „Liebling, was hättest du getan?" Er wußte, daß ich ihm vorhielt, daß er nichts unternommen hatte, um mich zu Wort kommen zu lassen. Was sollte ich entgegnen? „Herr Bürgermeister", sagte ich ganz formell, „Parteiobmann sind Sie, nicht ich. Sie müssen wissen, was Sie tun. Ich kann nur wissen, was ich zu tun habe."

Am 21. Jänner 1934 war Lenins Todestag. In Döbling planten wir eine Leninfeier. Die Parteispitze hatte nichts einzuwenden. Die Feier sollte im Casino Zögernitz stattfinden. Ernst Fischer war als Redner vorgesehen. Auch ein Polizeikommissär war anwesend. Er nahm mich beiseite und sagte: „Herr Sekretär, Lenin war das Staatsoberhaupt eines Staates, mit dem wir in diplomatischen Beziehungen stehen. Wir haben natürlich nichts dagegen, wenn über seinen Tod etwas gesagt wird. Aber wenn Herr Fischer auch nur mit einem Wort auf Österreich zu sprechen kommt, muß ich die Versammlung sofort auflösen." Ich gab es an Ernst Fischer weiter. Nach der Versammlung kam der Kommissär zu mir: „Ich danke Ihnen, daß sich Herr Fischer an das gehalten hat, was ich Ihnen gesagt habe." Ein paar Wochen später, als ich schon in Haft war, traf ich den Polizeikommissär in der Polizeidirektion. „Glauben Sie", sagte er, „ich habe nicht genau gewußt, daß sich jedes Wort, das Fischer sagte, auf Österreich bezieht?“ Er hatte es also verstanden, daß alles, was Fischer sagte, sich auf österreichische Verhältnisse bezog. Sprach er von Nowgorod, meinte er Bruck an der Mur, und jeder im Saal, auch der liberale Polizeikommissär, erkannte das.

Am 5. Feber hielt das Zentralkomitee der Linken seine letzte Besprechung ab. Wir suchten noch einmal die Situation zu analysieren. Wir sagten: „Wenn das geschieht, was wir erwarten, daß die Heimwehr in den nächsten Tagen losschlägt, dann muß jeder Widerstand ergebnislos sein. Er ist aber nicht sinnlos und muß geleistet werden. Nur wenn es gelingt, in den nächsten Monaten das aufzubauen, was unserer Meinung nach für einen echten Widerstand notwendig ist, nämlich eine gewerkschaftliche, eine militärische und eine politische Leitung, könnte es dazu führen, daß gewisse Kreise des Bürgertums ein gewaltsames Losschlagen verhindern würden.“ Leopold Kunschak sprach in den ersten Febertagen noch über den Versuch einer Vermittlung. Auch von seiten Renners existierte ein Verfassungsentwurf, der ständische Prinzipien berücksichtigte und auf eine gemeinsame Linie einschwenkte.

Militärisch gesehen hatten Alexander Eifler, der Kommandant des Schutzbundes, und Rudolf Löw, sein Stabschef, sich immer mehr dem Standpunkt der Linken genähert und Kenntnis von unseren Beratungen. Selbst Theodor Körner hatte mit jungen Leuten, einer von ihnen war Paul Schärf, der Neffe Adolf Schärfs, strategische Probleme im privaten Kreis besprochen. Obwohl er eigentlich von der Partei lahmgelegt war, war er davon überzeugt, sich mit diesen Problemen beschäftigen zu müssen. Vielleicht hätten wir ihn auch für uns und unsere Überlegungen zum Widerstand gewinnen können. Wer weiß? Doch die Verhaftung der Schutzbundführer in den ersten Febertagen zerstörte nicht nur die Leitung des Schutzbundes, sondern auch ihre Rolle in unseren Plänen, die jetzt die Entwicklung einer neuen militärischen Leitung voraussetzte. Würden wir Zeit dazu haben?

Die politische Leitung betreffend, stellten wir uns vor, im Laufe der Zeit genügend Vertrauen zu gewinnen, um uns, den Linken, einen gewissen Führungsanspruch zu erwerben. Es gab ja sowohl in den Ländern als auch in Wien politisch sehr potente Kräfte. Sie hätten den Widerstand repräsentieren und als solche in Verhandlungen treten können.

Die gewerkschaftliche Leitung sollte von einer Kampfleitung der Betriebsräte von Wien geführt werden. Johann Schorsch, der Generalsekretär des Gewerkschaftsbundes, der seit längerer Zeit regelmäßig mit uns Kontakt hatte, gestattete uns, eine Betriebsrätekonferenz für den 7. Feber einzuberufen. Ich konnte bei dieser Versammlung, bei der unsere Leute versuchten, die Betriebsräte zur Teilnahme an unseren Plänen zu bewegen, nicht dabei sein, weil zur selben Zeit ein Schutzbundappell in Döbling stattfand, bei dem wir testen wollten, wieviele Leute im Ernstfall wirklich zur Verfügung standen. Die Betriebsrätekonferenz beschloß auf Vorschlag der Linken die Bildung einer Kampfleitung der Betriebsräte Wiens. Doch kurz bevor man zur Wahl schreiten konnte, kam jemand herein und sagte: „Der Saal muß sofort geräumt werden. Die Polizei hat das Haus umstellt. Fritz Adler ist im Haus, wenn sie ihn erwischen, bedeutet das internationale Verwicklungen." Fritz Adler besaß als Sekretär der Internationale Verbindungen zu vielen Regierungen in Europa.

In größter Eile beschloß man, die Wahl in die Bezirke zu verlegen. In Döbling versuchten wir sie am nächsten Tag durchzuführen. Am Morgen des 8. Feber schickte ich einen Motorradfahrer mit dem Ersuchen in die Betriebe, die Betriebsobmänner mögen sofort ins Bezirkssekretariat kommen. Und sie kamen. Wenig später kam aber auch ein Kriminalbeamter, der mir mitteilte, der Herr Stadthauptmann, der Leiter des Polizeikommissariats, lasse mich bitten, ihn aufzusuchen. Was wollte er? „Wenn ich in einer Stunde nicht zurück bin, haben sie mich verhaftet", sagte ich zu meinen Freunden und ging.

Der Stadthauptmann war sehr aufgeregt und wollte wissen, was die vielen Leute im Arbeiterheim zu bedeuten hätten. „Der Parteienverkehr ist nicht über das übliche Maß hinausgegangen", versuchte ich zu bagatellisieren. Daraufhin verabschiedete er mich. Ich verließ das Zimmer und wollte ins Arbeiterheim zurückkehren. Der Kriminalbeamte hielt mich zurück: „Nein", sagte er, „Sie sind ja verhaftet." Ich fragte: „Wieso denn?" „Ja, hat Ihnen der Stadthauptmann nichts gesagt?" fragte er verwundert. „Gut, dann gehen wir eben wieder hinein." „Herr Beran sagt mir, ich bin verhaftet. Das ist doch ein Mißverständnis. Sie haben doch nichts gesagt." Der Stadthauptmann wurde nervös. Noch wußte er nicht, wie alles ausgehen würde. Ich konnte fühlen, wie er vor der Entscheidung zitterte. „Nehmen Sie das als Verhaftung an", formulierte er es mehr als vorsichtig. Das war von seiner Seite trotzdem etwas gewagt, weil eigentlich nichts gegen mich vorlag. „Herr Stadthauptmann", sagte ich, „ich mache Sie aufmerksam, für diese Gesetzwidrigkeit werden Sie die Verantwortung zu tragen haben." Dann wurde ich in eine Zelle geführt.

In der Zwischenzeit waren die Schutzbündler von allen Betrieben alarmiert worden und strebten ins Arbeiterheim. Auch sie wurden festgenommen und ins Kommissariat in der Kreindlgasse gebracht. Da nichts gegen sie vorlag, mußten sie alsbald freigelassen werden. Nur mich behielt man. Drei Tage saß ich in der Zelle. Plötzlich kam ein Wachebeamter herein und sagte: „Anziehen." „Ach", sagte ich, „kann ich nach Hause gehen?" „Nein, nein", wehrte er ab, „Sie fahren mit dem Grünen Heinrich auf die Liesel." (So nannte man das Polizeigefangenenhaus auf der Elisabethpromenade.) Dort stellte man mich Dr. Dornauer, dem illegalen Nationalsozialisten und natürlich „zufällig" auch Nazireferent der Polizei, vor. Es war sehr seltsam. Er fragte nach ziemlich unbedeutenden Vorkommnissen, behauptete, daß „Schmiervasen", das ist nichts anderes als Blechdosen mit Sprengstoff, eine Art Molotow-Cocktail, und anderes Kriegsmaterial in Wien beschlagnahmt worden sei und dann: „Wir sind ja auch für die Revolution. Aber nicht für eure jüdische, sondern für unsere deutsche." Ich verstand nicht, was er damit sagen wollte. Eigentlich redete er lauter Unsinn. Ich saß dort und fragte mich, warum er mich wohl hierher geholt hatte. Offensichtlich hatte er mich extra holen lassen.

Erneut wurde ich in eine Zelle gesteckt. Es dauerte nicht lange, da kam ein anderer Mann zu mir. Es war der mir von einer Aufführung der „Roten Spieler" her bekannte Schutzbundführer von Ebreichsdorf, der schon lange in Haft war. Er erzählte viel über die Situation in Niederösterreich, über die Verhaftungen und Verhöre der Schutzbundführer, über die Bemühungen der Polizei, die Pläne des Schutzbundes zu erkunden. Schließlich sagte er: „Gib das, bitte, sobald sie dich auslassen, an die Partei und an die Niederösterreicher weiter." Ich versprach es. Kurz darauf, wurde er aus meiner Zelle geholt und in seine zurückgebracht, und zehn Minuten später war ich frei.

Ich war überrascht. Was hatte das zu bedeuten? Was sollte ich jetzt tun? Ich begann zu kombinieren: Da die Situation zwischen der Regierung und den Sozialdemokraten im Moment eine gewisse Stabilität erlangt hatte, so daß es nicht ausgeschlossen war, daß Gespräche zu Verhandlungen führen konnten, lag eine Destabilisierung der Lage im Interesse der Nationalsozialisten. Das würde am einfachsten gelingen, wenn sie es schafften, Rote und Schwarze gegeneinander aufzuhetzen.

Dornauer entwarf wahrscheinlich den Schachzug. Otto Bauer, und damit die Parteispitze, sollte von den Übergriffen der Regierung informiert werden. Diese Informationen durfte nicht von irgend jemand von Dornauers Gesinnungsfreunden überbracht werden, dem hätte Otto Bauer nicht geglaubt. Klüger war es, ihn durch einen Sekretär seiner eigenen Partei zu unterrichten, durch mich. Es war die einzig vernünftige Erklärung für den Ablauf der letzten Tage. Meine Einvernahme war nur ein Vorwund für dieses Spiel gewesen. Otto Bauer mußte alles erfahren. Es war sehr schwierig herauszubekommen, wo er zu finden war. In der Wienzeile 97, dem Parteigebäude, gaben sie mir zu verstehen, daß er nicht belästigt werden dürfe. Es dauerte fast vierundzwanzig Stunden, bis ich herausfand, daß er sich in seiner Wohnung, in der Kasernengasse, aufhielt. Das hätte ich niemals vermutet. Selbst ich war in den ersten Febertagen untergetaucht. Aber es stimmte. Als ich läutete, kam er zur Tür, bat mich aber nicht herein und ließ mich zwischen Tür und Angel berichten. Erst als ich fertig war, sagte er: „Das wird noch jemand interessieren. Kommen Sie herein." Im Zimmer saß Körner vor einer Landkarte mit roten Fähnchen, die die Stützpunkte des Schutzbundes markierten. Glaubte man, er könne einen Ausweg finden, obwohl man seine Vorschläge in der Frage des Widerstands nicht berücksichtigt hatte? Ich wiederholte meinen Bericht in kurzen Worten. Körner machte ein ernstes Gesicht: „Das einzige, was man hoffen kann, ist, daß die Suppe nicht so heiß gegessen wie sie gekocht wird." Er war fest überzeugt, daß die Suppe gekocht, das heißt, das Losschlagen für die nächsten Tage geplant war. Es war der 11. Feber. Es blieb keine Zeit.

Am Abend fand das letzte Arbeitersymphoniekonzert statt, das Erwin Leuchter dirigierte. Er spielte eine Tschaikowsky-Symphonie und danach das berühmte Solidaritätslied von Brecht und Eisler. Der ganze Saal sang mit. Dann sagte irgend jemand: „Und jetzt gehen wir auf die Straße." Mindestens die Hälfte der zweitausend Konzertbesucher zog, es war elf Uhr nachts, in einem großen Demonstrationszug unbehindert von der Polizei vom Konzerthaus über Ring und Kärntner Straße zum Stephansplatz. Natürlich war ich dabei. Dort gab es eine kurze Ansprüche und dann löste sich die Demonstration auf. Es war das letzte legale Lebenszeichen der Partei.

Der 12. Feber 1934

Was ich fürchtete war, daß die Partei zu diesem Zeitpunkt gar nicht mehr in der Lage war, irgendetwas zu tun, weil einfach alle

Möglichkeiten zur Verständigung fehlten. Was hätte Otto Bauer machen können? Eine Parteivorstandssitzung einberufen? Da hätte man wahrscheinlich alle auf einmal festgenommen. So ließ man sie noch in Ruhe, bis es wirklich losging, und verhaftete sie erst dann. Eines jedoch tat die Parteispitze noch. Sie schickte Richard Bernaschek, dem Parteiobmann und Schutzbundführer von Oberösterreich, ein Telegramm: „Otto erkrankt. Wartet, bis er gesund ist." Das bedeutete: Unternehmt nichts!

Unter dem Einfluß unserer Freunde von der Linken, besonders von Huschka und Richard Strasser, hatte sich Bernaschek mit dem Gedanken an den Widerstand immer mehr angefreundet. Er wußte, daß am nächsten Tag die Polizei die Waffen im Hotel Schiff, wo das Sekretariat der Sozialdemokraten untergebracht war, beschlagnahmen wollte und hatte jetzt nicht mehr die Absicht, Bauers Anweisung nachzukommen. Er war bereit, in dem Augenblick zurückzuschlagen, in dem die anderen losschlugen. Als am 12. Feber die Polizei in Linz in das Arbeiterheim eindringen wollte, gab Bernaschek den Befehl, sich zu widersetzen und zurückzuschlagen.

Es war ein trüber Tag. In der Früh machte ich mich auf den Weg ins niederösterreichische Landessekretariat in der Reitschulgasse. Nachdem ich Otto Bauer informiert hatte, nahm ich mir vor, Hella Postranetzky, der Landessekretärin von Niederösterreich, die Begebenheiten aus der Zelle zu erzählen. Während des Gesprächs ging plötzlich das Licht aus, Postranetzky ging ans Telefon und versuchte eine Verbindung zustande zu bringen. Es war lahmgelegt. Sie sagte: „Streik. Schau, daß du nach Hause kommst." „Wie soll ich das? Bei einem Streik verkehren keine Straßenbahnen, und ich muß nach Döbling hinaus." „Nun", meinte sie, „da mußt du halt zu Fuß gehen."

Der Parteivorstand hatte auf Grund des Parteitagsbeschlusses beschlossen, daß unter bestimmten Bedingungen, wie zum Beispiel der Verhaftung des Bürgermeisters von Wien oder der Auflösung der Gewerkschaften, der Generalstreik als Kampfmittel gegen die Regierung einsetzen müsse. Wir Linken waren jedoch der Meinung gewesen, sollte geschossen werden, dann müsse man zurückschießen, und das sei das einzige auslösende Moment für einen Generalstreik. In Wien geschah es schließlich auch so. Als die Meldung nach Wien kam, in Linz werde geschossen, überlegten die Arbeiter im E-Werk Wien zunächst, ob sie abschalten sollten oder nicht. Einer riß impulsiv den Hauptschalter herunter. Plötzlich war in ganz Wien der Strom abgeschaltet. Wahrscheinlich wäre sonst in

Wien gar nichts geschehen, da die Arbeiter ja nichts von den Kämpfen erfahren hätten. Alles andere, also die parteioffiziellen Bedingungen für einen Generalstreik, wurden ja erst viel später sozusagen „erfüllt".

Als ich durch die Herrengasse kam, war ich etwas verwundert, als ich Karl Renner dort auf und ab gehen sah. Später erfuhr ich, daß er dort auf Oskar Helmer, den damaligen Landeshauptmannstellvertreter von Niederösterreich gewartet hatte, der beim niederösterreichischen Landeshauptmann Josef Reiter war, einem Christlichsozialen, der als Versöhnler galt, und ihn um Vermittlung ersuchte. Renner und Helmer hofften, daß Reiter Dollfuß beeinflussen könne, keine zu strengen Maßnahmen zu ergreifen und die Arbeiterschaft nicht völlig auszuschalten. Beide wurden dort verhaftet.

Als ich dann endlich zu Fuß in Döbling ankam, fand ich um das Arbeiterheim in der Pokornygasse eine Polizeikette. Sie ließen mich unbehindert durch. Meine dort anwesenden Freunde sagten zu mir: „Schau, daß du wegkommst. In zehn Minuten wird das Haus besetzt." Schon vor geraumer Zeit, als wir das eine oder andere für einen Ernstfall durchbesprochen hatten, hatte der Bezirksvorstand beschlossen, daß ich mich nicht als aktives Mitglied des Schutzbundes betätigen dürfe. Ein Sekretär habe für koordinatorische und organisatorische Aufgaben zur Verfügung zu stehen. Unbelästigt verließ ich das Haus. Zehn Minuten später wurde es besetzt und alle im Hause befindlichen Genossen verhaftet.

Wie vereinbart, fand ich bei Josef Kainz, dem Nußdorfer Bibliotheksleiter, Unterschlupf. Seine Wohnung lag am Nußdorfer Platz. Immer wenn er Besuch hatte, schickte er mich in ein Kammerl, wo die Besucher mich nicht sehen konnten. Die Kämpfe im Karl-Marx-Hof waren bereits in vollem Gange. Josef Fronek, der dem verhafteten Schutzbundführer Döblings, Oskar Passauer, gefolgt war, schickte mir in gewissen Abständen jemanden, um mir durch Kainz von der Situation berichten zu lassen. Ich hielt mich bereit, sollte es die Situation erfordern, sofort organisatorische Maßnahmen ergreifen zu können. Dadurch war ich in ständiger Verbindung mit den Schutzbündlern im Karl-Marx-Hof und wartete darauf, zu etwaigen Verhandlungen gerufen zu werden. Einer der Verbindungsleute berichtete, so daß ich es hören konnte, daß Viktor Klose und ich gefallen seien. So erfuhr ich vom Tode eines meiner besten Freunde und Mitarbeiter. Viktor Klose war nicht nur Vertrauensmann in der Sektion Cottage und sehr aktiv bei den Arbeiterturnern und den Naturfreunden tätig, er war auch technischer Leiter der „Roten Spieler“ und für die Arbeit der „Linken in der SDAP“ in Döbling verantwortlich.

Am nächsten Tag wachte ich sehr zeitig auf, weil ich die Straßenbahn in der Kurve vor der „Goldenen Rose“ am Nußdorfer Platz knirschen hörte. Ich sagte zu Kainz: „Jetzt ist es aus. Denn wenn die Straßenbahn fährt, ist der Generalstreik mißlungen.“

Tags darauf saßen wir wieder beim Frühstück. Die ebenerdige Wohnung hatte ein großes Glasfenster. Plötzlich sah ich meinen Gaskassier, der mich gut kannte, über den Platz kommen. Hinter ihm gingen zwei Männer, denen man genau ansah, daß sie „Kieberer“, also Kriminalbeamte, waren. Wahrscheinlich war ihnen der Ort meines Verstecks zu Ohren gekommen. Ich wußte: Jetzt werde ich verhaftet. Ich überlegte: Sollte ich mich verhaften lassen? Ich hatte meinen Paß bei mir. Ich hatte meinen Febergehalt bei mir. Und auf der anderen Seite des Nußdorfer Platzes war der Nußdorfer Bahnhof. Ich war überzeugt, daß zu der Zeit noch keineswegs eine Fahndung nach mir ausgeschrieben war. Außerdem hatte die Wohnung einen Hinterausgang. Ich mußte nur die Heiligenstädter Straße überqueren und konnte in die Tschechoslowakei fahren. Sollte ich davonlaufen?

Am 5. Feber hatten wir beschlossen, daß sich von der Leitung der Linken Ernst Fischer im Ernstfall absetzen sollte, weil es wichtig schien, daß einer von uns vom Ausland her die Möglichkeit haben sollte, eine Verbindung zu einer etwaigen Untergrundbewegung aufrechtzuerhalten. Ernst Fischer, auf den die Wahl gefallen war, mußte nun diesem Auftrag Folge leisten. Da ich keinen solchen Auftrag hatte, hatte ich das Gefühl, bleiben zu müssen. Ich hatte den Döblingern geraten, Widerstand zu leisten. Sie hatten es getan. Ich konnte sie nicht allein lassen. Eine Minute später stürzten die Kriminalbeamten mit dem Revolver im Anschlag herein und herrschten mich an: „Sie sind verhaftet.“ Ich machte gar nichts. Mit der Straßenbahn, über die hinweg von der Hohen Warte aus der Karl-Marx-Hof mit Kanonen beschossen wurde, fuhren sie mit mir bis ins Bezirkspolizeikommissariat in der Kreindlgasse und sperrten mich in eine Zelle, in die später alle verhafteten Schutzbündler gesperrt wurden.

Wir waren bald rund vierzig Leute in einem Raum, halb so groß wie ein normales Zimmer. Offensichtlich befürchtete die Polizei, daß das Kommissariat von Schutzbündlern gestürmt werden könnte, um uns zu befreien, denn nach kurzer Zeit riefen sie namentlich einige Leute heraus. Auch mein Name war dabei. Der Reihe nach ließen sie uns in den Grünen Heinrich klettern. Dann hieß es: „Jetzt kommen die drei Leute, die vor das Standgericht müssen. Es ist verboten, mit ihnen zu reden." Einer von ihnen war Emil Swoboda, Sektionsleiter in unserem Bezirk und Zugsführer im Schutzbund. Ich deutete ihm, sich auf mein Knie zu setzen. Swoboda war mit der Waffe in der Hand nach einem Gefecht mit der Polizei, bei dem ein Polizist getötet worden war, verhaftet worden. Er hatte beim Verhör zugegeben, geschossen zu haben. Wir alle waren ja der Auffassung, daß wir uns in einem Bürgerkrieg befanden. Für einen Bürgerkrieg galt unseres Erachtens Kriegsrecht. Wurde im Kampf jemand getötet, so war das eine Folge des Krieges. Die Standgerichte, die ursprünglich als Abschreckung für die Sprengstoffattentate der Nationalsozialisten eingeführt wurden, konnten jetzt auch gegen die „aufmüpfigen" Sozialdemokraten zum Einsatz gebracht werden. Sie ermöglichten eine Aburteilung im verkürzten Verfahren und ohne Möglichkeit der Berufung. Swoboda ahnte, was ihm bevorstand. Er flüsterte: „Mich werden sie sicher hinrichten. Ich bitte dich nur: Kümmere dich um meine Kinder." Das war alles. Sie brachten uns zur Polizeidirektion am Ring. Er behielt recht, entkam der Verurteilung nicht und wurde kurz darauf hingerichtet.

Im Polizeigefangenenhaus brachte man mich in eine Zelle, in der sich lauter hohe sozialistische Funktionäre befanden, auch Josef Seleskowitsch, Bezirksvorsteher von Döbling, mit dem ich innerparteilich ja nicht auf einer Linie stand, war dort. Er war, das muß ich sagen, der einzig Anständige. So attackierte mich zum Beispiel ein Abgeordneter: „Und wer wird jetzt meine Pension bezahlen?" fragte er mich allen Ernstes. „Du bist ja schuld mit deiner Hetzerei, daß wir sie verlieren." Das war am 14. Feber. Zur selben Zeit wurde der Karl-Marx-Hof mit Kanonen beschossen. Diese Haltung empörte mich besonders. Dieser Abgeordnete war aber nicht der einzige, dessen Egoismus jegliche politische Forderung in Frage zu stellen drohte. Einige Zeit später teilte ich die Zelle mit einem hohen Gewerkschaftsfunktionär. Er beklagte sich immer fürchterlich über die Qualen und Martern, die er bei den Verhören zu ertragen habe. Als ich mich nach dem Ausmaß der Torturen erkundigte, sagte er: „Sie fragen mich ununterbrochen, und ich muß ununterbrochen antworten. Das ist ja aufregend." Geschehen war ihm noch nichts. Schließlich wurden wir gleichzeitig aus der Zelle gerufen. Er sagte: „Du hast Glück. Ich muß wahrscheinlich wieder zu einem Verhör, und du gehst in die Freiheit." Ich wurde wieder nach Döbling ins Kommissariat gebracht. Er aber fuhr mit der Polizei in die Schweiz und lieferte das dorthin verlagerte bedeutende Vermögen seiner Gewerkschaft der Polizei aus. Danach wurde er freigelassen.

Der Polizeikommissär, der mich in Döbling verhörte, war auch illegaler Nationalsozialist. Er versuchte mir einzureden, daß ich der Urheber der Kämpfe sei, daß ich den Befehl dafür gegeben hätte. Zum Beweis dafür zeigte er mir einen Brief. Darauf stand: „Karl Mark, Parteiheim Döbling", aufgegeben im Postamt Würthgasse, Poststempel vom 22. Feber (!). Er enthielt das vermutete Losungswort: „sauer". Er fragte: „Kennen Sie den Brief?" Ich konnte mir vorstellen, worauf er anspielte. Er hatte das Wort „sauer" in Verbindung mit dem Namen des längst verhafteten Döblinger Schutzbundführers Passauer, in dem das Wort „sauer" steckte, für das entscheidende Losungswort gehalten. Ich lächelte: „Herr Kommissär, wer hat Ihnen denn das eingeredet? Das ist doch Schwindel. Glauben Sie wirklich, am 22. Feber gibt jemand in der Würthgasse, wo mich jeder kennt, einen rekommandierten Brief an mich mit dem Losungswort auf? Das glauben Sie doch nicht wirklich?" Der Brief war eindeutig eine Fälschung. Noch dazu eine schlechte. Nicht nur das Datum war unglaubwürdig, sondern auch die Anschrift, da wir unser Parteiheim intern ausschließlich „Arbeiterheim" nannten, was nur ein Außenstehender mißachten konnte. Abgesehen davon, wußte ich auf Grund der Kompetenzentrennung zwischen Partei und Schutzbund wirklich nichts von den Waffen oder den Verstecken. Ich wußte nicht einmal, daß mein Schwager, M. A. Kornfeld, in seiner Villa in der Julienstraße in Pötzleinsdorf, im angrenzenden Bezirk Währung, von Oskar Passauer, dem Döblinger Schutzbundkommandanten, einige Kisten übernommen und versteckt hatte, ohne zu wissen, daß sie Waffen enthielten. Ein Döblinger Schutzbündler, der den Auftrag hatte, diese Kisten zu holen, war durch schwere Mißhandlungen gezwungen worden, anzugeben, wo er diese Waffen geholt hatte. Mein Schwager wurde verhaftet, geschlagen und schwer verletzt.

Der Kommissär brach das Verhör ab und schickte mich in die Zelle. Als ich sein Büro verließ, hielt mich ein Kriminalbeamter auf. Ich fragte: „Gehen wir da hinunter?" und meinte den Weg in meine Zelle. „Nein", sagte er und deutete in eine andere Richtung. Da wußte ich, was kommen würde. Ich nahm meine Brille ab und sagte: „Die wird sonst zerbrechen." Er nahm sie, legte sie auf den Tisch und begleitete mich in ein Zimmer. Da warteten schon drei andere Kriminalbeamte mit Gummiknüppeln. Sie begannen mich zu schlagen. Plötzlich öffnete sich die Tür. Der Kommissär schaute herein, sah uns und sagte: „Leutln, was macht ihr denn?" Dann ging er wieder hinaus. Dieses Schauspiel wiederholte sich noch einmal, während die Beamten keine Anstalten machten, deswegen von mir abzulassen. Als der Kommissär das dritte Mal hereinkam, sagte er: „Jetzt hört einmal auf." Und wirklich, wie wenn sie es miteinander abgesprochen hätten, hörten sie auf, mich zu schlagen. Ich sah an mir hinunter: Mein Körper war vom Kinn bis zu den Knien schwarz blutunterlaufen. Dann gab mir der Kriminalbeamte meine Brille zurück. Unversehrt.

Die Polizei verständigte meine Familie. Nicht wegen meiner Mißhandlungen, sondern, weil sie festgestellt hatten, daß ich „Selbstverpfleger" war, was bedeutete, daß meine Verwandten sich um meine Verpflegung zu kümmern hatten. Am nächsten Morgen kam der Polizeiarzt, ein Schulfreund meines jüngeren Bruders, ein Jude. Er sah mich an, gab nicht zu erkennen, daß er mich kannte, und auch ich fragte ganz offiziell: „Was sagen Sie dazu, Herr Doktor?" Er sah weg: „Das wird schon vergehen." Dabei sah ich furchtbar aus und hatte wahrscheinlich Fieber. Doch aus Angst vor Konsequenzen wagte er nichts anderes zu sagen.

Am nächsten Tag führten sie mich in mein Sekretariat in der Pokornygasse. Meine Hose war zerrissen, seit Tagen war ich unrasiert. Vor dem Arbeiterheim standen Heimwehrleute mit Gürtelriemen in der Hand Spalier. Als der Kommissär sah, daß sie vorhatten, mich, der ins Arbeiterheim sollte, durch einen Spießrutenlauf zu schicken, brüllte er: „Sie werden den Herrn Mark nicht anrühren!" Es war interessant. Er durfte, die anderen durften nicht. Hatten sie mich vor dem Tore noch geschützt, so vergaßen sie hinter der Tür alles, was an einen guten Ton erinnern hätte können. Sie warfen die Statue von Victor Adler auf den Boden, brachen die Bezirkskasse auf und wurden wütend, als sie nichts darin fanden. Ich war sehr froh, daß wir das Geld vorher noch in Sicherheit gebracht hatten. Wiedermann hatte vorgesorgt und gab bei seiner Verhaftung als Ausflucht an, das Geld sei in der Hand des zweiten Kassiers Viktor Klose, da er wußte, daß dieser bereits nicht mehr lebte. Es gab also keine Möglichkeit, für die Polizei das Geld zu finden.

Nach meinem Weg ins Arbeiterheim war mein Aussehen, das struppig und verwildert war, überall im Bezirk publik geworden. Um mich nun wieder in einen normalen Menschen zu verwandeln, meldete mir kurz darauf ein „Käs", ein wachehabender Polizist: „Herr Mark, der Friseur ist draußen." „Friseur?" fragte ich. „Ich habe keinen bestellt." „Ja, ich weiß, daß Sie keinen bestellt haben. Aber der Kommissär hat gesagt, Mark muß rasiert werden." Ich sagte: „Ich denke nicht daran. Ich lasse mich rasieren, wann ich will.“ Er wurde streng: „Sie haben zu gehorchen.“ Ich mußte mich geschlagen geben. „Schön“, sagte ich, „aber ich mache Sie aufmerksam, erstens zahle ich den Friseur nicht, weil ich ihn nicht bestellt habe. Zweitens verspreche ich Ihnen, daß ich mich erst wieder rasieren werde, wenn ich entschieden habe, ob ich mich rasieren will oder nicht.“ Und dieses Versprechen hielt ich.

Langsam klangen die Spuren meiner Mißhandlung ab. Es dauerte allerdings volle drei Wochen, bis ich nicht mehr so schrekkenerregend aussah und der Kommissär das Gefühl hatte, jetzt könne man mich wieder in die Polizeidirektion zurückschicken.

Ich betrat die Zelle. „Wo kommst du her?“ fragte mich der Zellensprecher, ein illegaler Nationalsozialist. „Aus Döbling.“ - „Hast du etwas mit dem Karl-Marx-Hof zu tun gehabt?“ fragte er weiter. „Ja.“ - „Das ist das Bett, in dem Georg Weissel gelegen ist, bevor sie ihn zum Galgen geführt haben. Das war bis heute mein Bett. Von heute an ist es deines.“ Es war eine Referenz an den Kampfesmut der Unsrigen.

In der Haft hatten wir immer wieder mit Nationalsozialisten zu tun, da viele, dem System nicht genehm, genau wie wir Sozialisten, eingesperrt wurden. So saßen wir gemeinsam in den Zellen. Sie schätzten Tapferkeit und Mut als wertfreie Qualität. Diese Eigenschaften hatten eine bestimmte Bedeutung, die jenseits aller politischen Unterschiede lag. Im Widerstand gegen Heimwehr und Polizei hatten die Arbeiter Mut bewiesen. Davor hatten die Nationalsozialisten Achtung.

Wöllersdorf

In dem kleinen Ort Wöllersdorf befand sich eine Anzahl von Baracken, in denen im Ersten Weltkrieg Kriegsmaterial erzeugt wurde. Bei einer großen Explosionskatastrophe wurden Hunderte von den dort arbeitenden Frauen getötet. Die anderen flohen. Man sammelte sie auf den Bahnhöfen und gab ihnen das Versprechen, sie in ihre Heimatstädte in Böhmen, Galizien usw. zurückzubringen. Sie wurden in Züge verfrachtet und - ohne weiteren Kommentar - nach Wöllersdorf zurücktransportiert. Der Betriebsratsobmann war dort später mit uns in Haft. Es entstand auf diesem Boden in der Zwischenkriegszeit eine Metallfabrik, die langsam in der Weltwirtschaftskrise zugrunde ging. Im Jahre 1933 richtete die Bundesregierung in Wöllerdorf ein „Anhaltelager" ein. Sie hatte sich vorgenommen, alle mißliebigen Elemente in „Anhaltelager" zu stecken. Absichtlich wählten sie den Ausdruck „Anhaltelager", um das Wort „Konzentrationslager" zu vermeiden und weil sie nur berechtigt waren, die Anhaltung an einem bestimmten Ort, der überwachbar war, zu verhängen.

Ende April brachte man mich nach Wöllersdorf. Das, was ich zuerst sah, war auf der einen Seite das Lager, in dem die Nationalsozialisten festgehalten wurden, auf der anderen, durch ein Gitter getrennt, das für die Sozialisten vorgesehene. Dazwischen lag das, beiden gemeinsame, Spital. Ich wußte nicht, was passieren würde und wie lange ich hierbleiben müßte.

Das Lagerleben bedrückte mich manchmal sehr. Als ich eines Morgens aufwachte, sah ich meinen Bettnachbarn in einer großen Blutlache liegen. Weder ein noch aus wissend, hatte er sich die Pulsadern aufgeschnitten. Als ich ihn entdeckte, war es noch nicht zu spät, und er konnte gerettet werden.

Vergleicht man unsere Situation mit der in den Konzentrationslagern, besteht sicher kein Zweifel darüber, daß wir relativ freie Hand hatten, die wir auch zu nutzen wußten, obwohl das Lagerleben da wie dort immer vom Lagerkommandanten und der momentanen Stimmung abhängig war. So wurde uns gestattet, Kurse über Geschichte, Esperantokurse und sogar Russischkurse abzuhalten oder gesellige Abende zu veranstalten. Für einen dieser Abende planten wir kurze, aber selbstgestaltete Auftritte. Da meldete sich unter anderen Alois Rosmanith, ein junger Arbeiter aus Stadlau, dem wegen Knochentuberkulose ein Bein amputiert worden war. Man hatte ihn wegen illegaler Aktionen verhaftet. Er bat uns, Gedichte vortragen zu dürfen. Ein Krüppel, der eigene Gedichte vorlesen wollte, das versprach Gaudium. Er begann mit dem ersten, und plötzlich trat Ruhe ein. Beim zweiten war es mucksmäuschenstill. Er trug „Häfngedichte" vor, Naturgedichte, Liebesgedichte. Er hatte sie selbst geschrieben. Niemand rührte sich – und das in einer Atmosphäre, in der die Männer ihre Gefühle voreinander versteckten und ein überaus rauher Umgangston herrschte. Hier den Mut zu haben, Gedichte vorzutragen und dann auch Beifall zu finden, fand ich ganz hervorragend. Ich schloß mit diesem jungen Mann Freundschaft, und nach seiner Entlassung halfen ihm auch meine Eltern, sich literarisch weiterzuentwickeln.

Mein Interesse für Bücher und Literatur brachte mich damals auf die Idee, einen Bibliotheksbetrieb im Lager einzurichten. Jeder von uns bekam irgendwelche Bücher von zu Hause. Die las er, und dann war er fertig. Als ich bemerkte, daß ungefähr zwei-, dreihundert Bücher im Lager waren, fragte ich die einzelnen Buchbesitzer: „Bist du bereit, dein Buch weiterzuborgen?" „Ja, natürlich", war meist die Antwort. So erstellte ich eine Liste aller im Lager befindlichen Bücher und konnte deshalb darüber Auskunft geben, bei wem man dieses oder jenes Buch ausleihen konnte. Mein „Don Quijote" war besonders begehrt, weil er so viel Lesestoff bot.

Einen Großteil der Zeit verbrachten wir jedoch mit Diskussionen. Wir nutzten die Zeit, um einander unsere Standpunkte klar zu machen. Im Sommer waren viele Niederösterreicher ins Lager gekommen. Linke und rechte Meinungen prallten aufeinander. „Wer war schuld am Zugrundegehen der Partei?" war die wichtigste Frage für alle. Die Antworten waren geteilt. Die Kompromißfreudigen, die Rechten, sagten, die Linken seien schuld, weil sie einfach losgeschlagen hätten. Wir aber fragten, wer würde schuld sein, wenn Österreich durch die Nationalsozialisten beziehungsweise den Faschismus zugrunde gehe? Und wir antworteten: „Die Konsensleute, weil sie sich immer auf den Vorschlag der Bürgerlichen einigten und die Gefahr des Faschismus bagatellisierten." Schließlich bewegte uns eine dritte Frage: „Würden wir je wieder einen gemeinsamen Weg finden?" Noch gab es keine Antwort.

Wenn es schön war, verbrachten wir unsere Zeit auf einem großen Spielplatz, wo wir turnten und Übungen machen durften. Eines Tages erfuhren wir, daß Rudolf Ansböck, einer unserer ehemaligen Mithäftlinge von einem Standgericht zum Tode verurteilt worden war. Im Juli hatte die Regierung das nach den Feberunruhen aufgehobene Standrecht wieder in Kraft gesetzt, um gegen das neuerliche bedrohliche Anwachsen der Sprengstoffattentate von Nationalsozialisten vorgehen zu können. Auf Grund der gespannten politischen Lage fanden immer wieder solche Attentate statt, teils als Aktionen von Nationalsozialisten, teils von seiten illegaler Sozialisten und Schutzbündler. Es hieß, Ansböck habe an den Vorbereitungen zu einem Sprengstoffattentat teilgenommen, und der erste Prozeß, in dem das Standrecht angewendet wurde, war der Prozeß gegen Josef Gerl und Rudolf Ansböck, die beide zum Tode verurteilt wurden. Trotz Gnadengesuches wurde das Urteil an Gerl vollstreckt, während die Strafe von Ansböck in lebenslange Haft umgewandelt wurde.

Die Männer im Lager waren über das Urteil sehr empört. Um unseren Protest zum Ausdruck zu bringen, hielten wir auf dem

Sportplatz, der nur durch ein Gitter von der Straße getrennt war, eine Versammlung ab und sangen sozialistische Lieder. Zahlreiche Schaulustige sahen uns zu. Die Lageraufsicht wußte über den Hintergrund unseres demonstrativen Verhaltens nicht Bescheid. Sie vermutete einen Zusammenhang mit der Ermordung von Dollfuß, am 25. Juli, von der wir aber noch nichts erfahren hatten. Sicherheitshalber also fuhren sie mit Flammenwerfern auf, verwendeten sie dann aber nicht und drängten uns ins Lager zurück, um uns aus der öffentlichen Sicht zu entfernen.

Ich sah, wie einer auf einen Bärtigen zeigte und zu den Wachen sagte: „Das ist der Rädelsführer." Nach vierzehn Tagen führte man die Rädelsführer in die Kanzlei. Auch mich brachte man hin. Ich hatte zwar nicht die Kundgebung organisiert, doch ich trug einen Bart - Grund genug für meine Schuld. So, wie wir waren, wurden wir einwaggoniert, in Schwimmhosen. Wir hatten keine Wäsche bei uns, kein Waschzeug, nichts. Das bekamen wir erst Tage später nachgesandt.

Im Kreisgericht Wiener Neustadt wurden wir einvernommen. Die Frage war einfach: „Haben Sie gesungen oder haben Sie nicht gesungen?" Wenn jemand sagte, er habe gesungen, und ich sagte das, bekam er acht Wochen Arrest. Sagte er, er habe nicht gesungen, egal ob aus Opportunismus oder weil er wirklich nicht mitgesungen hatte, bekam er zehn Wochen. Und einer, der die Unverschämtheit besaß, zu behaupten, er sei in der Spitalsabteilung gelegen, bekam zwölf Wochen. Das war die Lächerlichkeit der „Wahrheitsfindung".

Ich verbrachte also acht Wochen im Gefängnis in Wiener Neustadt. Eigentlich stand uns das Recht auf eine Stunde Spaziergang pro Tag zu. Wir durften jedoch nur eine halbe Stunde spazierengehen. Bald erfuhren wir, warum. Es war die Schuld von Josef Püchler. Er war der Kommandant des Schutzbundes von Wiener Neustadt. Am Vorabend des 12. Feber hatte er sich, in voller Kenntnis dessen, was kommen würde, so betrunken, daß er den ersten Heimwehrler, den er traf, provozierte und deswegen festgenommen wurde. Im Gefängnis entkam er automatisch der Verantwortung. Er hatte seine Leute in Stich gelassen. Er allein hatte gewußt, wo die Waffen versteckt waren. Die Aggressionen gegen ihn loderten hoch. Es war unmöglich, ihn mit uns spazierengehen zu lassen. Zweifellos wäre er von den aufgebrachten Wiener Neustädter Schutzbündlern gelyncht worden. Es gab aber nur einen Hof. Das bedeutete: Eine halbe Stunde Spaziergang für ihn allein und eine halbe Stunde für alle übrigen.

Den Rest des Tages mußten wir in den Zellen verbringen. Hier wimmelte es dermaßen von Wanzen, daß wir eines Tages auf die wahnwitzige Idee verfielen, einen Wettbewerb zu starten. Das war nämlich einfach. Die Wanzen krochen auf den neu geweißten Wänden herum und wenn man mit einem Schuh daraufschlug, blieb ein Blutfleck zurück. Man brauchte also nur die Blutflecken zu zählen. Mein Zellengenosse Hans Hupfauf aus Innsbruck und ich erschlugen in unserer Zelle nur etwa dreißig dieser Tiere. Es gab aber auch eine Zelle mit über zweihundert.

Nach meiner Rückkehr nach Wöllersdorf hatte sich das Bild des Lagers geändert. Da viele frühere Hauptfunktionäre, gegen die kein belastendes Material gefunden worden war, aus dem Landesgericht überstellt worden waren, brachten sie uns neue Informationen, ebenso neuinhaftierte, illegale Sozialisten, die uns über die Situation der Partei in der Illegalität berichteten.

Im Oktober sollte ich entlassen werden. Meine Anhaltung war, willkürlich wie alle Urteile, unbefristet. Kurz zuvor war eine Weisung aus Wien gekommen, die lautete: Keiner dürfte das Lager vom Aussehen her anders verlassen, als er es betreten habe. Die Nazis ließen sich nämlich aus Protest Vollbärte wachsen.

Am letzten Tag wurde ich dem Lagerkommandanten vorgeführt: „Hatten Sie einen Bart, als Sie nach Wöllersdorf gekommen sind?“ - „Ja.“ - „Wo waren Sie vorher?“ - „Im Kreisgericht Wiener Neustadt.“ - „Haben Sie einen Bart gehabt, als Sie ins Kreisgericht kamen?“ - „Ja.“ - „Wo waren Sie vorher?“ - „Auch in Wöllersdorf.“ - „Sind Sie das erste Mal nach Wöllersdorf auch mit einem Bart gekommen?“ - „Ja.“ - „Und wo waren Sie vorher?“ - „Auf der Polizeidirektion Wien.“ - „Sind Sie auf die Polizeidirektion auch mit einem Bart gekommen?“ - „Ja.“ - „Wo kamen Sie denn da her?“ - „Aus dem Kommissariat in Döbling?“ - „Dort haben Sie auch schon einen Bart gehabt?“ - „Ja.“

Freundlicherweise fragte er nicht weiter. Ich sagte auch nichts. Hätte er mich weiter gefragt, hätte ich sagen müssen, daß ich das allererste Mal ohne Bart ins Kommissariat gekommen war und erst das zweite Mal mit Bart. Doch das wurde ich nicht gefragt, und ich trug meinen Bart nach Hause.

Als ich am 29. Oktober, dem Tag meiner Entlassung, am Wiener Neustädter Bahnhof wartete, bis ich nach Wien fahren konnte, näherte sich mir ein Mann und fragte mich: „Kamerad, brauchst du Geld?“ Ich wußte, daß die Nationalsozialisten dort Posten aufgebaut hatten und entlassene Nazis mit Geld ausstatteten. Ich erwiderte also: „Ich bin aber von der anderen Fakultät." „Das macht nichts", sagte er, „ich gebe es dir trotzdem." Freundlich lehnte ich ab.

Meine Gedanken zum Feber 1934

Otto Bauer schrieb damals eine Broschüre mit dem Titel „Der Aufstand der österreichischen Arbeiter". Ich habe in vielen Dutzenden von Veranstaltungen anläßlich des Jahrestages der Feberkämpfe immer wieder festgestellt: Es gab keinen Aufstand der österreichischen Arbeiter, es gab keinen Aufstand der sozialdemokratischen Partei, es gab nicht einmal einen Aufstand des Republikanischen Schutzbundes. Es gab nur einen Aufstand einer starken Gruppe von bewußten Sozialisten, zum großen Teil aus der Jugend und Gruppen von Schutzbündlern, die die Wichtigkeit der Dauerwirkung auch eines ergebnislosen Widerstandes erkannt hatten.

Ein Aufstand erfordert eine zentrale Stelle, die vorbereitet, koordiniert und vor allem führt. Das gab es damals nicht. In zahlreichen Konferenzen und Versammlungen der Jahre 1933 und 1934 wiesen ich und meine Freunde von der „Linken in der SDAP" darauf hin, daß ein sinnvoller Widerstand gegen den Faschismus der Heimwehr vorbereitet werden müsse. Nur durch die Abwehr des Heimwehrfaschismus könne der Sieg der Nationalsozialisten und damit ein zweiter Weltkrieg verhindert werden.

Der Feber 1934 bewies, daß Widerstand geleistet werden kann, wenn Menschen da sind, die ihn vorbereiteten. In Linz und Steyr und an anderen Orten in Oberösterreich, in Graz und der Obersteiermark, in einigen Gebieten von Niederösterreich, ja sogar im Burgenland und in Tirol kam es zu Kämpfen und natürlich vor allem in Wien, aber nur dort, wo bewußte Sozialisten die Initiative ergriffen, die mit der Linken in der SDAP in Verbindung gestanden waren. Es wäre falsch anzunehmen, daß alle Widerstandskämpfer „organisierte" Linke gewesen wären, es gab gar keine feste Organisation der Linken, aber fast alle, die damals kämpften, waren in der einen oder anderen Form mit den Linken in Verbindung oder von ihren Ideen und Vorschlägen beeinflußt. Sie waren aber nur dann in der Lage aktiv zu werden, wenn ihnen Zugang zu den Waffenlagern möglich war. Wenn die verantwortlichen Schutzbundführer aber nicht dazu bereit waren, waren sie lahmgelegt.

Angelobung Theodor Körners, des ersten in direkter Volkswahl gewählten Bundespräsidenten

Links: Georg Schider. Von 1891-1897 Vertreter des Salzburger Großgrundbesitzes im Reichsrat.

Unten: Das „steinerne“ Haus, in dem wir von 1901-1919 alljährlich den zweiten Stock bewohnten.

1917 wurde das Sonnwendhaus gekauft.
Oben: 1917 nach der Erwerbung.
Unten: Nach der Renovierung 1929.

Mein Vater, Dr. Emil Mark, 1864-1942

Meine Mutter, Toni Mark, geb. Strial, 1871-1938

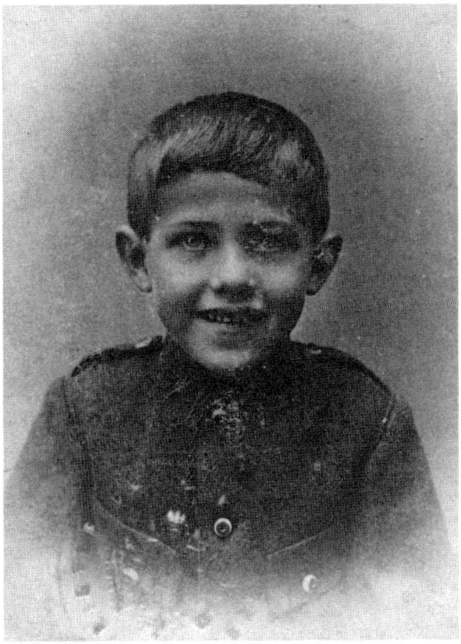

Karl Mark 1907 als Schulbub

1930 in der Jungfront

Franz Schuhmeier, das erste Opfer der österreichischen Sozialdemokratie

1934 nach Wöllersdorf

Der Major, der „Engel“, der Burgomistr

Die ersten Helfer beim Aufbau: Josef Zeininger und Robert Weisz

Die Döblinger Bezirksvorsteher 1919-1978

Josef Seleskowitsch 1919-1934

Karl Mark 1945

Karl Schwendner 1945-1960

Franz Opfermann 1960-1965

Franz Weber 1965-1974

Richard Stockinger 1974-1978

Die wichtigsten Mitarbeiter in der Bezirksorganisation: Edwin Schuster 1926-1934, Bildungsobmann. Meine Stellvertreter Josefa Popp 1945-1966, Josef Wiedermann, 1945-1959.

Josef Afritsch, der Bruder meiner Frau, Stadtrat und Innenminister
Meine Frau Grete 1908-1984

Meine Familie 1947

Meine Tochter Antonia, geb. 1942

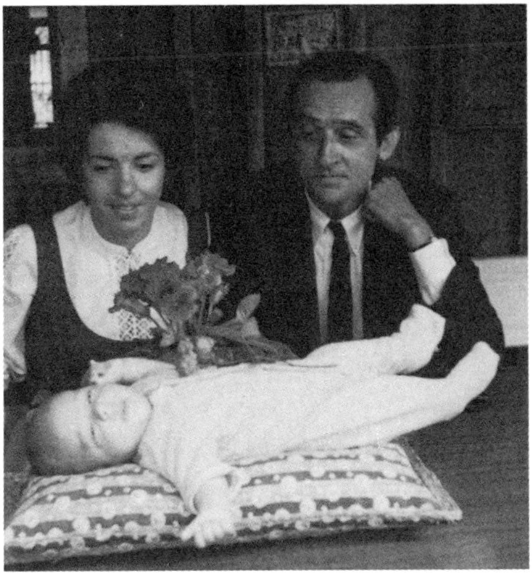

Meine Tochter Susi, verehel. Schneider, und ihr Mann Ernie. 1970 das Geburtstagsgeschenk zu meinem 70. Geburtstag.

Meine Familie 1967

Karl Seitz, Bürgermeister

Paul Speiser, Vizebürgermeister

Hugo Breitner, Finanzreferent

Julius Tandler, Sozialreferent

Marie Emhart, Abgeordnete
zum Nationalrat

Gabriele Proft, Vorsitzende
des Bundesfrauenkomitees

Hilde Krones, führend in
der neuen Linken nach 1945

Annemarie Renger, Bundestags-
präsidentin in der BRD

Frauentag in Innsbruck, 1953

Richard Stöhr, ein Cousin meines Vaters, Verfasser einer international bekannten Harmonielehre

Robert Stolz komponierte einen Marsch für das Wiener Volksbildungswerk.

Carl Spitteler 1845-1924, Nobelpreisträger 1979

Joseph Luitpold Stern am Grab von Alois Rossmanith

Otto Glöckel, Vorkämpfer der Schulreform

Hans Kelsen, Schöpfer der Verfassung

Das Bild unten links zeigt mich mit den FPÖ-Abgeordneten Jörg Kandutsch und Gustav Zeilinger. Es sollte mir vorenthalten und für Wahlpropaganda verwendet werden. Nach meinem Unfall wurde es mir „bedingungslos" übermittelt.

Josef Felder war 1933 der jüngste sozialdemokratische Reichstagsabgeordnete, der nach der Abstimmung über das Ermächtigungsgesetz nach Österreich floh und seine Erfahrungen im Kampf gegen die Nazi zur Verfügung stellte.

Der Karl-Marx-Hof 1934
von Faschisten zerstört

1984 - Die Angelobung
der Jungmänner des österreichischen Bundesheeres
vor dem Karl-Marx-Hof

Sommer in Ramseiden
Bei der Wildbachverbauung 1910 entstand ein Teich, in dem man schwimmen konnte, und ein kleiner Wasserfall. Er spiegelte Wiese, Wald, Haus und Gebirge.

Die Massagewirkung des eiskalten Wassers wurde von uns besonders geliebt.

Grundsteinlegung für das Gymnasium in der Billrothstraße durch Vizekanzler Fritz Bock

Bruno Kreisky und Karl Mark

Das war zum Beispiel in Wiener Neustadt der Fall. Aber auch in Wiener Bezirken, wie Hernals und Brigittenau, konnten unsere Freunde aus diesen Gründen nicht eingreifen.

1982 wurde ich von einer Gruppe von Offizieren des Bundesheeres gebeten, Ihnen die militärische Lage im Karl-Marx-Hof zu erklären. Sie stellten fest, daß durch das Fehlen einer Verbindung mit Ottakring, was durch den Ausfall von Hernals bedingt war, und mit Floridsdorf, weil die Brigittenau nicht aktiv werden konnte, die Lage für Döbling, wo die Kämpfe bis zum Donnerstag, dem 15. Feber, also vier Tage, dauerten, aussichtslos wurde.

Der Ausfall einer zentralen Leitung machte es unmöglich, das Konzept, das einen konzentrischen Angriff aus den Außenbezirken auf die Schaltstellen in die Innenbezirke (Regierungsstellen, Rundfunk, Polizei) vorsah, durchzuführen. Das führte dazu, daß die Kämpfer in den Außenbezirken sich in die Gemeindebauten zurückzogen und damit zu einer aussichtslosen Defensive gezwungen waren. Wie recht hatte Körner 1927 gehabt, als er den Widerstand einer halbmilitärischen Truppe gegen eine wirklich militärisch disziplinierte Truppe für aussichtslos erklärte.

NACHT ÜBER ÖSTERREICH

„... wir haben die Losung von Dachau gelernt und wir wurden stahlhart dabei ...“

Der illegale Kampf

Die legale Arbeiterbewegung war zerschlagen. Die Sozialisten analysierten die Situation, den Aufstand, die Niederlage, die Politik der Partei. Die Folge dieses politischen und organisatorischen Zusammenbruchs war ein deutlicher Einschnitt in der politischen Entwicklung und eine Umgruppierung der politischen Kräfte.

Die illegale Nachfolgeorganisation der SDAP bildeten die Revolutionären Sozialisten, kurz RS genannt. Sie wurde größtenteils von jungen Leuten getragen, die enttäuscht von der Haltung der Partei waren. Sie waren meist noch zu jung, um am Widerstand beteiligt gewesen zu sein, fühlten aber Parteizugehörigkeit, waren oppositionell gegenüber dem Parteivorstand und suchten nach neuen Wegen.

Bewußter handelten die Mitarbeiter der Linken in der SDAP. Sie sammelten sich in der „Roten Front“. Ein Teil von ihnen wollte die Vereinigung mit der KP, ein Teil lehnte das ab und wollte Mitarbeit bei den Revolutionären Sozialisten. Die KP, die in diesen Tagen einen gewaltigen Zulauf fand, war vor allem für die Generation interessant, die unmittelbar am Widerstand beteiligt war.

In der Emigration kam Fischer zu der Auffassung, daß es im Rahmen der Sozialdemokratie unmöglich sei, ernsthaft Widerstand gegen Heimwehr, Nationalsozialismus und damit gegen den Weltkrieg zu leisten, und er schloß sich der Kommunistischen Partei an. Von Prag aus vermittelte er diesen Eindruck den noch übriggebliebenen Angehörigen der Linken, die sich diese

Meinung vielfach auch selbst erarbeitet hatten. Ein beträchtlicher Teil der ehemaligen Linken trat der KP bei. Da ich in der Zeit, in der Fischer in der Emigration tätig war, in Haft war und es bis in den Oktober hinein blieb, konnte er keine Verbindung zu mir aufnehmen. Als ich dann herauskam, hatten sich die Fronten schon gefestigt.

Andererseits schlossen sich der KP auch führende Leute der geistigen Bewegung an, die vorher extrem rechts gestanden waren, wie der Kreis um Karl Altmann, Hans Dostal und Hella Postranetzky.

Otto Bauer, der von Rosa Jochmann überzeugt wurde, daß er sich in Sicherheit bringen müsse, war ins Ausland gegangen. Er leitete das Auslandsbüro (ALÖS) in Brünn. Es bildete die Hauptanlaufstelle der Emigranten und unterstützte die illegale Bewegung im Lande mit Informationen und Propagandamaterial.

Viele der wichtigsten Führer der Partei, unter ihnen Karl Renner, waren allerdings im Land geblieben. Sie waren zu polizeibekannt und häufig auch gar nicht bereit, sich an der illegalen Bewegung zu beteiligen und vermieden daher meist jeglichen Kontakt zu ihr, weil sie illegale Arbeit prinzipiell ablehnten.

Obwohl ich interniert war, war ich, als ich von Wöllersdorf entlassen wurde, über die politische Entwicklung ganz gut informiert.

Kaum war ich zu Hause, läutete zweimal das Telefon. Einmal war es Walter Wodak, bezirksverantwortlich für die Arbeit der Linken in der Leopoldstadt. Das andere Mal Mizzi Jahoda. Mit Walter Wodak verabredete ich mich für den nächsten Vormittag, mit Mizzi Jahoda für den nächsten Nachmittag. Wodak wollte mich für die KP, der er sich mit einem großen Teil der Roten Front angeschlossen hatte, gewinnen, Jahoda für die RS. Mit beiden war ich befreundet. Ich sagte zu beiden: „Leider. Wenn die beiden Gruppen sich nicht einigen können, dann möchte ich keiner von beiden angehören. Ihr könnt alles von mir haben, was ihr braucht. Aber ich werde nicht einseitig auf die eine Seite gehen, um die andere zu bekämpfen. Denn wir sind alle aus der Linken gekommen." Und das stimmte. Unsere gemeinsame Basis war die Linke gewesen. Ich entschied mich trotz ihres Drängens nicht für eine der beiden Gruppen und behielt meinen Standpunkt bis 1945 bei.

Als ich bei einer Straßenbahnstation wartete, stand neben mir zufällig der Kriminalbeamte, der mich verhaftet hatte. Er erkannte mich nicht. Ich hatte meinen Karl-Marx-Bart noch nicht abnehmen lassen und wußte jetzt, daß er für den Notfall eine gute Tarnung abgeben würde. Ich machte ein paar Fotos zur Erinnerung und ließ mich rasieren.

Zunächst erschien es mir sinnvoll, mich einmal ruhig zu verhalten. Ich war ausgesprochen kinohungrig und sah mir den Film „Maskerade“ mit Paula Wessely an, der mich auf Grund seiner Menschlichkeit sehr beeindruckte. „Königin Christine“ war der zweite Film, in dem Greta Garbo, die ich sehr verehrte, die Hauptrolle spielte.

Es dauerte aber nicht lange, da traten wieder politische Überlegungen in den Vordergrund. Ich wollte den Kontakt zu den Genossen nicht verlieren. Eine der wenigen Möglichkeiten zu einem unauffälligen Zusammenkommen stellten Begräbnisse verstorbener Genossen dar. Hier sah man einander wieder, fand aber kaum Gelegenheit, viele Worte zu wechseln, da es gerade dabei vor Polizeispitzeln wimmelte.

Wie konnte ich, so fragte ich mich, in Kontakt mit den Genossen bleiben? Ich kam auf eine Idee. Es war gar nicht so schwierig. Ich gründete die „Bücherei der Weltliteratur“. Gemeinsam mit dem Kompagnon Rudolph Bohmann, früherer Obmann der Sozialdemokratischen Studenten und Sekretär der Industrieangestelltengewerkschaft, verlegte ich kurze Novellen von bedeutenden Schriftstellern in Form von kleinen, handlichen und billigen Heftchen. Das Vertriebssystem, und darauf kam es mir eigentlich an, umfaßte Kolporteure in jedem Wiener Bezirk und in Linz. Die Kunden waren Genossen, und das System diente dazu, so unauffällig wie möglich Verbindung mit ihnen aufrechtzuerhalten. Jeden Monat traf ich dann die Kolporteure offiziell, um mit ihnen abzurechnen und sie mit neuem Material zu versorgen. In Wirklichkeit aber mit dem Hintergedanken, die neuesten Informationen auszutauschen.

Unter anderem hatte der Sohn des früheren Bürgermeisters von Linz, Dametz, mir versprochen, sich um den Vertrieb der Bücherei in Oberösterreich zu kümmern. Ich hatte einige Wochen bei meinen Eltern in Saalfelden verbracht und ihm von dort geschrieben, daß ich an einem bestimmten Tag durchfahren werde und zwei Stunden Aufenthalt nehmen könne, um mich mit ihm über diese Sache zu unterhalten. Als ich in Linz ankam, war er am Bahnhof und sagte mir, der Brief sei geöffnet gewesen. Ich wollte sofort weiterfahren, weil es durch das Öffnen des Briefes offensichtlich war, daß wir unter Beobachtung standen. Er beruhigte mich und sagte: „Nein, nein, da passiert schon nichts.“ Wir setzten uns auf eine Bank. Fünf Minuten später war bereits die Polizei da und nahm uns fest. Er wurde, ihm war nichts nachzuweisen, außer daß er sich mit mir getroffen hatte, nach kurzer Zeit entlassen. Bei mir wurde eine Gepäcksuntersuchung durchgeführt. In meinem Gepäck befanden sich die Abschriften der Artikel, die ich an meinen Freund Gerhard Seger in New York für die New Yorker Volkszeitung geschickt hatte.

Nach meiner Rückkehr aus Wöllersdorf überlegte ich mir, wie ich, um mich besser rühren zu können, zu einer Presselegitimation kommen könnte. Ich wußte, daß Gerhard Seger, deutscher Reichstagsabgeordneter, der erste, der aus einem Konzentrationslager, nämlich Oranienburg, geflohen und nach New York gegangen war, die Chefredaktion der New Yorker Volkszeitung, einer sozialdemokratischen Zeitung, innehatte. Ich fragte an, ob er interessiert sei, Berichte von mir aus Österreich zu bekommen. Er war einverstanden. Mit seinem Antwortschreiben in Händen, ging ich zum Leiter der Pressestelle, einem Baron Fuchs, und ersuchte um eine Legitimation. Er sagte: „Das ist sehr gut. Sie müssen nur die Politik der Regierung entsprechend darstellen." „Ich glaube aber nicht", gab ich zurück, „daß Herr Seger daran interessiert ist, das zu erfahren. Es ist eine Zeitung, die sich vor allem an deutsche Emigranten wendet, und so wird er wahrscheinlich mehr daran interessiert sein, was ich aus Österreich über den Widerstand gegen die Nazis berichte." Schließlich sagte er: „Schreiben Sie, was Sie wollen, aber Sie dürfen nicht schreiben, daß Schuschnigg ein Bluthund ist." - „Ich habe nicht die Gewohnheit, Leute Bluthund zu nennen und werde diese Formulierung wohl nicht gebrauchen." Danach erhielt ich die formelle Erlaubnis als Korrespondent zu agieren. Das tat ich dann auch, erfuhr jedoch nie, ob oder wann einer meiner Berichte erschien, weil ich diese Zeitung nie zu Gesicht bekam.

Kopien einiger dieser Berichte hatte ich aber jetzt in meinem Koffer. Den Polizisten in Linz erschien meine Aussage nicht glaubwürdig, die Erlaubnis zu besitzen, mit einer sozialdemokratischen Zeitung im Ausland zu korrespondieren. Noch dazu eine Person, die einige Monate im Anhaltelager verbracht hatte. Schließlich ließen sie mich frei, setzten mich in einen Zug und empfahlen mir eindrücklich, mich in Wien bei der Polizeidirektion und der zuständigen Zensurstelle zu melden. Dort wußten sie allerdings überhaupt nicht, was sie mit mir machen sollten. Einerseits hätten sie mich gerne eingesperrt, andererseits waren sie nach einer Nachfrage bei Baron Fuchs - ich hatte keine schriftliche Bewilligung, und es ist anzunehmen, daß er sehr ausweichend antwortete - weiterhin unsicher, wie ich zu behandeln sei. Als mich meine Mutter besuchte, baten sie sie beiseite. „Wir stellen Ihren Sohn auf freien Fuß, wenn er sich verpflichtet, Österreich sofort zu verlassen", versuchten sie einzulenken und einer eigenen Entscheidungsmisere aus dem Weg zu gehen. Meine Mutter schüttelte den Kopf. „Das müssen Sie ihm schon selber sagen", riet sie, da sie mich kannte. „Ich habe darauf keinen Einfluß." Sie wußte, daß meine Antwort nur „nein" lauten würde.

Sie verschrieben mir drei Monate Anhaltelager Wöllersdorf. Doch dann waren sie mit ihrer eigenen Entscheidung nicht zufrieden. Eigentlich wollten sie mich nicht nach Wöllersdorf bringen, wahrscheinlich weil ich diverse Informationen ins Lager gebracht hätte. Sie sperrten mich also in eine Zelle auf der „Liesl" mit der Aufschrift: „Anhaltelager Wöllersdorf." In dieser Zelle verbrachte ich drei Monate. Eine Verschärfung dieser Anhaltung erfolgte dadurch, daß nahezu jeden Abend ein eben gefangengenommener Krimineller zu mir in die Zelle gebracht wurde. Kam er herein, waren die Betten bereits aufgeschlagen. Ich hätte also jetzt schlafen können. Doch das ging meistens nicht, denn der neue Häftling „mußte" seine Geschichte erzählen und mir natürlich auch beweisen, daß er unschuldig war.

Eines Tages kam Alfred Klar, ein Kommunist, er war einer der ersten, der den Gedanken der österreichischen Nation vertrat, in meine Zelle. Sein Standpunkt war, daß die Zugehörigkeit zu einer Sprachgemeinschaft noch nicht die Zugehörigkeit zu der deutschen Nation bedeute und daß die Österreicher sowie die deutschsprachigen Schweizer eine eigene Nation bildeten. Bald entwickelte sich eine Diskussion, in der wir mit unserer Meinung nicht hinter dem Berg hielten. Am Ende sagte er: „Aber eines werden Sie zugeben, man wird die Arbeiter mit ‚Kraft durch Freude' und ähnlichen Mätzchen zweifellos überzeugen können." Darauf antwortete ich: „Mätzchen sagten Sie, nicht ich."

Zum 1. Juli 1934 war ich, ich befand mich noch in Haft, nach einer dreimonatigen Kündigungsfrist zum Quartal gekündigt worden. Die Vaterländische Front hatte sich das Vermögen der sozialistischen Organisationen angeeignet, doch damit auch die Verpflichtungen. Das heißt, daß sie in die Arbeitsverträge einstieg und ich dadurch von Feber bis Ende Juni 1934 Angestellter der Vaterländischen Front war. Mit dem 1. Juli 1934 hatte ich mich arbeitslos gemeldet und Dutzende, wenn nicht Hunderte Bewerbungsbriefe geschrieben. Ohne Erfolg. Ich bekam keinen Posten. Da mein Vater pensionierter Bahnbeamter war, verweigerte man mir jeglichen Unterhalt und verwies darauf, daß ja mein Vater für meinen

Unterhalt aufkommen könne. Meine Versuche, eigenes Geld zu verdienen, scheiterten wahrscheinlich an mehreren Punkten: Ich war Halbjude, immer noch Sozialist und bei der Polizei und Vaterländischen Front schlecht beleumundet, wie sich einmal herausgestellt hatte. Die Bezüge für die Zeit, in der ich „Angestellter" der Vaterländischen Front war, wurden mir angewiesen, aber gleichzeitig mit den Verpflegungskosten während meiner Haftzeit verrechnet, so daß ich keinen Groschen bekam.

Am 12. Feber 1938 fand ein Treffen zwischen Schuschnigg, dem Nachfolger des ermordeten Dollfuß, und Adolf Hitler statt. Unter Hitlers Druck nahm Schuschnigg unter anderen den Nationalsozialisten Arthur Seyss-Inquart als Bundesminister für Inneres und Sicherheit in die Regierung auf.

Gleichzeitig nahm er auch Verhandlungen mit dem sozialistischen Lager, einer zwar verbotenen, doch existenten politischen Kraft, auf, um sich ihrer zu versichern. Eine Delegation unter der Leitung von Friedrich Hillegeist, dem Vorsitzenden der illegalen Freien Gewerkschaft, sprach bei Schuschnigg vor und bot ihm die Unterstützung der Arbeiterschaft an, wenn gewisse Voraussetzungen, vor allem die Unabhängigkeit der Gewerkschaften, garantiert würden.

Der Kreis um Alma Mahler-Werfel, liberale Bürgerliche, in deren Gesellschaft Schuschnigg verkehrte, hatte ihn schon einige Wochen früher darauf hingewiesen, daß sie ihm die Verbindung mit einem Mann der Linken, Kurt Neumann, der aus einer alten Offiziersfamilie in Graz stammte, verschaffen könnten. Daß er Kommunist war, erwähnten sie ihm gegenüber nicht. Das Resultat der Gespräche war einerseits die Zusage Neumanns, Schuschnigg in einem gewissen Rahmen im Kampf gegen die Nationalsozialisten zu unterstützen, andererseits erklärte sich Schuschnigg bereit, ihm die Erlaubnis für die Herausgabe einer Zeitschrift zu geben. Die „Österreichischen Monatshefte", wie sie genannt werden sollten, waren als Instrument und Forum linker Intellektueller und alter Linker im Ansturm gegen den Nationalsozialismus gedacht. Ich war Kurt Neumann von Ernst Fischer empfohlen worden und übernahm die Aufgabe, den Vertriebsapparat für die Zeitschrift aufzubauen. Das war für mich nicht sehr schwierig. Erstens hatte ich noch Kontakt zu den Kolporteuren, die meine „Bücherei der Weltliteratur" vertrieben hatten. Zweitens stellten sich jetzt auch ehemalige Parteifunktionäre, die angesichts der gespannten Lage etwas wagemutiger geworden waren, für die Auslieferung der neuen Zeitschrift zur Verfügung. Unsere Aktion sowie die Friedrich Hillegeists schien für Schuschnigg ein Strohhalm. Das half uns bei der Vorbereitung der Zeitschrift.

Entsprechend dem ständig wachsenden Druck der Nationalsozialisten auf Schuschnigg stieg sein Entgegenkommen, da er bei uns einen gewissen Rückhalt suchte. Wurde zunächst ein monatliches Erscheinen vereinbart, so bekamen wir im Jänner die Mitteilung, vierzehntägig erscheinen zu dürfen, und im Feber bot er uns bereits einen wöchentlichen Erscheinungstermin an. - Verzweifelte Versuche, dem unabwendbaren Einfluß des Nationalsozialismus entgegenzutreten.

Ohne Illusionen arbeiteten Neumann und ich an der ersten Nummer. Grete Schacherl, unsere Sekretärin - sie war angestellt, wir nicht -, sah uns zu und stellte eines Tages verwundert fest: „Euch zwei verstehe ich nicht. Ihr seid beide überzeugt, daß die Nazis nicht aufzuhalten sind, und trotzdem tut ihr alles, um die Zeitung herausbringen zu können. Wahrscheinlich wird sie doch gar nicht erscheinen können.“ Wir antworteten ihr: „Wir wissen nicht, ob sie erscheinen wird, aber wir müssen alles tun, damit sie erscheinen könnte.“

Die „Österreichischen Monatshefte“ sollten am 11. März herauskommen. Für diesen Tag war eine große Kundgebung zugunsten der von Schuschnigg vorgesehenen Volksabstimmung über die Frage der Unabhängigkeit Österreichs angesetzt, bei der wir vorhatten, eine Nummer gratis zum Kennenlernen zu verteilen, mit der Aufforderung, sich für die Abstimmung einzusetzen. Am 9. März hatte Schuschnigg eine Volksbefragung über die Aufrechterhaltung der Unabhängigkeit Österreichs proklamiert, für die sich zahlreiche Sozialisten stark engagierten. Es schien notwendig, den Widerstand gegen die Nationalsozialisten zu unterstützen.

Für den Abend des 10. März bestellte ich sämtliche Kolporteure zu einer Versammlung im Arbeiterheim Floridsdorf, da die meisten aus diesem Bezirk stammten. Wir besprachen alles für den nächsten Tag. Sie sollten alle zur Druckerei kommen, und ich würde ihnen ihren Teil an Zeitschriften zuteilen. Dann gingen sie nach Hause, ich aber blieb noch mit Freunden im Floridsdorfer Arbeiterheim, als jemand in den Saal kam und rief: „Heimgehen! Schuschnigg hat eben kapituliert. Es hat gar keinen Zweck, irgendetwas zu tun. Es ist aussichtslos. Die SA marschiert schon.“

Als ich mit der Straßenbahn nach Hause fuhr, sah ich an jeder Station SA-Gruppen in Uniform. Sie trugen Binden mit dem Hakenkreuz. Es wirkte alles ganz selbstverständlich. Es war erschrekkend.

Ein neues Problem kam auf mich zu. Ich hatte die Kolporteure für den nächsten Morgen bestellt. Ich konnte nicht damit rechnen, daß alle die Situation richtig einschätzten und zu Hause blieben. Ich mußte also hin. Zeitig in der Früh machte ich mich auf den Weg. Der Drucker, der gerade im Begriff war, das Geschäft aufzusperren, hatte rasch und richtig gehandelt und noch in der Nacht die ganze Auflage eingestampft, nachdem er von der Schuschnigg-Kapitulation erfahren hatte. Von dieser Seite bestand also keine Gefahr mehr. Jetzt gab es nur noch die Möglichkeit, daß die Leute, die ich bestellt hatte, tatsächlich kamen, und vielleicht jemandem ganz unbefangen erklärten, sie holten „die" Zeitschrift. Ich postierte mich also an der Ecke. Kam einer, winkte ich ihn zu mir, und ohne große Erklärungen abzugeben, dafür war weder Zeit noch der Ort geeignet, sagte ich in einem Ton, der keinen Widerspruch duldete: „Heimgehen, heimgehen, nur nicht hier aufhalten!" Das war es nun: Drei Monate Arbeit umsonst!

Ich fuhr mit der Straßenbahn in die Stadt. Die Stimmung war merkwürdig. Absolut antinazistisch. Der Schaffner machte eine abfällige Bemerkung. Zu Mittag waren die deutschen Flugzeuge schon über Wien. Da schlug die Stimmung um. Wer vorher noch wagte, einen gewissen Unwillen kundzutun, wurde zurückhaltend. Die Menschen, die keine Nationalsozialisten waren, begannen zu verstummen. Die illegalen Nationalsozialisten krochen langsam aus ihren Löchern. Am Abend waren sie schon siegesbewußt und trugen offen ihr Abzeichen.

Auf meinem Weg am Nachmittag in die Poliklinik, in der meine Mutter nach einer Herzattacke lag und wo ich sie dreimal täglich besuchte, traf ich eine Menge Leute, die stadtauswärts gingen. Einer sagte: „Du gehst hinein? Schämst du dich nicht?" Ich antwortete: „Warum sollte ich das? Meine Mutter liegt schwerkrank in der Klinik. Ich muß sie besuchen. Ich gehe nicht zu Hitler. Da kannst du sicher sein." Dutzende Leute, die ich kannte, vermieden es, bei der Demonstration der Machtübernahme dabeizusein.

Später las ich eine Notiz in der Times, in der ein englischer Oberst, ein konservativer Abgeordneter des britischen Unterhauses, schilderte, wie er vom Balkon des Hotels Bristol aus sah, wie „eine Million Wiener" Hitler zujubelte. Ich nahm einen Stadtplan und stellte fest, daß man vom Balkon des Hotels Bristol aus rund fünfhundert Meter vom Ring übersehen kann. Wenn man annimmt, daß der Ring vierzig Meter breit ist, so sind das zwanzigtausend Quadratmeter. Da „sah" der Oberst eine Million Menschen. Das wären fünfzig Personen pro Quadratmeter gewesen. Wie er das machte, hätte ich gerne gewußt. Es ist unmöglich. Doch diese Meldung ging durch alle Zeitungen des Auslandes. Gesetzt den Fall, es waren wirklich zweihunderttausend Menschen auf dem Ring oder Tage später auf dem Heldenplatz, so sind das ungeheuer viele, doch in Relation gesetzt, nur zehn Prozent der Wiener Bevölkerung. Wo waren die anderen? Warum jubelten sie nicht? Die Stimmung der Bevölkerung nach einem relativ geringen Prozentsatz, gemessen an der Zahl der möglichen Teilnehmer, zu beurteilen, halte ich nach wie vor für einen schweren Fehler. Man hört nur die, die schreien, nicht diejenigen, die schweigen.

Am 13. März verfügte Adolf Hitler die Wiedervereinigung Österreichs mit dem Deutschen Reich. Alle wichtigen Stellungen in der Verwaltung, der Polizei, dem Heer und der Industrie, soweit sie nicht bereits von illegalen Nationalsozialisten besetzt waren, wurden von Deutschen besetzt, sechsundsiebzigtausend Österreicher verhaftet und in Gefängnisse oder Konzentrationslager gebracht. Österreich war zur Ostmark geworden.

Die Nazizeit

Jetzt Wien zu verlassen und in die Emigration zu gehen, kam nicht in Betracht.

Im Jahre 1933 war ich bei einer Konferenz der Sozialistischen Internationale gewesen und hatte Gelegenheit gehabt, einige der unzähligen deutschen Emigranten kennenzulernen. Nach Gesprächen über ihre Situation, verließ ich sie mit einem Gefühl größter Trauer und Resignation. Meine Gefühle waren nicht ungerechtfertigt, denn ihre psychologische Situation war wirklich katastrophal. Es verging kaum ein Tag, an dem man nicht von einem Selbstmord hörte. Ich empfand diese Zustände so unerträglich deprimierend, daß ich mir vornahm: Sei es, wie es wolle, ich gehe nicht in die Emigration. Ich beschloß damals, zu bleiben. Hier war wenigstens mein Zuhause.

Die Kontrolle der Andersdenkenden begann damit, daß ein Gestapobeamter, oft in Begleitung eines Döblinger Nationalsozialisten, in die Wohnungen kam. Bei mir durchforsteten sie meine Bibliothek. Der Gestapobeamte war entsetzt, was er hier fand: Marx, Engels, Lassalle usw. Ich hatte nur die Bücher, die sich unmittelbar mit der Person Hitlers in marxistischer Sicht beschäftigten, vernichtet. Sie waren mir doch zu gefährlich. Alle anderen Bücher behielt ich. Um dem Entsetzen des Gestapobeamten entgegenzuwirken, sagt der Nationalsozialist: „Was wollen Sie? Das hat Herr Mark alles gekauft, als er es in jeder Buchhandlung kaufen konnte. Das können Sie ihm nicht vorhalten." Ich habe diese Bücher bis heute.

Im November verschlechterte sich der Gesundheitszustand meiner Mutter zusehends. Zwei Tage vor der Reichskristallnacht, am 7. November, erlitt sie erneut einen Herzanfall. Seit geraumer Zeit schon durften alle jüdischen Ärzte nur mehr für Volljuden praktizieren. Die wenigen anderen Ärzte waren deswegen vollkommen überlastet und am Rande der Erschöpfung. Verzweifelt versuchten wir einen Arzt für meine Mutter zu finden. Es gab keine Hilfe. Meine Mutter starb in den frühen Morgenstunden des 8. November. Auch sie war eines der unzähligen Opfer dieses Wahnsinnigen.

Am Tag nach der Reichskristallnacht setzten massive Judenverfolgungen ein, ihre Tempel wurden angezündet, ihre Geschäfte ausgeplündert. Tausende wurden in Konzentrationslager gebracht, Hunderte Menschen begingen Selbstmord. Einer meiner besten Freunde, Walter Nuki, ein Schulkollege aus dem Döblinger Gymnasium, der in Heidelberg Zahnheilkunde studiert hatte, in Wien alle Prüfungen wiederholen mußte, um hier praktizieren zu können - nach seiner Emigration nach England mußte er diese Prozedur ein drittes Mal über sich ergehen lassen -, erzählte mir, er sei damals aus seiner Wohnung geholt und mit anderen in den Tempel in der Dollinergasse gebracht worden. Dann steckten die Nationalsozialisten den Tempel in Brand und öffneten ihn erst, kurz bevor das Feuer alle zu verbrennen drohte.

Bei der Suche nach meinem Vater kamen sie in unsere Wohnung. Mein Vater weilte gerade am Totenbett meiner Mutter. Sie verzichteten darauf, in das Zimmer einzudringen, in dem er sich aufhielt. „Und was ist mit Herrn Karl Mark? Der muß doch auch hier sein?" wollten sie dann wissen. Ich war bereits im Sommer Mitglied der Deutschen Arbeitsfront (DAF) geworden, zu deren Mitgliedschaft keinerlei Unterlagen nötig waren. Ich wurde nur gefragt, ob ich Jude sei, und die Frage konnte ich ohne weiteres verneinen. Es wäre sonst ausgeschlossen gewesen, Arbeit zu bekommen, und ich sagte deshalb zu den Nationalsozialisten: „Ich bin Mitglied der DAF."

Das Leben ging weiter. Hitler forderte die sudetendeutschen Gebiete, und im Frühjahr darauf fiel auch der tschechische Reststaat unter dem Druck massiver Drohungen in seine Hände.

Im September 1939 begann mit Hitlers Angriff auf Polen der Zweite Weltkrieg. Österreicher wurden der deutschen Wehrmacht einverleibt und kämpften an allen Fronten. Auch ich blieb nicht von der Musterung verschont. Alle, die nicht direkt als Juden galten, und ich war Halbjude, waren wehrpflichtig. Man stellte fest, daß ich garnisonsverwendungsfähig war. Offensichtlich wollten sie mich nicht untauglich erklären, aber auch nicht tauglich. Garnisonsverwendungsfähig bedeutete, im Hinterland Bürodienst zu machen. Doch auch das war anscheinend bei mir zu gefährlich, weil ich dadurch an Informationen herankommen hätte können. Ich wurde nicht einberufen.

Mein Dasein spielte sich zwischen Wien und Ramseiden ab. Immer mehr zog es mich nach Ramseiden, wo nach dem Tod meiner Mutter, mein Vater lebte. Schon seit 1917 hatten wir dort ein eigenes Haus. Damals war die letzte Besitzerin des „Sonnwendhauses", eines alten Bauernhauses, in Ramseiden gestorben. Das Haus ließ sich schwer verkaufen, denn die alte Moserin hatte jedes Zimmer des Hauses an alte Weiblein aus dem Dorf abgegeben. So lebten dort ungefähr ein halbes Dutzend alter Frauen, und niemand hatte den Mut, sie aus dem Haus herauszuholen. Vielen Bewerbern schien es daher nicht sinnvoll, das Haus zu kaufen, da sie es für den eigenen Gebrauch haben wollten. Wir hatten noch unsere feste Unterkunft beim Laböck-Bauern und interessierten uns dafür, da wir der Meinung waren, es sei nur eine Frage der Zeit, bis wir das Haus besiedeln könnten. Gemeinsam mit meinem Schwager erstand mein Vater das Haus und ließ es auf seinen Namen ins Grundbuch eintragen. Im Jahre 1917 dachte noch niemand daran, daß die Rassenfrage einmal eine solche Rolle spielen würde. Zwei Jahre später zogen wir ein. Ramseiden blieb meine zweite Heimat.

Die Tatsache, daß ich mich in der Zeit des Naziregimes häufig dort aufhielt, knüpfte nicht nur meine Bande enger an diesen Ort, sondern trug auch dazu bei, mich wiederholt vor Verhaftungen zu bewahren. Als man später immer wieder versuchte, mich in der Wiener Wohnung ausfindig zu machen, traf man mich meistens nicht an. Die Nachbarn, die die Gestapo nach meinem Aufenthaltsort hätte fragen können, waren erst im Zuge der „Arisierung" eingezogen und wußten daher über meine Gewohnheiten, vor allem die, viel Zeit in Ramseiden zu verbringen, nicht Bescheid, so daß die Nazis unverrichteter Dinge abziehen mußten.

Abgesehen von der „Bücherei der Weltliteratur", bei der ich eigentlich nichts verdiente, konnte ich trotz vieler Bemühungen, keine finanzielle Basis finden. Bis ich eines Tages, es war im Feber

1939, auf eine Zeitungsannonce antwortete, die einen Vertreter für ein Papierwarengeschäft suchte, und zu einem Vorstellungsgespräch eingeladen wurde. Ich stellte mich dem Chef Dr. Labek, der das Geschäft arisiert hatte, vor und sagte: „Ich mache Sie aufmerksam, erstens bin ich Mischling und zweitens Sozialdemokrat, und das bleibe ich. Ich würde mich schämen, es Ihnen nicht zu sagen, wenn Sie mich anstellen wollen." Der Chef der Firma war schon vor 1938 illegaler Nationalsozialist. Er antwortete: „Mischlingsbeschäftigung ist auf wirtschaftlichem Gebiet nicht verboten. Ich bin sehr froh, daß ich Sie habe. Sie haben eine Menge Bekannte, ich habe eine Menge Bekannte. Wir werden beide ein gutes Geschäft machen. Und damit Sie etwas davon haben, bekommen Sie sieben Prozent vom Umsatz, den Sie bringen, und fünf Prozent vom Umsatz, der von mir kommt." Da ich auch die Voraussetzungen für jede Art von Beschäftigung, die Mitgliedschaft bei der DAF, erfüllte, konnte ich mit der Arbeit beginnen. Ich war zufrieden. Rasch arbeitete ich mich ein und fand heraus, daß ich ganz gut Geschäfte machen konnte.

Einmal kam ich nach einem Vertreterbesuch aus dem Haus der DAF und hatte das DAF-Abzeichen, das ich meinem Chef versprochen hatte, bei „seinen" Kunden nach Vorschrift sichtbar zu tragen, noch anstecken. Normalerweise nahm ich es, kaum war ich auf der Straße, wieder ab. Da kam Paul Richter, der ehemalige Sekretär der Wiener Organisation der SDAP, sah das Abzeichen und empörte sich: „Das hätte ich von Ihnen nicht gedacht." Er hielt mich offensichtlich für einen angepaßten Verräter, der seine Ideologie einfach in Stich gelassen hatte. „Wissen Sie", sagte ich, „Sie haben eine Pension, und ich werde vielleicht bald eine Familie haben. Das ist der Unterschied. Ich muß meine Familie dann erhalten und Sie leben gut von Ihrer Pension."

Im Dorf war es vielen Leuten bekannt, daß wir nicht „reinrassige" Arier waren. Die meisten schätzten unsere Familie sehr und brachten uns deswegen größte Loyalität entgegen. Schwierigkeiten gab es allerdings mit der Familie Peter, mit der wir längere Zeit befreundet gewesen waren. Ilka Peter war Künstlerin und hatte sich uns gegenüber so lange als Nazigegnerin bekannt, bis sie bei einem Berlinbesuch im Jahre 1937 die Gelegenheit gehabt hatte, in die Augen des „Führers" zu blicken. Man hörte immer wieder, daß in Hitlers Augen eine große Anziehungskraft lag. Ihr Mann Wilhelm Peter war Schuschniggs Sekretär. Zwei Tage vor Schuschniggs Kapitulation waren Peters bei uns zu Besuch gewesen. Mein Vater hatte gefragt: „Nun, was sagt der Kanzler?" Peters

Antwort war: „Seien Sie beruhigt, es ist alles in Ordnung." Am Samstag sah ich ihn bereits mit dem illegalen Parteiabzeichen der NSDAP. Das heißt, er war die ganze Zeit über Sekretär von Schuschnigg gewesen und konnte alles weitergeben, was er sah und hörte.

Jetzt die Macht hinter sich wissend, betrieb er eine Hetzkampagne gegen unsere Familie, vor allem gegen die Kinder meiner Schwester Agathe, die Dreivierteljuden waren und daher als Volljuden galten. Erstaunlicherweise kam es zu keinen größeren Schwierigkeiten, und alle, bis auf meine älteste Nichte, konnten schließlich ausreisen.

Die Älteste, Marlene, war ein sehr sensibles Mädchen mit künstlerischer Begabung und hing sehr an meiner Mutter. Sie war mit einem jungen Mann verlobt, den sie sehr liebte. Als die Nationalsozialisten kamen, hatte er das Gefühl, die Beziehung nicht mehr aufrechterhalten zu können, da sie als Jüdin galt, und löste die Verlobung. Marlene beging Selbstmord. Kurz darauf wollte der junge Mann Mitglied der NSDAP werden. Doch er wurde abgewiesen. Die Begründung: Er war Mischling, ein Halbjude.

Als sich Peter nach 1945 wieder beim Justizdienst meldete, fragte mich der mit dem Wiederaufbau des Justizressorts beauftragte Sektionschef Dr. Guido Strobele, was ich über ihn zu sagen hätte. Schonungslos und wahrheitsgemäß berichtete ich, was ich wußte. Er wurde nicht wieder eingestellt, erhielt aber bald die recht einträgliche Stellung als Syndikus des Verbandes der Filmindustrie.

Als mein Vater im Jahre 1942 starb, konnten wir wieder einmal erleben, daß die menschliche und soziale Bindung der Dorfbevölkerung an unsere Familie eine Basis hatte, die abseits politischer Beeinflussung lag. Mein Vater, nicht mehr der Jüngste, war nach einem Verhör bei der Gestapo in Salzburg, das sich um den Verkauf des Hauses in Ramseiden drehte, den man erzwingen wollte, gestürzt. Über den Verlauf des Verhörs ist nichts Genaueres bekannt. Er erholte sich nicht mehr und starb kurze Zeit danach. Der Bürgermeister, der natürlich Nazi war, verbot, daß er auf dem Friedhof begraben wurde. Wir bahrten ihn zu Hause auf, und keiner der Bauern und Bäuerinnen ließ es sich nehmen, in unser Haus zu kommen und ihrem „Herrn Hofrat", wie es üblich war, die letzte Ehre zu erweisen. Nach der Einäscherung, die seinem Wunsch entsprach, mußten wir die Urne bis 1945 in der Wohnung aufbewahren, denn auch in Wien war es nicht gestattet, sie beizusetzen.

Die Nationalsozialisten setzten das Gerücht in Umlauf, wir hätten für das Ableben unseres Vaters gesorgt, um an die Erbschaft heranzukommen. Sie bedachten nicht, daß das Haus auch nach seinem Tode „jüdisches Eigentum" blieb. Der Kampf um das Haus ging weiter. Ein burgenländischer Nationalsozialist, der in der Kreisleitung der NSDAP von Zell am See eine große Rolle spielte, hatte seit geraumer Zeit ein Auge auf das Haus geworfen und stellte sich vor, es im Zuge einer „Arisierung" günstig in die Hand zu bekommen. Immer wieder wurde ich deswegen von der Gestapo in Salzburg verhört. Hans Dostal, mein Freund und Rechtsanwalt, eilte dann jedes Mal zu Hilfe, erfand Ausflüchte und machte Verschiebungen des Verkaufstermins möglich. Es wäre wirklich einem Himmelfahrtskommando gleichgekommen, hätte mein Bruder Richard mit seiner Frau und seinen zahlreichen Kindern, die als Mischlinge galten, da sowohl er als auch seine Frau Halbjuden waren, ausziehen müssen. Langsam spitzte sich die Situation so zu, daß eine Lösung gefunden werden mußte. Da kamen wir auf die Idee, das Haus an einen Nationalsozialisten, den Mann einer entfernten Nichte, früherer Besitzer von Plantagen in holländisch Indien und jetzt Generaldirektor der Skodawerke, zu verkaufen, um es später wieder zurückbekommen zu können. Er erklärte sich endlich zu diesem Schritt bereit, nicht ohne vorher eine Wertsicherungsklausel, die er lustigerweise, doch aus seiner Sicht gesehen, intelligenterweise, in Semmeln festlegte, zu vereinbaren. Das war im Jahre 1943, zu einem Zeitpunkt also, an dem das Ende des Krieges noch nicht offensichtlich war. Für ihn war es aber selbstverständlich, daß das tausendjährige Reich nicht „ewig" dauernd würde. Hätte er sonst so dringend auf dieser Klausel bestanden?

Der Kauf kam dann ohnehin nicht zustande, weil der Mann aus Zell am See behauptete, so etwas wie ein Vorkaufsrecht zu besitzen. Wieder begann ein heftiges Tauziehen, bis ich eine Vorladung nach Salzburg bekam. Man teilte mir mit, ich müsse innerhalb der nächsten drei Monate an den Mann in Zell am See verkaufen. „Sonst kommen Sie nach Dachau", fügte man hinzu. Das war am 25. Jänner 1945. Am 25. April konnten sie diese Drohung glücklicherweise nicht mehr wahrmachen.

Nach wie vor war ich an keiner der illegalen Gruppen aktiv beteiligt. Mir schien es wichtiger, regelmäßig mit allen meinen Freunden zusammenzutreffen. Organisation spielte in meinen Augen jetzt eine untergeordnete Rolle. Der persönliche Kontakt zu denen, die aus einer gemeinsamen politischen Denkrichtung kamen oder zu einer solchen finden könnten, stand im Vordergrund meines Interesses. Nicht die Abgrenzung schien mir in der Zeit der Illegalität zielführend zu sein, sondern das Gemeinsame. Gegenüber Ideologie und Politik gewann auch die Freundschaft, und damit die rein menschliche Seite, große Bedeutung.

Gab es Probleme, war es einfach nicht entscheidend, welcher der illegalen Gruppen jemand angehörte, sondern, ob er half oder sich wortlos abwandte. Freundschaftliche Hilfestellung erlebte ich im Herbst 1944 als ich von Ramseiden nach Wien kam und erfuhr, daß meine Wohnung ausgebombt war. Meine Freunde, alte Genossen aus der Zeit vor 1934, waren schon dort und gruben in den Trümmern nach meinen Habseligkeiten. Wie nach jedem Bombenangriff war einer von ihnen durch den Bezirk gegangen, um nachzusehen, ob bei einem von uns etwas passiert war, damit sofort Hilfe mobilisiert werden konnte. Einige Tage später bekam ich eine Vorladung von der Ortsgruppe der NSDAP. Die rasche Hilfsaktion war ihnen aufgefallen und hatte ihr Mißtrauen auf uns gelenkt. Sie vermuteten eine illegale Organisation dahinter. Das aber waren wir, im eigentlichen Sinne, eben nicht.

Wir trafen uns zwar regelmäßig bei einer alten Genossin in Nußdorf, Marie Zaunstöck, die bei Fritz Adler Hausgehilfin und später Heimleiterin in der Arbeiterhochschule der Partei gewesen war. Offiziell kamen wir dort zum Karten spielen zusammen, obwohl ich gar nicht Karten spielen konnte. In Wirklichkeit hörten wir englisches Radio und diskutierten. Es war einfach nicht so gefährlich wie eine richtig organisierte Gruppe, aber nicht weniger effizient.

Nach der Ausbombung forderte mich mein Chef auf, mit ihm ein kleines Stück spazieren zu gehen. Das passierte immer dann, wenn er etwas Halboffizielles mit mir zu besprechen hatte. Etwa als er mich im Sommer 1940 darauf hinwies, daß mein Benehmen bei den Damen im Büro Anstoß erregte. „Sie haben mir erklärt", sagte er freundlich, doch mit einem gewissen Nachdruck, „daß Sie nie begeistert sind, wenn große Siegesmeldungen durchgegeben werden. Sie finden immer etwas zu bekritteln. Das mögen sie nicht. Also, bitte, halten Sie sich zurück."

Im Juli 1941 führten wir ein Gespräch, die Entwicklung des Krieges betreffend. Die Nazis hatten eben Paris besetzt, und er sagte zu mir: „Sie müssen zugeben, daß Hitler gesiegt hat." Ich antwortete: „Hitler hat gesiegt, wenn er London besetzt hat und damit England aus dem Krieg ausscheidet." Darauf er: „Das hat er in ein paar Wochen." Ich entgegnete: „Ich gehe am 1. August in Urlaub. Wenn er London bis zum Ende meines Urlaubs, Ende August, besetzt hat, dann glaube ich, daß Sie recht haben." Nach meiner Rückkehr vom Urlaub hat Dr. Labek nie wieder von der Sache geredet.

Bei diesem Spaziergang, 1944, gab er mir zuerst fünfhundert Mark zur Behebung der Schäden, die der Bombenangriff hinterlassen hatte, und fragte mich dann, auf das Gespräch vom Sommer 1941 Bezug nehmend: „Woher haben Sie das alles gewußt?" „Jemand, der Marxist ist, wie ich, hat erkennen müssen, wie die Entwicklung vor sich geht, bei allem, was man sieht und hört", antwortete ich wenig bescheiden. Im September war auch ich fest davon überzeugt, daß der Krieg zu Ende ging. Er ahnte, was ihm im Falle einer Niederlage bevorstehen könnte, und bat mich, nötigenfalls seine Frau und sein Kind unter meine Obhut zu nehmen. Schließlich war das nicht nötig, denn er legte sich in den letzten Kriegsmonaten geschickt ein Lager von Bürobedarfsartikeln in Oberösterreich an. Als die Amerikaner diese Region kontrollierten, hatte er die Möglichkeit, sich geschäftlich glänzend zu entwickeln.

Neben den Treffen mit den Döblingern kamen politisch Interessierte, Künstler und Intellektuelle immer wieder im Haus Dostal zusammen. Sein Haus stand für Leute offen, die, wie er, sich der KP angeschlossen hatten, aber auch Leuten wie Bruno Pittermann, der in Dostals Rechtsanwaltskanzlei als Kanzleileiter arbeitete, da er, mit einer Jüdin verheiratet, keine eigene Kanzlei führen durfte. Auch Alfred Migsch, Rudi Trimmel, Ludwig Kostroun, der Schriftsteller Rudolf Brunngraber und Paul Schärf waren bei Dostals zu Gast.

Den Gedanken der Integration vor Augen, riefen wir die „Sozialistische Einheitsbewegung" ins Leben. Die Abkürzung lautete: „SoEben", was in Gesprächen sehr praktisch und unauffällig war und bei Außenstehenden keinerlei Verdacht erweckte.

Oberstes Prinzip war es, mit keiner anderen illegalen Gruppe in Kontakt zu treten. Alle, bis auf Migsch, hielten sich an diese, in erster Linie der Sicherheit dienende, Vereinbarung. Migsch ließ sich von Hernalser Kommunisten dazu gewinnen, an irgendeiner ihrer Aktionen teilzunehmen. Die Konsequenz war, daß sich in der Gruppe ein Spitzel befand, der sie verriet. Das erfüllte uns mit Sorge, wußten wir doch nicht, ob er vor der Gestapo wird still halten können. Doch er gab die „SoEben" nicht preis und kam schließlich nach Mauthausen.

Der Ausgangspunkt unseres Zusammenschlusses war der Gedanke an die Zukunft. Der Siegeszug Hitlers hatte längst eine markante Wendung genommen: Stalingrad, die Kapitulation in Tunesien, das Sich-Zurückziehen Italiens und die Invasion der Alliierten in Frankreich. Marksteine seines Untergangs. Ein Ende des NS-Regimes war in absehbare Nähe gerückt. Dann würde es unsere Aufgabe sein, bereit zu sein. Wir suchten jetzt schon nach Menschen, die dann fähig sein würden, die Geschehnisse in die Hand zu nehmen. Wir stellten Kontakte zu Alois Piberger, Felix Slavik und dem ehemaligen Meidlinger RS-Führer Karl Pfeffer her. Sie schienen uns geeignet, mit uns das Land wieder aufzubauen.

Schwierige Situationen

Eines Tages stand Dr. Stanka, ein ehemaliger Studienkollege, vor der Tür. Als er hereinkam, sagte er: „Sie können sich verlassen, ich bin kein Nazi. Wir sind ein Kreis von Leuten, lauter Deutschnationale, und diskutieren darüber, was wir zu tun haben werden, wenn einmal die Nationalsozialisten weg sind. Da haben wir beschlossen, mit einem Marxisten darüber zu reden. Und da sind Sie mir eingefallen. Trauen Sie sich?" Ich erwiderte: „Sie wissen, daß ich eine Frau und zwei Kinder habe und daß ich als Mischling an und für sich gefährdet bin. Wenn Sie glauben, daß Sie die Verantwortung übernehmen können, daß da nichts passiert, dann komme ich." Er sagte: „Sie können sich verlassen, daß nichts passieren wird."

Ich vertraute ihm. Ein Auto mit schwarz verhängten Fenstern holte mich ab und brachte mich zu einem Haus, bei dem ich nicht einmal den Namen der Straße oder die Hausnummer feststellen konnte. Man führte mich in den zweiten Stock, wo ein Dutzend Deutschnationaler saßen, die mich eindringlich fragten, was sie tun könnten. Ich sagte: „Ihr werdet zugeben müssen, daß die Tatsache eurer früheren Haltung in der Frage des Anschlusses an das Deutsche Reich nicht dazu führen kann, daß ihr eine Rolle im öffentlichen Leben werdet einnehmen können. Aber ihr seid Leute mit Qualitäten." Das war zum Beispiel der Leiter einer der größten Molkereien Oberösterreichs oder der frühere Staatskommissär der Creditanstalt aus der Systemzeit und andere Leute mit ausgezeichneten Fähigkeiten. „Ihr müßte eure Qualitäten zur Verfügung stellen, ohne den Anspruch daraus abzuleiten, eine führende Rolle in der Politik spielen zu wollen." Wir diskutierten miteinander, und es war, wie Stanka versprochen hatte: Niemand erfuhr etwas von unserem Zusammentreffen. Einige von ihnen sah ich nach dem Krieg im Verband der Unabhängigen (VdU, der Vorgängerorganisation der FPÖ), keinen allerdings in politischer Funktion.

Einige Zeit später stand Josef Pav vor meiner Tür. Er war ein ehemaliger Redakteur des „Kleinen Blattes“, der kleinformatigen Zeitung der SDAP, der, wie er mir erzählte, jahrelang untergetaucht war, weil die Gestapo Druck auf ihn ausgeübt hatte. „Jetzt bin ich wieder da und möchte mich betätigen. Du hast doch sicher Beziehungen zu illegalen Organisationen.“ Ich weiß nicht warum, aber ich hatte ein dumpfes Gefühl, daß der Mann nicht in Ordnung sei. Ich sagte zu ihm: „Schau, ich habe eine Frau und zwei Kinder. Ich bin sowieso als Mischling in einer schwierigen Situation. Ich lasse mich auf nichts ein.“ Ich stellte absichtlich keine Verbindung her.

Später erfuhr ich, daß er der Mann war, der Käthe Leichter kurz vor ihrer Emigration an die Gestapo ausgeliefert hatte. Als ihm nach der Befreiung der Prozeß gemacht wurde, brachte er als mildernden Umstand den schweren Druck der Gestapo nach der Okkupation vor. Meine Aussage über die Begebenheit im Jahre 1943 widerlegte seine Ausreden, und er wurde verurteilt.

In eine schwierige Situation kam ich einmal auf der Fahrt von Innsbruck nach Saalfelden. Nach dem Vertrag Hitlers mit Mussolini, der den deutschen Südtirolern den Weg „heim ins Reich“ öffnen sollte, hatten viele von ihnen für das Großdeutsche Reich optiert und ihre Heimat verlassen. Offensichtlich wurden die Versprechungen nicht eingehalten, und so kam ich zu einem merkwürdigen Erlebnis. In dem Coupé befand sich außer mir eine junge Südtirolerin, die optiert hatte, und ein Soldat in deutscher Uniform. Ich unterhielt mich mit der jungen Frau, und plötzlich fragte sie mich: „Glauben Sie, daß Stalin uns Südtiroler befreien wird?“ - Eine Frage, die auf jeden Fall nicht leicht zu beantworten war, am wenigsten in Anwesenheit eines mir noch unbekannten deutschen Soldaten. Ich versuchte mich über eine konkrete Beantwortung der Frage hinwegzubringen. Gott sei Dank stieg die Südtirolerin in der nächsten Station aus. Nun versuchte ich, festzustellen, wie es mit dem Soldaten stand. Ich fragte ihn, woher er komme, und erhielt zur Antwort: „Aus Innsbruck, eigentlich aus Hötting.“ Ich konnte antworten: „Ich habe ein paar gute Freunde in Hötting. Zum Beispiel den Hans Hupfauf.“ (Den ich vom Kreisgericht Wiener Neustadt her kannte.) Das löste seine Zunge und er sagte: „Der Hansl ist ja ein guter Freund von mir.“ Und es stellte sich heraus, daß der junge Mann mit der Innsbrucker SAJ beim großen sozialistischen Jugendtreffen in Wien in meinem Bezirk untergebracht gewesen war. Als ich dann den Namen des späteren Landeshauptmannstellvertreters Dr. Karl Kunst erwähnte, erklärte er: „Das ist mein Bruder." Er hieß Josef Kunst, war später Vorsitzender des Gewerkschaftsbundes in Tirol und Präsident der Arbeiterkammer Tirol und gehörte dem Nationalrat an.

Er erzählte mir, daß er zusammen mit siebenhundert jungen Tirolern an einem Tag in Innsbruck eingerückt sei, daß aber vier Wochen nachher die siebenhundert über ganz Deutschland so aufgeteilt waren, daß nie mehr als zwei Tiroler in einem Truppenkörper waren. Solche Angst hatten die Nazis vor der Erbitterung der Tiroler über den Verrat Hitlers und die Preisgabe der deutschsprachigen Südtiroler, denen nur die Wahl: Italianisierung oder Verlust der alten Heimat und Aussiedelung geblieben war.

Die letzten Tage von tausend Jahren

Das Ende des Krieges nahte. Der Volkssturm wurde aufgestellt. Jeder Mann war jetzt für die Nazis wichtig, um nicht Haltbares noch ein paar Tage länger zu verteidigen. Auch ich wurde erneut zur Musterung geholt. Ich ging zu einem guten Freund, der Arzt war, und fragte ihn: „Was soll ich tun, um nicht als tauglich erklärt zu werden?" Er sagte: „Das ist ganz einfach. Du bist kein Raucher und kein Trinker. Also mußt du soviel Alkohol wie möglich trinken und sehr viel rauchen." Die ganze Nacht vor der Musterung trank ich, was ich nur fand und rauchte, bis ich nicht mehr konnte. Am nächsten Tag ging es mir entsprechend schlecht. Ein junger Mann, der neben mir auf seine Musterung wartete, zitterte am ganzen Leib. Die Angst stand ihm ins Gesicht geschrieben. Wahrscheinlich würden sie ihn nehmen. Nein, ich war überzeugt, daß eine solche Haltung nicht vorteilhaft war und tat so, als wollte ich unbedingt und ohne Rücksicht auf Verluste einrücken. Bei der Untersuchung stellten sie zunächst einen wahnsinnig hohen Blutdruck fest, und meine sonstige körperliche Verfassung war auch eher besorgniserregend. Dazu mein „fanatischer Enthusiasmus". Die Qual der letzten Nacht hatte genutzt. Ich wurde nicht einberufen.

Ende März, Anfang April brachen die Fronten Hitlerdeutschlands überall zusammen. „Es wird noch eine Weile dauern, bis die russischen Truppen Wien erreichen", beteuerten meine Döblinger Freunde. „Fahr ruhig über die Osterfeiertage zu deiner Familie nach Ramseiden." Ich ließ mich beruhigen und reiste ab.

Jetzt zogen die Nazis auch schon Leute ein, die untauglich waren. Wieder kam mir mein Aufenthalt in Ramseiden zu Hilfe. In Wien unerreichbar, konnte ich der Einberufung entkommen.

Am 1. April hatte ich auf Ersuchen meines Saalfeldner Arztes eine Unterredung mit Otto Ender, dem früheren Bundeskanzler und ehemaligen christlichsozialen Landeshauptmann von Vorarlberg. Da er nicht in Tirol oder Vorarlberg leben durfte, hielt er sich in Saalfelden auf und suchte ein Gespräch mit einem Sozialisten, um sich über politische Positionen zu informieren. Unser Arzt, Dr. Franz Spitzl, wußte, daß ich solchen Gelegenheiten interessiert gegenüberstand. Das Gespräch fand in unserem Haus statt. Am stärksten beeindruckte mich Enders Feststellung über die Rolle der katholischen Kirche in der Politik. „Nur wenn sich die katholische Kirche aus der Politik heraushält, wird es eine ruhige Entwicklung in Österreich geben", sagte er und vertrat die Ansicht, daß sie das sicher tun werde.

Später wurde seine Vermutung doppelt bestätigt. Sowohl in den Memoiren von Adolf Schärf als auch von Ernst Koref. Auch sie hatten erfahren, daß sich die Geistlichkeit auf Innitzers Weisung ab Herbst 1933 aus der Politik zurückziehen sollte. Die Erklärung dafür kam einige Jahre später von einem Historiker, der mir einen Brief aus dem Sommer 1933 zeigte, in dem Dollfuß an Innitzer schrieb, die meisten Probleme machten ihm im christlichsozialen Nationalratsclub die Prälaten, und er solle dafür sorgen, daß sie sich aus der Politik zurückzögen. Ich vermute, die hohen Kirchenvertreter hatten besser als Dollfuß erkannt, daß eine Zusammenarbeit mit der Arbeiterschaft nötig sei, und ihn deshalb gedrängt, den Sozialdemokraten gegenüber konzilianter zu sein, was dieser mit der Forderung nach dem Ausschluß der Geistlichkeit aus der Politik beantwortete. Innitzer kam diesem Wunsch sogleich mit einer Weisung an den Klerus nach. Merkwürdigerweise verschwand der bewußte Brief, kurz nachdem ich ihn gesehen hatte, spurlos.

Am 2. April besuchte uns Dr. Spitzl wieder und sagte: „Die Russen haben die österreichische Grenze überschritten." So schnell hatten wir nicht damit gerechnet. Was sollte ich tun? Es gab einen großen Familienrat, bei dem alle meinten, ich solle dableiben, denn die Reise durch die Fronten sei viel zu gefährlich. Nur meine Frau sagte: „Du mußt nach Wien. Du gehörst zu deinen Leuten. Alles andere ist unverantwortlich." Das bestätigte meine Wünsche, und ich entschloß mich, es zu riskieren. Es war, wie ich vermutet hatte, gar nicht so einfach, nach Wien zu gelangen.

Meine Reisebewilligung galt bis 4. April. Als ich zur Bahn kam und den Zug um dreiundzwanzig Uhr nehmen wollte, begannen die ersten Schwierigkeiten, denn der Zug hatte zwei Stunden Verspätung, und die Kassierin sagte spitz: „Leider. Der Zug fährt am 5. April, nicht am 4., deshalb kann ich Ihnen keine Karte mehr geben.“ Ich versuchte den Stationsvorstand und alles mögliche in Bewegung zu setzen, um noch eine Karte zu bekommen. Ich bekam keine. Da fiel mir ein, daß bis zu sechzig Kilometer Entfernung keine Reisebewilligung nötig war. Ich ging erneut zur Kassa und brachte die Dame dort zur Wut, indem ich sagte: „Geben Sie mir eine Karte nach Bischofshofen.“ Das sind genau neunundfünfzig Kilometer. Die mußte sie mir geben. Ich fuhr also nach Bischofshofen. Nach Salzburg mit dem Zug weiterzufahren, war unmöglich, da die Strecke bereits auf der Hinfahrt mehrmals unterbrochen gewesen war. Über das Gesäuse gab es noch Züge. Ohne Fahrkarte stieg ich ein. Tieffliegerangriffe unterbrachen unsere Fahrt. Jedesmal kletterten wir aus den Waggons und suchten am Bahndamm Deckung. Endlich kamen wir in Sankt Pölten an, sonderbarerweise nicht am Hauptbahnhof, sondern am Mariazeller Bahnhof. Als jene Fahrgäste, die nach Wien wollten, schließlich zu Fuß den Hauptbahnhof erreichten, lachten die Bahnbeamten: „Was wollt Ihr? Die Russen sind doch schon längst über die Westbahn drüber. Da kann man nicht mehr mit dem Zug nach Wien hineinfahren.“

Jetzt mußte jeder sehen, wie er weiterkam. Ich hielt das erste deutsche Militärauto auf, das ungefähr Richtung Wien zu fahren schien. Sie nahmen mich bereitwillig mit. Der Strom von Flüchtlingen und Soldaten war unübersehbar. Die Straßen waren mit Menschen, Konservenbüchsen und diversen anderen Gegenständen übersät. Was den Leuten bei ihrer Flucht zu schwer wurde und sie hinderte, halbwegs schnell vorwärtszukommen, wurde abgeworfen wie überflüssiger Ballast. Ein Haufen von Soldaten, darunter einige Frauen, teilweise in Zivil, teilweise in Uniform, mit Fußlappen statt mit Schuhen, gestützt auf Stöcke, berührte mich sehr und erinnerte mich an ein sehr berühmtes Bild des russischen Malers Ilja Jefimowitsch Repin mit dem Titel „Der Rückzug Napoleons aus Rußland“. Es war genau dieselbe Situation wie auf dem Bild. Eine Armee, die geschlagen zurückmarschiert.

In Sieghartskirchen fragte ich wieder einen Leutnant nach einer Mitfahrmöglichkeit. Während wir noch sprachen und er mir sagte, er könne mich nur bis zur Barawitzkagasse mitnehmen, was für mich sehr günstig war, da sie in der Nähe meiner Wohnung lag, öffnete sich die Tür des gegenüberliegenden Hauses und ein „Goldfasan“ trat heraus. „Goldfasan“ nannte man die führenden nationalsozialistischen Funktionäre, die besondere Uniformen mit allen möglichen Aufschlägen und einer Menge von Orden trugen, also aufgeputzt waren wie ein Goldfasan. Er ging auf den Leutnant zu und sagte: „Ich brauche Ihren Wagen. Sofort. Ich muß zum Gaukommando nach Wien fahren." Der Leutnant antwortete: „Ja, bitte, aber ich fahre über Tulln." „Sie fahren über Ried und nicht über Tulln. Sie haben den kürzesten Weg nach Wien zu nehmen!" herrschte der Goldfasan ihn an. Darauf sagte der Leutnant: „Herr Obersturmführer, da sehen Sie sich diesen Wagen an. Da haben Sie die Einschläge der russischen Munition. Ich bin nämlich über den Riederberg hergekommen. Da die Russen schon auf der nördlichen Seite der Westbahn sind, schießen sie herüber, und ich gedenke nicht, da noch einmal zu fahren." Der „Goldfasan" verschwand. Nach fünf Minuten erschien er in Zivil mit einem Fahrrad und einem Rucksack wieder und schickte sich an, sich nach Westen abzusetzen. Es war anscheinend doch nicht so dringend, zum Gaukommando zu kommen. Das heißt, es war wahrscheinlich dringend, ihm aber eindeutig zu gefährlich.

Viele Monate später sah ich eine sehr ähnliche Szene in einem sogenannten Trümmerfilm. Sie wurden von der durch die Besatzungsmächte initiierten Filmindustrie hergestellt. Die Filme dienten zur Bewußtmachung der Situation im Land und sollten gleichzeitig in den Heimatländern der Besatzungssoldaten die Vorgänge in Österreich zeigen: Das Ende des Krieges und die erste Zeit des Wiederaufbaus. In Österreich weigerten sich viele Leute immer noch, solchen Szenen wie die der Flucht hoher deutscher Parteifunktionäre Glauben zu schenken. Ich aber habe es gesehen.

Als der Leutnant nach Wien aufbrach, nahm er mich mit. Die Fahrt war sehr erschütternd. In fast jedem Ort kamen wir an aufgehängten Menschen vorbei oder an erschossenen Deserteuren, die sofort von den Militärstreifen hingerichtet worden waren. In der Nähe von Wien begegneten wir einem großen Konvoi von schwarzverhängten Plachenwagen, deren Funktion wir uns nicht erklären konnten. Durch Zufall war bei einem die Plache vom Wind zurückgeschlagen. Man konnte hineinsehen. Der Wagen war voll von SS-Männern. Am Nachmittag desselben Tages wurden in Wien gerade Plakate angeschlagen. In großen Buchstaben war zu lesen: „Die SS wird Wien bis zum letzten Blutstropfen verteidigen." Unterzeichnet: Sepp Dietrich. Er war der Kommandant der SS, beauftragt, Wien zu verteidigen. In Wirklichkeit hatte sich die SS bereits nach Westen abgesetzt. Die Bevölkerung sollte aber in dem Glauben erhalten werden, die SS unterstütze einen Widerstand gegen die russischen Truppen.

Endlich waren wir in Wien. Ich schlenderte durch die Straßen des Bezirks, begegnete Freunden und Bekannten. Einige waren ziemlich erstaunt, mich zu sehen, hatte man ihnen doch während meiner Abwesenheit einzureden versucht, ich habe plötzlich Angst bekommen und sei deshalb nach Westen gefahren. Also mit mir könne man nicht mehr rechnen. Andere baten mich, froh darüber, daß ich wieder da war, um einen Rat. Friedrich Franz Eder, aus dem Kreis der alten Linken, bezirksverantwortlich für Mariahilf, diente beim Luftwaffenkommando, das, wie alle Heeresstellen, nach Westen evakuiert werden sollte. „Was soll ich tun? Soll ich dableiben oder soll ich mich evakuieren lassen?“ fragte er mich. „Das ist deine Sache“, antwortete ich. „Ich bleibe hier.“ „Gut, dann bleibe ich auch hier“, entschied er. Noch bevor die Russen da waren, trat er der KP bei, änderte jedoch später seine Haltung und wurde Verwalter des Vorwärts-Verlages und Herausgeber der Arbeiter-Zeitung. Ich ging weiter. Da sah ich eine elegante Dame im Pelzmantel, die mit einem Mehlsack auf dem Rücken hastig die Straße überquerte. An der nächsten Ecke sah ich einen bekannten Arzt, der die Gelegenheit ausnützte und eine Kiste Zucker aus einer Meinl-Filiale schleppte, die überstürzt verlassen worden war. Überall wurde geplündert.

Nach der Ausbombung mußte ich eine Zeitlang am Tabor in der Wohnung meiner Schwiegermutter, die bei meiner Frau in Ramseiden war, leben. Später konnte ich wieder im selben Haus in der Pyrkergasse einziehen, aber in eine andere Wohnung. Die Besitzerin dieser Wohnung, deren Mann Staatsanwalt in der Weimarer Republik, Zentrumsangehöriger und Antinazi, strafweise und obwohl nichts gegen ihn vorlag, sofort bei Kriegsbeginn einrükkend gemacht wurde, nach vier Wochen gefallen war, hatte mir angeboten, die Wohnung zu benutzen und ein bißchen aufzupassen, da sie in Voraussicht der kommenden Ereignisse, die es Deutschen nicht allzu leicht machen würden, in Wien zu leben, zu ihren Eltern ins Rheinland zurückkehren wollte. Froh, in Wien wieder ein Zuhause zu haben, nahm ich den Vorschlag an und bekam die Wohnung später sogar zugewiesen. Die Wohnungen von Deutschen oder Nazis, die vor dem Einmarsch der Russen nach Westen geflohen waren, wurden beschlagnahmt und Obdachlosen, Kriegs-, Bomben- oder Verfolgungsopfern zugeteilt.

Der Kampf um Wien war in vollem Gange. Die Widerstandsbewegung hatte eines ihrer Mitglieder, den späteren General Ferdinand Käs, beauftragt, Fühlung mit den russischen Truppen zu nehmen, um ihnen mitzuteilen, daß die Deutschen ihre Verteidigung auf den Süden, auf den Laaerberg, beschränkt hatten. Den Westen hatten sie in ihrem Verteidigungskonzept eher unberücksichtigt gelassen. Auf Grund dieser Informationen starteten die Russen eine Art Scheinangriff von Süden her, um den Hauptangriff vom Westen über Döbling, Hernals und Ottakring zu führen und so die Stadt einzunehmen. Fast alle Menschen in meiner Gegend waren in den Kellern.

„Es wird schon nichts passieren", sagte ich zu Paula Passauer und Fritz Rusa, die mir am nächsten Tag, es war Sonntag, der 8. April, Gesellschaft leisteten, und wir setzten uns in die Sonne vors Haus in der Pyrkergasse. „Die Russen sind schon in Ottakring!", rief jemand im Vorbeilaufen, „sie werden bald da sein!" Plötzlich hörten wir ganz in der Nähe Schüsse. Ein fünfzehnjähriger Volkssturmmann sprang mit seinem Gewehr um die Ecke und schoß ziellos herum. So wurde das Versprechen Dietrichs demonstriert. So also sah die Verteidigung Wiens durch die SS aus. Wir versuchten ihn zu überwältigen, nahmen ihm die Waffe weg und deponierten sie auf einem Misthaufen Ecke Pyrkergasse - Billrothstraße. Dann zogen wir ihm die Uniform aus und legten sie dazu. Er ging empört weg, aber wahrscheinlich retteten wir ihm das Leben. Alles, was sich in deutschen Uniformen bewegte, wurde von den Russen als Feind betrachtet und sofort erschossen.

Im Laufe des Nachmittags kamen viele Soldaten vorbei, die desertiert waren und uns um Zivilkleidung baten. Wir schickten sie zuerst zu dem erwähnten Misthaufen. „Zieht euch, bitte, zuerst aus", forderten wir sie auf, denn auch wir wollten vermeiden, daß die Russen bei uns abgelegte Uniformen oder Waffen finden konnten. Dann versorgten wir sie, so gut es ging, mit Zivilkleidung aus den Wohnungen der in die Luftschutzkeller geflüchteten Wohnungsbesitzer, damit sie untertauchen konnten.

Da kam der Besitzer der Meierei, die meiner Wohnung gegenüberlag. „Was soll ich tun?" fragte er. „Ich habe heute früh alle Kühe gemolken, aber ich muß zweimal am Tag melken, und ich habe jedes Geschirr, das ich besitze, angefüllt. Leider wurde die Milch nicht abgeholt. Was soll ich mit der Milch anfangen?" Ich sagte: „Das werden wir ganz einfach machen." Ich wußte, daß in den Luftschutzkellern sehr viele kleine Kinder waren, und ich schlug vor, von einem Keller zum anderen zu gehen und die Milch anzubieten. Wir klopften und sagten: „Wir haben Milch für die Kinder." Obwohl die Leute mich kannten, wurde nicht in einem einzigen Keller die Tür geöffnet. Sie hatten Angst, daß mich vielleicht die Russen vorschickten, um sie mit meiner Hilfe und der Milch zu überlisten und sie auf diese Weise aus den Kellern zu locken. Mit dieser großen Angst hatte ich nicht gerechnet. Es war nichts zu machen. Wir füllten dann alles, was wir fanden, mit der Milch an, auch die Badewanne. Der Rest mußte, so schade es gerade zu dieser Zeit war, weggeschüttet werden.

MEINE FRAU UND MEINE KINDER

Nach dem Tod meiner Mutter lebte ich allein in der elterlichen Wohnung. Da waren mir die Besuche bei Dostals sehr willkommen. Eines Tages sagte Käthe Dostal zu mir: „Du bist allein. Die Gretl Afritsch ist auch allein. Ihr müßt heiraten." Vorsichtig fragte ich: „Wer ist die Gretl Afritsch?" „Nun, ich werde sie dir zeigen", sagte sie. „Komm heute abend. Sie wird auch da sein." Am Abend saß, als ich hineinkam, eine grauhaarige Dame mit dem Rücken zu mir. „Das wird sie doch nicht sein", dachte ich. Sie war es. Eine junge, sehr hübsche, aber grauhaarige Frau. Wir verbrachten den Abend zusammen. Da sie in der Kinderübernahmsstelle am Alsergrund, einer Sammelstelle für Kinder, die in familiären Schwierigkeiten lebten - eine auf Initiative von Julius Tandler geschaffene Errungenschaft des Roten Wien -, arbeitete und mit einer Freundin wohnte, fuhren wir zu dritt in Richtung Döbling. Da hörte ich, wie die Freundin flüsternd sagte: „Nun, was sagst du?" Gretl antwortete: „Kommt gar nicht in Frage." Ich kann nicht sagen, daß ich irgendwie verliebt gewesen wäre, und ärgerte mich nicht sonderlich darüber. Eigentlich hatte ich andere Probleme.

Ich hatte Gretl Afritsch schon fast ein Jahr nicht mehr gesehen, als wir uns zufällig im D-Wagen wieder begegneten. Sie hatte in der Zwischenzeit eine siebzehn Quadratmeter große Wohnung im Karl-Marx-Hof bekommen, was für eine Pflegerin eine große Auszeichnung bedeutete. Beim Plaudern stellte ich fest, daß sie, wie ich, musikalisch sehr interessiert war. Ich fragte, ob sie gerne in ein Konzert gehen würde. Sie sagte: „Ja." Ich sagte: „Wunderbar." Wir besuchten einige der damals üblichen, von Hans Weisbach dirigierten, Dunkelkonzerte, bei denen, abgesehen von einer gezielten Podiumsbeleuchtung, der Saal im Dunkeln lag, was die Konzentration auf die Musik steigerte. Irgendwann einmal meinte meine Schwester Käthe, die nun mit ihren Kindern bei mir wohnte: „Warum bringst du sie nicht einmal mit?" Ich lud sie also ein, und als mein Schwager und unser

Freund Hugo Bondi, ein Physiker, der an der einzigen von den Nationalsozialisten geduldeten jüdischen Schule als Lehrer wirkte, zu musizieren begannen, setzte sich Gretl Afritsch ans Klavier. Aus diesem Zusammenspiel entwickelten sich regelmäßige Musikabende, traditionellerweise am Samstagabend. Meine Aufgabe bestand darin, umzublättern.

Als ich Gretl Afritsch eines Tages nach Hause begleitete, stellte ich fest: „Wir werden doch einmal heiraten." „Kommt gar nicht in Frage!" lachte sie.

Ich mußte wieder warten. Dann kam Pfingsten, und ich wollte die Feiertage bei meinem Vater in Ramseiden verbringen. „Wollen Sie mitfahren?" fragte ich sie. „Können Sie sich freimachen?" Sie konnte. Mein Vater freute sich sehr, sie kennenzulernen, äußerte aber das Gefühl, sie schon gesehen zu haben. Des Rätsels Lösung war ganz einfach. Es bestand eine gewisse Ähnlichkeit zwischen ihr und meiner Mutter. Am nächsten Tag machten wir einen Ausflug auf den Hundsstein. Wir waren den ganzen Tag beisammen und merkten plötzlich, daß wir vielleicht doch nicht schlecht zusammenpassen würden. Am nächsten Morgen teilten wir der Familie unsere Verlobung mit.

Nach den Nürnberger Gesetzen, die auf Anordnung Hitlers im September 1935 vom Reichstag verabschiedet worden waren, und die vollen politischen Rechte an deutsches oder „artverwandtes" Blut knüpften, war bei Strafe die Eheschließung von Juden oder Halbjuden mit „Ariern" verboten. Wir waren entschlossen, trotzdem zusammenzuziehen und wie Eheleute zu leben.

Im Oktober 1941 vollzogen wir die Heiratsformalitäten in privatem Kreis. Die Hochzeit wurde in der üblichen Form durchgeführt, allerdings ohne Geistlichen oder Standesbeamten. An seine Stelle trat Hans Dostal, der uns nach unserem Ja-Wort fragte. Zum Hochzeitsmahl gab es eine Gans, die ich zuvor im Waldviertel hatte erstehen können.

Nach neun Monaten kam meine erste Tochter zur Welt. Wie so oft nicht ganz so, wie ich es geplant hatte. Ich hatte kategorisch festgestellt, daß das Baby am 5. Juli, dem Geburtstag meiner Mutter, zur Welt kommen, ein Mädel sein und nach ihrer Großmutter den Namen Toni bekommen sollte. Aber Toni, meine Tochter, bewies mir sofort, daß sie stärker war als ich, und kam erst am 6. Juli. Aber am 5. fing sie mit dem Kommen bereits an. Ich bin sicher, sie tat das nur aus Opposition. Eineinhalb Jahre später kam Susi. Nun hatte ich nicht nur für mich, sondern auch für meine Familie Verantwortung zu tragen.

Das beeinflußte jetzt meine Entscheidungen. Immer noch richtete ich mich nach meinem Gefühl, das mir als Richtlinie diente und mir irgendwie den Weg zeigte, mich und meine Familie nicht in Gefahr zu bringen.

Toni trat mit achtzehn Jahren der SPÖ bei. Daraufhin erklärte Susi, sie wolle auch beitreten. Doch es half nichts, sie mußte noch ein Jahr warten. Beide arbeiteten in der sozialistischen Mittelschülerbewegung eifrig mit.

Als Toni einmal in der Schule Schwierigkeiten hatte, saß sie da und weinte bitterlich. „Warum weinst du?“ versuchte ich sie zu beruhigen. „Es spielt keine Rolle, ob du entscheidest, aufzuhören oder weiterzumachen. Es kommt darauf an, was du wirklich willst.“ - Sie machte die Matura und begann Theaterwissenschaften zu studieren. Sie muß es gut gemacht haben, weil ihr Ordinarius, Professor Kindermann, mir sogar riet, sie in Berlin weiterstudieren zu lassen, da sie als Österreicherin Zugang zu den theatergeschichtlich wichtigen Archiven in Ostberlin gehabt hätte, die damals für Westdeutsche nicht zugänglich waren. Toni erklärte mir aber plötzlich, sie wolle Lehrerin werden. Sie besuchte in Salzburg einen Maturantenkurs für Lehrerbildung. Anschließend suchte sie in Saalfelden um die dort ausgeschriebene Stelle als Lehrerin an. Sie bekam sie natürlich nicht. Erstens war sie meine, eines sozialistischen Abgeordneten, Tochter, zweitens konfessionslos und drittens Sozialistin. Als sie immer wieder übergangen und irgendwo anders im Lande Salzburg eingesetzt wurde - bis zu siebzig Kilometer entfernt von Saalfelden, wo sie in unserem Haus eine kleine Wohnung hat -, ging sie nach Wien. Hier herrschte zu der Zeit noch ein gewisser Lehrermangel, der ihr die sofortige Aufnahme sicherte. Sie unterrichtete zunächst in der Atriumschule in Döbling, wo als Experiment bei Schönwetter der Unterricht im Freien abgehalten wurde. Als sie für eine Leiterstelle in Betracht gezogen wurde, suchte sie um die Schule in Grinzing an, wurde schließlich dort Direktorin und verhalf der Schule zu Ansehen, das auch in Grinzing anerkannt werden mußte. Da sie sehr gut mit Kindern umgehen kann, hat sie einfühlsam jede Situation gemeistert.

Susi hielt nicht besonders viel vom Lernen. Sie verkehrte lieber in Künstler- und Intellektuellenkreisen und machte später als Externistin die Matura. Jetzt konnte sie auf einmal lernen. Schon mit dreizehn Jahren half sie, die Döblinger Gruppe des Verbandes sozialistischer Mittelschüler zu gründen. Sie jobte ein bißchen und ging dann nach Kanada, um sich in Montreal, der zweisprachigen Stadt, in Englisch und Französisch zu vervollkommnen. Dort mußte sie viele Monate als Kellnerin hart arbeiten. Schließlich landete sie in New York und bekam eine Stelle im österreichischen Generalkonsulat, dem Generalkonsul Gleißner, der Sohn des oberösterreichischen Landeshauptmannes, vorstand. Eines Tages, an Gretls Geburtstag, dem 15. März, telefonierte sie mit meiner Frau: „Im Oktober bin ich wieder zurück." Einige Monate später teilte sie mir mit: „Ich habe am 1. August, deinem Geburtstag, geheiratet." Sie übernahm später eine Berufung als Direktorstellvertreterin der ICD, einer Tochtergesellschaft der ÖIAG und führt jetzt selbständig eine Agentur in kulturellen Angelegenheiten.

Ihr Hauptverdienst aber ist, daß sie mir zu meinem siebzigsten Geburtstag meinen einzigen Enkel, Martin, der die schönsten Hoffnungen zu erfüllen scheint, schenkte. Er lag auf meinem Geburtstagstisch.

EIN NEUER ANFANG

„Ein neuer Frühling wird in der Heimat blühen ...“

Die ersten Russen

In der Nacht lieferten sich Deutsche und Russen in unserer Nähe beim Rudolfinerhaus eine Panzerschlacht. Die ganze Nacht hindurch hörte ich Stalinorgeln schießen. Erst in den Morgenstunden setzte sich die Rote Armee durch. Bald darauf kam der erste Russe und wollte etwas zu trinken. Ich bot ihm Kaffee an. Er schaute mißtrauisch. Was konnte so eine braune Flüssigkeit schon sein? Sie schien ihm fremd und zu gefährlich, und er schüttete den Kaffee weg und nahm sich statt dessen von der im Überschuß vorhandenen Milch. Dann ging er wieder.

Ich wartete ab. Einige Zeit später kamen andere Russen, die alles durchsuchten, wohl um festzustellen, ob für sie etwas Brauchbares dabei wäre. Den Rucksack mit Lebensmitteln, den ich für den Luftschutzkeller vorbereitet hatte, nahmen sie mit. Der Radioapparat, den sie in einem Kasten versteckt fanden, weil ich ihn nicht hatte abliefern wollen, da keine Zeitungen erschienen, interessierte sie nicht. Der Rundfunk hatte übrigens seine Sendungen eingestellt, um der Nazipropaganda Einhalt zu gebieten. Zum Schluß entdeckte einer zwei Äpfel, die auf einem Kasten lagen. Er steckte sie ein. An der Tür drehte er sich um und gab mir zu verstehen, daß er wissen wolle, ob ich Kinder hätte. Ich sagte ihm, daß ich zwei Töchter hätte. Da griff er in die Tasche und gab mir einen der Äpfel für die Kinder zurück, den anderen behielt er.

Tags darauf, wir schrieben den 10. April, erschien wieder eine Gruppe Russen. Zunächst ein bißchen schroff, änderte sich ihr Benehmen deutlich, als ich ihnen meine Lenin-Ausgabe mit einem Bild Lenins auf dem Umschlag zeigte. Außerdem versuchte ich ihnen verständlich zu machen, daß ich politisch verfolgt gewesen sei. Das imponierte ihnen offensichtlich und sicherte mir ihre Sympathie. Sie organisierten etwas zu essen und kamen später wieder, um es mit mir zu verzehren. Ich zeigte ihnen eine Geschichte der Russischen Revolution, die in Heften in den zwanziger Jahren herausgekommen war, und die ich hatte binden lassen. In den ersten zwanzig Heften gab es eine Anzahl Bilder mit Leo Trotzki. Von der einundzwanzigsten Lieferung ab war er, nach seinem Sturz, zur Unperson geworden und kam nicht mehr vor. Einer der Russen begann darin zu blättern. Bei jedem Bild, das er sah, sagte er entweder „Njet" oder „Charascho". Wenn der „njet" sagte, nahm er den Fingernagel seines Daumens und strich die Seite damit durch. Das sieht man bis heute. Vor allem die Bilder mit Trotzki hatten dem Russen mißfallen. Die anderen hatte er als systemkonform, also „charascho" befunden.

Plötzlich klopfte es, und als ich öffnete, da stand mein Schwager Pepo Afritsch vor der Tür. Er hatte das Hilfskomitee für die sozialistischen Feberopfer bei den Quäkern geleitet, war aber dann von einem der Betreuten verraten worden, weil er englische Sender gehört hatte. Nach neun Monaten Untersuchungshaft kam es zum Prozeß. Sein Richter, er hatte eine Wohnung im selben Haus, in dem ich wohnte, „arisiert", war als „Blutrichter" bekannt. Das Wort sagt wohl alles. Pepos beide Brüder und ich saßen in der ersten Reihe des Zuschauerraumes, als der Richter sein Urteil fällte: Mein Schwager bekam acht Monate. Das war unvorstellbar milde. Die neun Monate U-Haft wurden ihm angerechnet, und er durfte frei nach Hause, da die Gestapo, entgegen ihren sonstigen Gewohnheiten und im Vertrauen auf ein scharfes Urteil, noch keinen Antrag auf „Sicherheitsverwahrung", das heißt KZ, gestellt hatte. Pepo kam mit uns nach Hause. Das erste, was er tat, war, bei offenem Fenster Radio London zu hören! Auf Grund der Berufung der Gestapo wurde sein Fall jedoch noch einmal aufgenommen und er zu zwei Jahren Haft verurteilt. Daß er nicht gleich ins Gefängnis mußte, verdankte er seinem Chef, der als Nationalsozialist bekannt war und Pepos berufliche Qualifikation brauchte. Pepo, Gärtner von Beruf, wurde dafür herangezogen, kriegswichtige Betriebe, wie die Flugzeugmotorenfabrik in Wiener Neustadt, zwecks Tarnung zu begrünen. Eines Tages aber sagte sein Chef: „Lieber Herr Afritsch, ich kann Sie nicht länger halten." Pepo wußte: Wollte er nicht ins Gefängnis, mußte er jetzt untertauchen. Ich versorgte ihn damals mit Lebensmittelkarten, die ich im Schleichhandel gegen Metallmarken eintauschte. Diese wurden mir von meinen Kunden, die sie zur Produktion von Büroartikeln aus Metall benötigten, zur Verfügung gestellt. Ich wußte aber nicht, wo er sich gerade aufhielt, und wir verkehrten nur über einen Mittelsmann, da jeder persönliche Kontakt zu gefährlich war. Erst jetzt, da er vor mir stand und frei war, erfuhr ich, daß er die ganze Zeit über nur fünf Minuten von mir entfernt, bei Alfred Auer, einem seiner Mitarbeiter im Stadtgartenamt, Unterschlupf gefunden hatte.

Die ganze Nacht diskutierten wir. Was sollte jetzt geschehen? Er war Gemeindebediensteter gewesen, und sein Ziel war eine Funktion in der Gemeindeverwaltung. Er fragte mich nach meinen persönlichen Wünschen, und ich versuchte meine Vorstellungen zu formulieren. Ich war Bezirkssekretär gewesen. Für mich stand das Organisatorische der Partei im Mittelpunkt. Ich glaubte, entsprechende Fähigkeiten in der Zwischenkriegszeit bewiesen zu haben und wünschte mir einen größeren Wirkungskreis. „Naja", sagte ich schließlich, „ich möchte gerne Wiener Sekretär werden und in der Wiener Organisation arbeiten." Ich war überzeugt, daß ich gut dafür geeignet sein würde. Hatte ich nicht in der Döblinger Partei organisatorisch und kulturell wirken können? Nicht nur in meine eigenen Fähigkeiten Vertrauen setzend, kannte ich viele Menschen, auf deren Unterstützung ich hätte bauen können.

Es wurden an diesem Abend auch die Strukturen der Partei eingehend besprochen. Eine Belastung der aktiven Menschen war zum Beispiel die große Anzahl an Organisationsformen, von denen jede ihren eigenen Verwaltungsapparat hatte. Die meisten der Mitarbeiter kassierten Mitgliedsbeiträge für die Partei, aber auch für befreundete Gruppen, wie zum Beispiel Kinderfreunde, Naturfreunde, Turner, Freidenker usw. Das bedeutete für jeden eine wesentliche Belastung. Meine Vorstellungen gingen von einer Zusammenlegung der Funktionen aus. Das alles wollte ich in dieser Nacht erklären.

Am nächsten Tag bat ich Pepo vorsichtshalber zu Hause zu bleiben und auf die Wohnung aufzupassen. Doch bei ihm hatte meine Bitte und mein Rat keine Wirkung. Kaum war ich weg, machte er sich auf den Weg ins Rathaus.

„Du Burgomistr"

Als ich aus dem Haus trat, stand da ein Russe und sagte: „Ura, Ura." Ich hob meine Hand und schaute auf die Uhr. Weg war sie. Ich hatte nicht gewußt, daß sie sehr gerne Uhren wegnahmen. Also ging ich ohne Uhr los. Ich durchquerte die Krim. Dabei traf ich viele alte Genossen, alle mit roten Armbinden, die mehr oder weniger ziel- und planlos herumliefen und, als sie mich sahen, riefen: „Hör einmal, Karli, du muß hinaufgehen zum russischen Kommandanten und mit ihm reden. So geht das nicht weiter." Also ging ich „hinauf" zum russischen Kommandanten, der in der NSDAP-Ortsgruppe sein Quartier aufgeschlagen hatte. Seine Dolmetscherin fragte mich, was ich wolle. Ich sagte: „Ich wollte dem Kommandanten sagen, daß die Leute diese Unruhe und Unordnung nicht ertragen, die hier im Bezirk herrscht, und es muß ein bißchen mehr Ordnung in alles hineinkommen." Ich wußte schon, daß sich die Übergriffe nicht ganz verhindern ließen, aber man mußte wenigstens versuchen, Einhalt zu gebieten. Statt mir eine konkrete Antwort zu geben, fragte er mich alle möglichen Dinge und stellte schließlich die Frage, ob ich jemanden in Rußland kenne, der für mich bürgen könne. Ich verneinte. Es genierte ihn wenig, denn er klopfte mir auf die Schulter und sagte: „Du Burgomistr." Ich blickte zur Dolmetscherin und fragte: „Was heißt das?" Sie sagte: „Das heißt, Sie sind Bürgermeister von Döbling." Ich konterte: „Das ist doch ein Blödsinn." Sie sagte: „Nein, das ist ein Befehl."

Schon seit dem Einmarsch der Russen im Bezirk, sah man überall Plakate mit folgendem Inhalt: Die zivile Gewalt übt der Ortskommandant aus, der sie dem „Burgomistr" überträgt. Von da an war ich die „zivile Gewalt" - vermutlich der erste offizielle Funktionär in Österreich. Am 11. April 1945 um achtzehn Uhr schlug nach elf Jahren Faschismus und Naziterror die Geburtsstunde der Demokratie in Österreich. Es lag jetzt an mir, für Ruhe und Ordnung zu sorgen und die Basis für Wiederaufbau und Demokratie in diesem Bezirk herzustellen. Dem gegenüber stand das Chaos, das herrschte: Plünderungen, Übergriffe, Haß, Vergewaltigungen.

Ich kannte zwar viele Leute aus der Arbeiterschaft, vertrat aber die Meinung, daß es nicht richtig wäre, die Gefahren der kommenden Entwicklung allein zu verantworten. Als ich das dem Ortskommandanten, Major Babkow, erklärte und vorschlug, andere politische Kräfte zuzuziehen, meinte er, Ärzte und Rechtsanwälte, Wirte und Lebensmittelhändler im Auge habend: „Laden Sie diese Leute ein." - „Dann habe ich zweitausend Leute hier, und Sie lassen mich wegen Aufruhr erschießen. Außerdem weiß ich nicht, wer von ihnen Nationalsozialist war und wer nicht." - „Nun", fragte er, „wissen Sie etwas Besseres?" - „Meine Freunde haben regelmäßig die Kirchen besucht, weil wir wissen wollten, was die Pfarrer predigen und wie sie sich verhalten", antwortete ich. „Ich weiß, daß keiner in Döbling antisemitisch gepredigt oder den Führer verherrlicht hat. Sie hinzuzuziehen, wäre eine Möglichkeit." In anderen Bezirken gab es stark vom nationalsozialistischen Geist beeinflußte Priester.

Sofort schickte der Kommandant nach dem Pfarrer dieses Pfarrsprengels, der Krim. Es war ein kleines, schmächtiges Männchen. Ein riesiger russischer Gardist packte ihn ohne Worte am Kragen und schleppte ihn, der vor Angst zitterte, weil er nicht wußte, was mit ihm geschehen würde, durch das Viertel zur Kommandantur. Als er mich sah, wurde er ruhiger und erzählte mir, daß er mich schon von früher kenne. Er hieß Zeininger und hatte vierzehn Monate im KZ verbracht, im neuen Österreich war er Bundesseelsorger der Katholischen Jugend und wurde Weihbischof. Aus dieser ersten Begegnung entstand eine wirkliche Freundschaft, die bis heute dauert. Als ich ihm den Vorschlag unterbreitete, beim Aufbau des Bezirkes mitzuhelfen, schlug seine Stimmung in Begeisterung um.

Am nächsten Tag ließ ich die anderen Pfarrer des Bezirkes bitten, zu mir zu kommen, und setzte ihnen meinen Wunsch nach ihrer Mitarbeit auseinander. Der Dechant von Döbling sagte sofort, auf Grund einer Weisung von Kardinal Innitzer sei es ihnen nicht erlaubt, sich politisch zu betätigen. Ich sagte: „Gut, ich verstehe eure Entscheidung, wenn ihr dem Verbot unterliegt, euch an politischer Arbeit zu beteiligen. Ihr kennt aber doch sicher Leute aus eurem Pfarrsprengel, die niemals Nazis waren und die verläßliche Österreicher sind." Jeder der sechs Pfarrer, die gekommen waren, konnte mir einen Mann oder eine Frau nennen. Mit Döblinger Freunden hatten wir schon im März eine Liste erstellt, die nach der Befreiung in erster Linie für eine Mitarbeit heranzuziehen wären. Es ging alles nicht sehr offiziell zu, aber um wenigstens irgendeine öffentliche Resonanz zu haben, versuchte ich, so viele Leute wie möglich zusammenzutrommeln, um sie in die Entscheidung, wer in der ersten Bezirksverwaltung vertreten sein sollte, miteinzubeziehen. Auf ihren Wunsch tauschten wir einen Vorgeschlagenen aus. Der an seiner Stelle Genannte entpuppte sich aber letztlich als ehemaliger Nationalsozialist und mußte dann gehen.

Jetzt suchte ich noch nach Vertretern des liberalen Bürgertums, die, meiner Meinung nach, auch bei der Aufbauarbeit des Bezirks vertreten sein sollten. Es gab zwei Leute, einen Professor, Karl Wolff, der Jurist war, und einen akademischen Maler, Alexander Hartmann. Von beiden wußte ich, daß sie keine Nationalsozialisten gewesen waren. So bestand die erste Bezirksvertretung im Jahre 1945 aus zwölf Vertretern der Arbeiterschaft, sechs Vertretern des katholischen Bürgertums und zwei liberalen Intellektuellen. Es war die erste demokratische Körperschaft in Österreich. Rasch teilten wir uns die Arbeit ein. Robert Weisz stand an der Spitze des Sekretariats.

Wir installierten ein Referat für Arbeitseinsatz, das dafür Sorge tragen sollte, den Anforderungen der Besatzungsmacht entgegenzukommen und so auch verhindern konnte, daß man die Menschen willkürlich von der Straße weg für verschiedene Arbeiten heranzog. Dieses wurde sehr bald auf die Probe gestellt, als bekannt wurde, daß die Wlassowtruppen, weißgardistische Russen, die auf der Seite der Nationalsozialisten gekämpft hatten, sich bei Klosterneuburg sammelten, und man befürchten mußte, daß sie von Norden her nach Wien einfallen würden. Da bekam ich die Weisung, Leute zum Ausheben von Gräben und zum Errichten von Schanzen aufzutreiben. Es war dem Major nicht ganz klar, ob nicht auch der Bezirk geräumt werden mußte. Die Lage war gespannt. „Und was geschieht“, fragte ich, „wenn sie euch überrennen?“ - „Dann ziehen wir uns zurück.“ - „Und was passiert mit mir? Wie soll ich mich verhalten?“ bohrte ich weiter. „Sie müssen auf Ihrem Posten bleiben. Sie bleiben natürlich da.“ Eine tröstliche Aussicht. Aber wie so oft, hatte ich Glück. Es kam nicht dazu.

Wir führten eine Art Gesundheitsreferat ein und versuchten, die große Seuchengefahr, die bestand, zu minimieren und eine ärztliche Versorgung, die nahezu vollkommen zusammengebrochen war, einzurichten. Diese Arbeit übernahm Gottfried Strohschneider.

Daneben kam der Ernährungsfrage große Bedeutung zu. Karl Schwendner versuchte sie zu regeln. An einem der nächsten Tage kam er und berichtete: „Ich habe drei Waggons Erdäpfelmehl aufgetrieben. Was soll ich damit machen?“ - „Das ist doch klar“, war die Antwort. „Beschlagnahmen. Dann teilst du das Erdäpfelmehl sofort auf alle Bäcker des Bezirks auf. Ich weiß, daß jeder von ihnen schwarze Lager an Getreidemehl hat, die er so verbirgt, daß ich sie nicht erreichen kann. Aber wir werden die Auflage erteilen, daß sie Brot aus halb Erdäpfel-, halb Getreidemehl backen müssen. Dann werden sie auch ihr gehortetes Mehl verwenden.“ Und so wurde wirklich innerhalb der ersten vierzehn Tage nach der Befreiung in Döbling Brot gebacken. Das war einzigartig in ganz Wien. Jeder Döblinger bekam ein halbes Kilogramm Brot zugeteilt. Es war zwar wenig, aber wir konnten den Leuten wenigstens etwas zu essen geben.

Jahre später kam Schwendner, mein Nachfolger als Bezirksvorsteher, zu mir: „Du, ich habe eine Vorladung wegen Diebstahls.“ Ich fragte: „Was soll das heißen?“ „Nun, weißt du noch? Ich habe das Erdäpfelmehl damals angeblich gestohlen.“ Jemand hatte gegen ihn Anzeige erstattet. Ich meldete mich als Zeuge: „Ich bin zum damaligen Zeitpunkt, laut Besatzungsrecht, das anerkannt wurde, allein befugnisberechtigt gewesen. Daher habe ich den Herrn Schwendner beauftragt, das Mehl zu beschlagnahmen. Wenn Sie wollen, können Sie mich anzeigen und vom Parlament meine Auslieferung verlangen. Ich werde mich dafür einsetzen, daß ich ausgeliefert werde.“ Das Verfahren wurde eingestellt.

Franz Opfermann und Karl Käfer übernahmen die Verantwortung für den Arbeitseinsatz für die Entfernung von Schutt und die Wegführung der Leichen in den Straßen des Bezirks sowie für die von der Besatzungsmacht verlangten Arbeiten.

Den nächsten großen Aufbauschritt unternahm ich ebenfalls sofort. Da sowohl die Polizei als auch die Feuerwehr nach Westen gebracht worden waren, drängte ich darauf, eine neue Polizei aufzustellen. Für diese Aufgabe schienen mir die ehemaligen Schutzbündler geeignet, von denen fast niemand zu den Nationalsozialisten und nur wenige zu den Kommunisten übergegangen waren. Ich bestellte sie in die Realschule in der Krottenbachstraße, in der wir das Büro der Bezirksvertretung eingerichtet hatten.

Wir wählten diese Schule zu unserem Quartier, da ich der Meinung war, es sollte jeder Zusammenhang mit den Behörden der Nazizeit vermieden werden. Unter den Nationalsozialisten befand sich die Bezirksverwaltung in dem Gebäude in der Gatterburggasse, wo sie auch heute untergebracht ist. Ich wollte nicht, daß es wie eine geradlinige Fortsetzung aussah. Die letzte Bezirksamtsleiterin begann nach ungefähr vierzehn Tagen wieder zu amtieren, was ich, sehr zu ihrem Zorn, unterband. Sie durfte nicht einfach die Tätigkeit fortsetzen, die sie im Auftrag der Nationalsozialisten ausgeführt hatte.

Zum Kommandanten, Major Babkow, sagte ich: „Ich habe für morgen die Leute, die ich für die Polizei haben will, zu mir bestellt.

Es sind Männer, die im Karl-Marx-Hof gegen den Faschismus gekämpft haben. Es würde mich freuen, wenn Sie dort eine kleine Ansprache halten und den Leuten sagen könnten, was sie zu tun haben." Als die Männer erschienen, es waren ungefähr hundertfünfzig, forderte ich sie auf, sich für die Polizei zur Verfügung zu stellen, nannte es eine Parteipflicht und Notwendigkeit der Situation. „Wir müssen die Ordnung aufrechterhalten", sagte ich. Sie nahmen es zur Kenntnis und ließen sich als Polizei einschreiben. Dann kam Babkow, sehr derangiert. Er hielt einen Nachruf auf Roosevelt, der, wie er erzählte, eben gestorben war. Da es keine Zeitungen und keinen Rundfunk gab, war uns das nicht bekannt. Nachher sagte ich zum Major: „Eigentlich dachte ich, Sie würden sagen, daß die Russen die Marx-Hof-Kämpfer besonders hochschätzen." Er antwortete: „Ich habe über Roosevelt geredet, weil wir alle geglaubt haben, in fünf, sechs Monaten sind wir wieder zu Hause. Jetzt wissen wir, daß wir zehn Jahre bleiben müssen." Ich verstand nicht, was er damit meinte.

Jahre später sprach ich bei einem Empfang in der russischen Botschaft einen bekannten russischen Schriftsteller, der dem Generalstab angehörte, darauf an. „Der Major hat vollkommen recht gehabt", sagte er. „Wir alle waren erschüttert über Roosevelts Tod, da wir wußten, daß er ein Arrangement über den Wiederaufbau der von den Deutschen zerstörten Gebiete getroffen hatte, das die Amerikaner nur dann halten würden, wenn Roosevelt lebte. Sein Nachfolger, Truman, so vermuteten wir richtig, würde keineswegs bereit sein, den für den Wiederaufbau benötigten Betrag zur Verfügung zu stellen. Er zog diese Zusage zurück und forderte die rasche Bezahlung für das aus den USA gelieferte Kriegsmaterial." Der Tod Roosevelts war der Beginn des Kalten Krieges. Jetzt verstand ich den Major.

Noch ahnte man nichts von den Auswirkungen auf die Politik in Österreich, da sagte der russische Kommandant eines Tages: „Ich muß Sie dem NKWD vorstellen." Der NKWD ist der russische Geheimdienst. Er fuhr mit mir ins Hotel Imperial, in dem die russische Kommandantur untergebracht war. - Ich wurde dort einigen Offizieren vorgeführt. Sie sprachen alle deutsch und befragten mich nach meiner politischen und persönlichen Vergangenheit. Meine Antworten dürften zufriedenstellend gewesen sein, denn sie gestatteten dem Kommandanten, mich weiter zu behalten.

Da mir der Major verboten hatte, meinen Bezirk zu verlassen, hielt ich die Gelegenheit für günstig, mich noch ein bißchen im ersten Bezirk umzusehen. „Jetzt, da ich schon in der Stadt bin, möchte ich mich gerne dem Bürgermeister von Wien vorstellen", sagte ich und bekam zwei Stunden „Urlaub".

Ausflug ins Rathaus und die Folgen

Im Rathaus begab ich mich in den Empfangsraum der Bürgermeisterkanzlei, den sogenannten Roten Salon. In diesem Roten Salon entwickelte sich damals das österreichische politische Leben. An jedem Tisch saß irgendeine Gruppe von Menschen, die Vorbereitungen für die Wiedererrichtung der verschiedenen Organisationen besprachen. An einem Tisch saßen illegale Gewerkschafter aller Richtungen und einigten sich unter dem Vorsitz von Johann Böhm, eine gemeinsame Gewerkschaft zu schaffen, also die Einheitsgewerkschaft, die bis heute besteht. An einem anderen Tisch saßen die „alten" Sozialdemokraten und an einem dritten die „jungen" Revolutionären Sozialisten. Die „alten" Sozialdemokraten waren Leute wie Renner und seine Freunde, die immer konsensfreudig mit den Christlichsozialen zusammengearbeitet hatten. Die RSler standen zu ihnen im revolutionären Widerspruch. Im Grunde waren die beiden Gruppen einander spinnefeind. Adolf Schärf übernahm es, zwischen den beiden Tischen pendelnd, den Versuch einer Vermittlung zu unternehmen. Ich ging durch diesen Raum, in dem sich auch noch andere, sich eben konstituierende Gruppen aufhielten, in die Kanzlei des Wiener Bürgermeisters und wollte Theodor Körner begrüßen, der seit 17. April dieses Amt innehatte. In seiner Kanzlei, er selbst war leider abwesend, wurden Verhandlungen zwischen den Sozialisten Adolf Schärf und Pepo Afritsch und den Kommunisten Ernst Fischer und Friedrich Franz Eder über den Aufbau der einzelnen Nebenorganisationen der Arbeiterbewegung gepflogen. Sie waren gerade dabei, sich über gemeinsame Organisationen zu unterhalten, was ihnen, bis auf getrennt aufgebaute Jugendorganisationen, sehr sinnvoll erschien. Ernst Fischer trachtete auch nach einer gemeinsamen Jugendorganisation und wollte gerade ein bißchen Druck dahintersetzen, als ihm Schärf ins Wort fiel: „Ob die Mehrheit der Arbeiter hinter Ihnen steht, wird sich erst zeigen, nach dem, was vorgefallen ist." Es war eine scharfe Anspielung auf das Benehmen der russischen Armee. „Wollen Sie wirklich mit den Vergewaltigungen Politik machen?" gab Fischer zurück.

Fischer begrüßte mich sehr herzlich. Er hatte schon erfahren, daß ich der einzige Wiener war, der sich in der Zeit des Naziregimes getraut hatte, seine in Wien lebende Mutter regelmäßig zu besuchen. Sie stammte aus einem alten Adelsgeschlecht und besaß eine prägnante Hakennase, was allgemein als jüdisches Kennzeichen galt. Deswegen hatte sie all die Jahre nicht gewagt, sich auf der Straße blicken zu lassen. Schärf bemerkte die freundschaftliche Geste des Dankes und sagte zu mir gewandt, als eine Art Warnung an Fischer: „Ich möchte bestätigen, daß du immer der Partei gegenüber loyal warst." Und er hatte recht, denn aus mir war eben nicht, wie aus so vielen anderen, ein Kommunist geworden.

Fischer nahm das noch nicht ganz zur Kenntnis und bat mich eindringlich um eine Aussprache. „Ich habe aber nur zwei Stunden Urlaub von meinem Bezirkskommandanten. Länger kann ich nicht wegbleiben", erwiderte ich. Er machte eine wegwerfende Handbewegung. „Das werden wir uns schon richten", meinte er. In einem Auto brachte er mich in die Schottenfeldgasse, wo damals die KP residierte. Hier kam es zu einem langen Gespräch zwischen Koplenig, Fischer und mir. „Du mußt zu uns kommen", sagte Fischer, „du bist aus der Linken. Du hast in der Linken dieselbe Haltung eingenommen, die wir heute einnehmen." Ich aber sagte: „Ernst, du weißt genau, daß ich immer der Auffassung war, der Intellektuelle gehört dorthin, wo die Arbeiter sind. Denn er soll ihr Sprachrohr sein. Wenn ich zu einer anderen Gruppe gehe, als der, wo die Arbeiter sind, dann kann ich diese Aufgabe nicht erfüllen." - „Ich verstehe dich", erwiderte Fischer, „aber eines ist doch selbstverständlich. Die Arbeiter werden alle auf kommunistischer Seite sein. Kleinbürger und Beamte werden die sozialistische Bewegung bilden." Ich sagte nur: „Du täuschst dich." Ich wußte genau, daß er nicht recht haben konnte und einer Täuschung unterlag.

Interessiert an der Stimmung der Arbeiterschaft, hatte ich vorher schon einen Test vorgenommen. Ein früherer Parteifunktionär, Otto Schindler, Betriebsratsobmann bei Gräf und Stift, hatte mich gefragt: „Wo gehst du hin?" Ich antwortete: „Ich gehe dorthin, wo die Arbeiter sind, zur Sozialdemokratie." „Gut", meinte er, „da gehe ich auch hin." Ein paar Tage später war er wieder bei mir. „Was soll ich jetzt tun? Der Lois sagt (er meinte damit den führenden kommunistischen Betriebsrat bei Gräf und Stift, Alois Bauer), man muß in der Demokratie der Partei beitreten. Soll ich beitreten?" Ich überlegte. Mit „der Partei" hatte er wahrscheinlich die kommunistische gemeint. „Natürlich muß man in der Demokratie einer Partei beitreten. Einer der Parteien, denn in einer Demokratie gibt es mehrere Parteien", antwortete ich und versuchte, ihm den Unterschied deutlich zu machen. „Damit wir feststellen, welcher Partei du beitreten sollst, werdet ihr am Samstag nach der Auszahlung zwei Tische aufstellen. An einem wirst du, der Sozialist, sitzen, an dem anderen Lois, der Kommunist. Wenn die Leute herauskommen, sollen sie sich für eine Partei entscheiden und unterschreiben.“ Das Resultat war eindeutig. Fünfundachtzig Prozent schrieben sich bei Schindler ein, zwölf Prozent bei Bauer, nur drei Prozent entschieden sich für keine der beiden Parteien. So wußte ich genau, daß die Stimmung in der Arbeiterschaft für die Sozialisten war.

Ich sagte also noch einmal zu Ernst Fischer: „Das wird nicht so sein, wie du glaubst.“ Jetzt sah Fischer den Zeitpunkt gekommen, ein anderes Argument aus der Tasche zu ziehen. „Ich verstehe deinen Standpunkt nicht ganz“, begann er, „zumal mir berichtet wurde, daß du sowieso ein altes Mitglied der Partei bist.“ Wie bitte? Ich versuchte mich zu erinnern. Da fiel mir ein, daß ich 1934, als ich von Wöllersdorf zurückgekommen war, obwohl ich kein Geld hatte, mich verpflichtete, monatlich einen bestimmten Betrag für die Verfolgten abzuliefern. Das tat ich von 1934 bis 1945. Den Betrag gab ich an Hella Postranetzky mit der ausdrücklichen Bestimmung, daß mein Beitrag für die Verfolgten von beiden Seiten, also für Sozialisten und Kommunisten, zu verwenden sei. In der Zwischenzeit war Postranetzky zu den Kommunisten gegangen, und mein hart erspartes Geld wurde jetzt mißverständlicherweise als Mitgliedsbeitrag interpretiert. Ohne große Freude nahm Fischer den nun richtiggestellten Sachverhalt zur Kenntnis. Ich blieb Fischer gegenüber bei meinem Entschluß: Kein Beitritt zur KP, aber meine Unterstützung, soweit sie mir möglich wäre.

Nachdem die politischen Zentren geschaffen waren, begannen sich langsam auch in allen Bezirken Organisationen zu bilden. Jeden Tag kam eine andere Gruppe von Leuten zu mir und berichteten: „Wir haben uns als Bezirkskomitee der KP konstituiert.“ Fünf solche Gruppen kamen an fünf aufeinanderfolgenden Tagen zu mir. Keine wußte von der anderen. Die illegalen Zellen war so organisiert, daß sie gegen außen abgeschirmt waren. Sie konnten und durften sich also nicht kennen, insbesondere diejenigen Zellen, die auf demselben Terrain arbeiteten. Jetzt hatte eben jede der Gruppen das Gefühl, die KP in Döbling aufbauen zu müssen. Ich sagte ihnen: „Kommt alle gemeinsam hierher und konstituiert euch. Ich kann nur eine Bezirksorganisation der KP brauchen. Ich kann nicht mit fünf verschiedenen Gruppen über die jetzt anstehenden Probleme verhandeln.“ Sie verstanden das, und so wurde unter meiner Schirmherrschaft die KP in Döbling gegründet.

Uns, die Sozialisten, formell zu organisieren, schien mir noch nicht notwendig, obwohl Oskar Helmer jeden Tag kam und sagte: „Du mußt endlich die Partei aufbauen. Das ist ein schwerer Fehler, wenn du das nicht tust.“ Ich verteidigte mich: „Das ist nicht notwendig. Wir hier im Bezirk wissen, daß wir zusammengehören, wir haben es die ganze NS-Zeit hindurch gewußt. Außerdem ist es viel besser, wenn die Leute sehen, daß ihnen einer hilft, und sie dann später sehen, daß vor allem Sozialisten ihnen geholfen haben.“ Meine Mitarbeiter waren größtenteils alte Sozialdemokraten, die alle schon vor 1934 zu meinem persönlichen Freundeskreis gehört hatten. Eine offene Organisation war im Moment so wenig notwendig wie in der Illegalität möglich. Ich ließ mich nicht drängen. Helmer war damit natürlich nicht einverstanden, und da er unbedingt etwas tun wollte, bot ich ihm an, sich um die Polizei zu kümmern. Das war natürlich eine diffizile Aufgabe, und er schreckte davor zurück. „Das kann ich nicht“, war sein Argument, „davon verstehe ich nichts.“ Einige Monate später war er Innenminister, das bedeutete: Der oberste Chef der Polizei. Als es später einmal auf Grund der Weigerung, zwei sozialistische Bezirkspolizeikommandanten, die sich seit 1945 bewährt hatten, zu pragmatisieren, zu Meinungsverschiedenheiten zwischen uns kam, weil er der Ansicht war, die beiden hätten nicht die notwendige Vorbildung, konnte ich mich nicht zurückhalten und sagte: „Ich kenne einen Mann, der mir im April 1945 gesagt hat, er verstünde nichts von der Polizei und wolle nichts mir ihr zu tun haben. Er ist heute Innenminister und heißt Oskar Helmer.“ Unter Druck der Teilnehmer an der Sitzung beharrte er dann nicht länger auf seiner Weigerung, umso mehr als Karl Maisel, Obmann der SPÖ Landstraße, mich unterstützte, weil der zweite Polizist, um den es sich handelte, aus seinem Bezirk kam.

Nun brauchte ich ein Gegengewicht zur KP im Bezirk. Ich bat meinen Freund Gottfried Strohschneider, einen der bürgerlich-katholischen Vertreter: „Gottfried, wir brauchen eine ÖVP!“ Er antwortete: „Ich will nichts mit Politik zu tun haben. Laß mich damit in Ruhe. Ich mach das nicht.“ Ich gab aber nicht auf und überzeugte ihn schließlich. „Aber du mußt den Leuten erklären, warum sie sich als ÖVP konstituieren sollen“, sagte er am Ende ein bißchen trotzig. Ich lachte: „Das ist wirklich zuviel verlangt, daß ich das Gründungsreferat der ÖVP im Bezirk halten soll.“ Das sah er ein. „Aber die Leute müssen wissen, daß du dafür bist.“ So machten wir uns aus, daß er im Parterre die Konstituierung der ÖVP vornehmen und, wenn es gegen das Ende ging, er jemanden zu mir in mein Büro schicken sollte. Ich würde dann wie zufällig die Stiegen herunterkommen und fragen: „Leutln, was macht ihr da?" Sie würden antworten: „Wir haben eine Bezirksgruppe der ÖVP gegründet." Daraufhin würde ich ihnen auf die Schulter klopfen und „wunderbar, ausgezeichnet, ich bin sehr einverstanden" sagen. Genauso geschah es, und alle hatten das Gefühl, von mir als dem von der Besatzungsmacht mit der Führung des Bezirks Betrauten anerkannt zu sein.

Am selben Abend rief ich dann meine Freunde zusammen, und wir konstituierten uns als provisorischer Bezirksvorstand der SPÖ Döbling. Einstimmig bestimmten sie mich als Obmann. Damals vereinbarten wir noch etwas, das historisch werden sollte. Bei zukünftigen Wahlen sollte jeder dritte Platz einer Frau vorbehalten sein. Ich wollte nicht, wie die Regelung der Sozialdemokraten es bei den Wahlen 1919 vorgeschrieben hatte, daß der zweite Platz von einer Frau zu besetzen sei und dann mit größter Wahrscheinlichkeit nur mehr Männer auf der Liste folgen. Nein, jeder dritte Platz, also auch der sechste, der neunte usw, sollte für die Frauen reserviert werden. Es war, glaube ich, damals schon eine Leistung, dieses Drittel für die Vertretung der Frauen zu sichern. Diesen Beschluß haben wir bis heute durchgehalten.

Da die Zahl an Mitarbeitern nicht groß genug war, teilten wir den Bezirk in drei Gebiete und diese wieder in Sprengel. Sie entsprachen genau der alten Sektionseinteilung, vermehrt dadurch, daß durch die Einverleibung von Neustift und Glanzing in der Nazizeit zwei neue Sprengel dazukamen. Später wurden sie als Sektionen, also eine Teilorganisation mit selbständiger Tätigkeit im Gegensatz zum vom Gebiet abhängigen Sprengel, konstituiert.

Zu meinen Stellvertretern wurden die beiden bestellt, die schon seit 1921 mit mir eng zusammengearbeitet hatten: Josef Wiedermann und Josefa Popp. Wiedermann war zu diesem Zeitpunkt noch als Soldat in Norwegen, er kam erst im Laufe des Sommers zurück. Er sollte die Aufsicht über die Sekretariatstätigkeit übernehmen. Popp führte einstweilen die Bezirksgeschäfte allein, unterstützt von Paula Passauer. Wir waren die einzige Organisation, die zu diesem Zeitpunkt über eigene finanzielle Mittel verfügte. Viktor Klose, der neben Wiedermann zweiter Kassier gewesen war, hatte die Kassa vor den Kämpfen im Feber 1934 an Franz Opfermann zur Aufbewahrung weitergegeben, der sie die elf Jahre hindurch versteckt hatte. Aus den weit mehr als viertausend Schillingen vom Feber 1934 waren ungefähr dreitausend Mark geworden, eine Summe, mit der wir, nach Abzug eines Betrages der zur Unterstützung von politisch Verfolgten verwendet worden war, zu arbeiten beginnen konnten.

Jetzt benötigten wir nur noch einen Platz für das Parteisekretariat. Ich hatte für diesen Zweck schon Mitte April zwei Villen in der Billrothstraße beschlagnahmt, deren Vergangenheit ein Stück Zeitgeschichte dokumentierte. Da sich die Villen im jüdischen Eigentum befunden hatten, wurden sie im Jahre 1938 von den Nationalsozialisten arisiert. Eine richteten sie als Schwesternhelferinnenheim ein, die andere als SS-Mannschaftshaus. Kam ein SS-Mann durch Wien, konnte er in diesem Haus übernachten. Es gab dort lauter Kabinen, in denen nichts als ein Bett stand. Die Schwesternhelferinnen stammten aus Norwegen, Belgien, Holland und Dänemark und waren schöne, blonde, blauäugige Mädchen. Zwischen den beiden Villen gab es einen Verbindungsgang. Ich nehme an, daß solche „Einrichtungen", zu denen vor allem Frauen aus besiegten Ländern herangezogen wurden, bei der SS üblich waren. Was dieser „Dienst" für die Frauen bedeutet haben muß, ist leicht vorstellbar. Bei einem Luftangriff auf Döbling flüchteten sie in einen Luftschutzkeller, den eine Bombe traf. Keines der rund siebzig Mädchen überlebte.

Der Engel von Döbling

Ich ging gerade mit Lyda, der russischen Dolmetscherin, einer sehr hübschen, intelligenten und gewinnenden Frau, die uns bei unseren Anliegen tatkräftig unterstützte und die wir alle sehr schätzten, so daß sie sogar den Beinamen „Engel von Döbling" bekam, durch die Krottenbachstraße, als wir Schreie hörten. Wir liefen ins Haus, um zu helfen. Nach einem Saufgelage mit einer Frau und deren beiden Töchtern hatten zwei Russen versucht, „zudringlich" zu werden. Durch die Schreie erschreckt, sahen wir sie gerade davonrennen. Es war noch einmal gutgegangen. Sofort bat ich Lyda, den Kommandanten davon in Kenntnis zu setzen. Mir waren bei solchen Vorgängen die Hände gebunden, und ich konnte nur versuchen mit Lydas Hilfe eine Bestrafung der beiden zu verlangen.

„Wissen Sie", sagte Lyda danach, „ich versuchte, Ihnen behilflich zu sein, aber es ist nicht leicht für mich. Ich muß Ihnen erzählen, wie es mir gegangen ist. Ich bin Studentin für Flugzeugtechnik in Kiew gewesen. An dem Tag, an dem die Deutschen eingezogen sind, bin ich sofort in die Offiziersmenage dienstverpflichtet worden. Ich mußte den Offizieren den ganzen Tag servieren. Und in der Nacht habe ich auch mindestens vier- oder fünfmal ‚bedienen' müssen. Monatelang. Als ich ganz kaputt war, haben sie mich nach Wien in eine Fabrik geschickt. Da habe ich Knopflöcher genäht." Sie erzählte das ganz schlicht. In ihren Worten steckte Traurigkeit und Kraft zugleich. Was empfand sie wohl bei den „Zwischenfällen", wie jenem, zu dem wir eben gekommen waren, die aber tagtäglich vorkamen?

Ich weiß von einer Begebenheit, nach der der russische Kommandant wegen einer Vergewaltigung auf Lydas Betreiben hin sehr streng durchgriff. Nachdem man ihm den Täter vorgeführt hatte, fragte er: „Bist du Komsomolze?" Das ist die Bezeichnung für einen Angehörigen der kommunistischen Jugendorganisation. „Ja." Der Kommandant verlangte sein Mitgliedsbuch und zerriß es vor seinen Augen. Er mußte sich sofort bei einer Einheit melden, die besonders gefährdet war, wie Minen entschärfen und ähnliches. Er durfte nie mehr normalen Dienst machen. Ein „Komsomolze", der bei so etwas erwischt wurde, war vogelfrei.

Fast jeden Tag war ich mit neuen Schwierigkeiten konfrontiert, die ich irgendwie überwinden mußte. Der Kommandant hatte mir nicht nur die zivile Gewalt übertragen, sondern damit auch die Aufgabe, alle möglichen Probleme zu lösen, die er nun an mich delegierte und manchmal mit dem Beisatz schmückte: „Wenn Sie das nicht tun, werden Sie erschossen." „Lieber gleich erschießen", sagte ich einmal, „denn das kann ich nicht." Er hatte von mir verlangt, die Wasserversorgung im Bezirk innerhalb von vierundzwanzig Stunden in Ordnung zu bringen. Ohne Zweifel war es unerträglich, ohne Wasser zu leben. Die Leute stellten sich an den Hydranten um Wasser an. Doch es war genauso unmöglich, daß wir Döblinger allein die Leitung vom Schneeberg bis zu uns in kürzester Zeit in Ordnung bringen hätten können. Es war beim besten Willen nicht machbar. Glücklicherweise verstand das der Kommandant und ließ mich nicht erschießen.

Ein anderes Mal waren seine Anweisungen sehr vage und ich mußte immer darauf gefaßt sein, eine Überraschung zu erleben. So erging es mir auch, als er mich einmal nach Klosterneuburg mitnahm, um „irgendwelche Bestände" zu übernehmen. Was ich vorfand, waren drei Schlepper mit dem ganzen Feuerwehrmaterial von Wien, das die Nationalsozialisten vor dem Einmarsch der Russen nach Westen verschleppt hatten. Die Russen hatten das Material in Urfahr gefunden. Jetzt lag es sozusagen in meinen Händen. Ich hoffte, daß möglichst wenig gestohlen würde, bis ich herausgefunden hatte, wer für diese Feuerwehrgeräte wirklich zuständig war. Denn daß ich es nicht war, wußte ich. Ich überließ es erleichtert Josef Holaubek, jetzt Feuerwehrkommandant für Wien, den ich von der Jugendbewegung und von meinem Schwager Pepo Afritsch her kannte. Er bewährte sich in weiterer Folge als Branddirektor so sehr, daß er 1946 für die Stelle des zurückgetretenen Polizeipräsidenten im Gespräch war. Da diese Position in unser sozialistisches Gebiet gehörte, hatte Afritsch der Partei Holaubek vorgeschlagen. Am Abend vor der Nominierung wurde Holaubek in Kenntnis gesetzt. Am nächsten Tag war er unauffindbar. Das Bundeskanzleramt wartete auf „Joschi". Rosa Jochmann, die beauftragt wurde, ihn zu suchen, gelang es schließlich, seiner in einer entlegenen Wachstube habhaft zu werden. Im Kanzleramt redeten wir ihm alle gut zu bis die Regierungssitzung begann. Da ich nicht zur Regierung gehörte, beauftragte man mich, während der Zeit der Sitzung auf ihn aufzupassen und ihn nicht aus den Augen zu lassen. Das tat ich bis Schärf herauskam und zu ihm sagte: „Die Regierung hat beschlossen, daß du Polizeipräsident wirst." Da nahm er es zur Kenntnis.

In Döbling gab es bereits Mitte April einen Ansatz einer Feuerwehr, die acht alte Feuerwehrleute organisierten. Sie waren eigentlich schon in Pension und hatten sich angeboten, mit ein paar alten Spritzen und Schläuchen für etwaige Brände, so gut es ging, zur Verfügung zu stehen. Es war rührend, wie sie die Aufgabe erfüllten, für die sie früher auch da waren und damit begannen, die Feuerwehr wieder aufzubauen. Das war wirklich „ein Tropfen auf den heißen Stein".

Ein anderes Mal überraschte mich der Kommandant damit, daß er mein Büro inspizierte und dabei den blanken Boden sah, auf dem meine spärlichen Möbel standen. „Also so geht das nicht", gab er endlich von sich. „Wenn Sie die Leute empfangen, müssen Sie viel vornehmer auftreten. Sie brauchen einen Teppich." Ich wehrte mich. „Das, was ich den Leuten meist mitteilen muß, sagt man besser auf blankem Boden als auf einem Teppich." Das hat mir aber nichts genützt. Als ich am nächsten Tag kam, lag ein riesiger roter Teppich in meinem Büro. Er hatte ihn wohl beschlagnahmen und in meiner Abwesenheit aufbreiten lassen. Ähnlich der Geschichte mit dem Erdäpfelmehl flatterte mir lange danach eine Anzeige gegen unbekannte Täter wegen Diebstahls eines Teppichs ins Haus. Ich konnte die Sache leicht aufklären.

Nach wie vor aber kämpften wir einen täglichen Kampf mit der Ernährungslage. Eines Tages kamen die „Greißler" des Bezirks zu mir und sagten, sie müßten ihre Läden schließen, da sie keine

Waren mehr hätten, die sie verkaufen könnten. Ihr ständiger Lieferant, die Großhandelsfirma Kainz & Partik, weigerte sich, auf Grund eines Befehles des kommunistischen Währinger Bürgermeisters, sie wie bisher zu beliefern. Die Firma hatte ihren Sitz in Währing, und ich fand heraus, daß der dortige Bürgermeister eine Art Ausfuhrsperre erlassen hatte. Ich rief ihn an: „Nein", sagte er auf mein Ersuchen, diese Sperre rückgängig zu machen, „was wir haben, haben wir." Er war nicht bereit, auch nur einen Millimeter nachzugeben. Da fiel mir ein, daß es in Döbling und Währing sehr viele kleine Milchmeiereien gab. Die Futtermittelhandlungen lagen aber, wegen der Nähe zur Donau, ausschließlich in Döbling. Also erließ ich ein Ausfuhrverbot für Futtermittel. Jetzt begann er zu telefonieren. Ich aber vertrat die Meinung: „So lange du die Großhandelsfirma sperrst, sperre ich die Futtermittel." Erst als die Kühe in Währing vor Hunger zu brüllen begannen, wurde der „Krieg" beigelegt. Währing bekam Futtermittel und Kainz & Partik konnten wieder unsere Greißler beliefern.

Trotzdem war es kein Wunder, daß wir uns sehr freuten, als die Russen uns großzügigerweise eine Rinderherde, die sie in Weidling beschlagnahmt hatten, schenkten. Holen, so meinten sie, müßten wir sie schon selber. Wir machten uns auf den Weg. An der Grenze von Weidling standen die Bauern mit Dreschflegeln und finsteren Gesichtern, wild entschlossen, ihr Hab und Gut zu verteidigen. Wir hatten keine Chance unser „Geschenk" nach Hause zu bringen.

Natürlich stellte alles, was man zum Essen organisieren konnte, eine wichtige Bereicherung dar. In den ersten Tagen des Aprils hatte ich gewöhnlich die erste richtige Mahlzeit am Abend. Das war ein Teller Erdäpfelgulasch. Im Herbst 1944 hatte ich im Waldviertel einen Sack Erdäpfel gekauft. Meine alte Bedienerin, die ich Anfang April in meiner Wohnung vorgefunden hatte, da sie selbst ausgebombt war, betreute mich seither und stellte mir, wenn ich abends oft spät heimkehrte, diesen Teller auf den Tisch. In der Früh gab es vielleicht ein kleines Stück Brot, aber tagsüber hatten wir gar nichts zu essen. Woher auch hätte ich etwas bekommen sollen? Ich ging ja nicht plündern. Eines Abends kam ich nach Hause, und da stand ein Sack voll Lebensmitteln. Ich fragte meine Bedienerin streng „Woher haben Sie das?", weil ich befürchtete, daß sie nun auch plündern gegangen war. - „Das hat mir die Greißlerin am Eck droben gegeben und gesagt: Der Herr Mark ist der einzige meiner Kunden, der nicht geplündert hat. Warum soll der nichts haben?" Das freute mich sehr.

Weniger glücklich war ich, als ich eines Tages meine Bedienerin beschwipst und sehr lustig vorfand. „Was haben Sie denn gemacht?" wollte ich wissen. Sie lachte und sagte freundlich: „Ich habe Ihnen auch ein paar Flaschen mitgebracht." Die Situation war nun nicht mehr schwer zu erraten. Sie hatte an einer der Plünderungen in den Weinkellern teilgenommen. Die Plünderung der Keller war ein besonderer Fall. In Döbling gab es sehr viele Weinkeller. Da allgemein bekannt ist, welche Wirkung der Alkohol auf die Menschen haben kann und welche Folgen daraus entstehen können, war der Zugriff zu den Kellereien wichtig für die Ordnung im Bezirk. Bevor die Russen Döbling besetzten, hatte Paula Passauer, die in einer der Kellereien arbeitete, ihrem Chef vorgeschlagen, die sechshunderttausend Liter Schnaps sofort in den Kanal laufen zu lassen. „Das ist doch mein Vermögen!" schrie er. Der Schnaps richtete viel Unheil an, als, vor allem die Russen, an ihn herankamen und ihn einfach aussoffen.

In der Vorahnung, der Alkohol könnte Katastrophen heraufbeschwören, war es eine meiner ersten Handlungen als „Burgomistr" gewesen, meine provisorischen Polizisten als Posten vor die Weinkeller zu stellen. Da standen sie, in Zivil, mit Armbinden, und sollten aufpassen, daß die Leute nicht an den Alkohol herankamen. Meist dauerte es kaum länger als eine halbe Stunde, daß jemand, der unbedingt Wein haben wollte, zu den Russen ging und ihnen erzählte: „Vor dem Weinkeller steht ein Faschist. Der will die Weinlager halten." Da verjagten die Russen unsere Polizisten. Die Keller wurden aufgebrochen und geplündert, und wenn die Russen das sahen, plünderten und soffen sie mit. Manchmal zu Hunderten. Es ging so weit, daß die Leute, in der Absicht, etwas in den Kellern zu ergattern, zeitig in der Früh aus der Stadt kamen und die Währinger Straße und die Nußdorfer Straße entlang bis zum Viadukt Tausende von Handwagerln standen, beladen mit Kannen und Kübeln. Wie sollte ich dem Einhalt gebieten? Ich sperrte den Gürtel ab. Wenige Stunden später versuchten die Leute über die Gymnasiumstraße nach Döbling zu kommen. Ich gab mich geschlagen. Man konnte nicht den ganzen Bezirk hermetisch abriegeln. Also wurde geplündert und geplündert, und vieles von dem, was an Übergriffen passierte, ist zweifellos auf den Wein zurückzuführen.

Erfolgreicher war unser Bemühen, in den Schulen einen geordneten Betrieb einzurichten. Das gelang schon in den ersten Maitagen. Außerdem organisierte die Bezirksvertretung gemeinsam mit meinem Freund Hans Bögl, dem damaligen „Burgomistr" von Ybbs und späteren Landeshauptmann des Burgenlandes, für die

Sommermonate eine Ferienaktion für hundert Döblinger Kinder ins Gebiet von Ybbs an der Donau. Dort konnten sich die Kinder erholen und sattessen. Ich bin sicher, daß das einigen von ihnen, die sehr unterernährt oder krank waren, das Leben rettete. Ich selbst fuhr jede Woche hinaus, um den Kindern Wäschestücke oder Post von den Eltern zu bringen und nach dem Rechten zu sehen. Es ging ihnen wirklich gut und mir auch, denn nach meinen Besuchen war für mich auch immer ein Stück Fleisch im Kofferraum des Autos, das mir zur Verfügung stand.

Neben Bildung und Erholung lebte auch der Sport wieder auf. Noch im April ersuchte mich die „Vienna", der Döblinger Fußballklub, um eine Sondererlaubnis für die Benutzung ihres Sportplatzes, um dort zu trainieren. Ich konnte sie bei den Russen erwirken. Die Vienna gewann dann prompt Anfang des Sommers den von der Besatzungsmacht gestifteten Freiheitspokal, um den sich zahlreiche Vereine beworben hatten. Ein Erfolg, der, wie man annehmen darf, auf den frühen Trainingsbeginn zurückzuführen war.

Hakenkreuz statt Judenstern

Gab es auf der einen Seite Einigkeit bei der Freude über sportliche Leistungen, so war der Bezirk am Anfang doch sehr zerrissen. In der Verwaltung tauchten plötzlich Organe auf, wie es auch im Rathaus der Fall gewesen war, als sich ein gewisser Herr Prikril selbst zum Vizebürgermeister ernannt und auch einige Tage amtiert hatte. Ähnliches gab es auch in Döbling. Ein Lehrer, Otto Ronge, ließ sich zum Beispiel zum Bürgermeister von Grinzing ernennen, verlangte einen Wagen mit Pferd zu seiner Verfügung und kutschierte damit im Bezirk herum. Er war ein alter Genosse, und ich hatte gegen seine Eigenheiten kaum etwas einzuwenden, arbeitete er doch mit mir zusammen und besuchte mich oft, um mir das Neueste zu berichten.

Gefährlicher war es in Neustift. Dort gab es eine Gruppe von Leuten aus allen drei Parteien, die eigenmächtig das Kommando übernommen hatten. Sie beriefen eine Konferenz von Vertrauensleuten ein, zu der alle, die politisch aktiv waren oder es werden wollten, kamen. Sie unterbreiteten den Vorschlag, den Nationalsozialisten vorzuschreiben, daß sie sich mit einem Hakenkreuz zu kennzeichnen hätten, so wie die Juden den Zionstern tragen mußten. Als ich das hörte, war ich empört und auf keinen Fall bereit, diesen Beschluß zu akzeptieren. Ich verlangte eine neue Konferenz. Zuerst stellte ich unseren Genossen Mader zur Rede, der behauptete, sich ohne Erfolg gewehrt zu haben. „Ich mache dich aufmerksam", sagte ich bestimmt, „jetzt geht es auf Biegen und Brechen." Einerseits ging es darum, daß ich die alleinige Verantwortung hatte, und zweitens hielt ich die Aktion für gefährlich und geschmacklos. „Ich komme hierher, um festzustellen", begann ich meine Rede vor den Initiatoren der Aktion, größtenteils Konservative, „daß ihr nicht berechtigt seid, so etwas anzuordnen. Ich werde es mit Gewalt verhindern." Sie gaben schließlich nach, als sie merkten, was ich mit „Gewalt" meinte und allen Ernstes meine ganze Streitmacht, also meine Polizisten, herschicken und jedem Nazi mitteilen würde, er brauche diesen Beschluß nicht zu befolgen.

Ich vertrat die Auffassung, die Aufgabe der Nationalsozialisten sei es, mitzuhelfen, wieder im Bezirk ein normales Leben führen zu können. Ob Männer oder Frauen, jeder einzelne sollte seinen Beitrag leisten. Ihr Gerechtigkeitsempfinden ging oft seltsame Wege. Als die Russen einmal zwölf Frauen zum Annähen von Distinktionen anforderten, mobilisierte ich einige als Nationalsozialistinnen bekannte Frauen für die Arbeit. Am Abend kamen sie zu mir, um sich zu beschweren. „Das ist doch unerhört", sagten sie, „nur weil wir Nazis waren, müssen wir das tun. Andere werden nicht herangezogen. Was können wir dafür? So eine Diskriminierung." Als ich sie ganz konkret nach der Behandlung fragte, die die Russen ihnen zuteil werden ließen, brachten sie keine Beschwerde hervor. Eine der Frauen hatte einen Korb mit einem Tuch darüber. Ich zog das Tuch weg und fragte: „Was haben Sie denn da?" Der Korb war voll mit Lebensmitteln. „Wo haben Sie das her?" „Das haben uns die Russen gegeben", antwortete die Frau endlich. „Sehen Sie", sagte ich, „Sie haben Fleisch und Butter und Brot, und ich lebe den ganzen Tag von einem Teller Erdäpfelgulasch. Da reden Sie noch von Diskriminierung. Ich möchte Sie energisch ersuchen, damit aufzuhören."

So ging es nicht weiter. Es mußte etwas für die politische Aufklärung getan werden. Im August beschloß die Bezirksvertretung in Döbling einen Volksbildungsverein zu gründen. In anderen Bezirken gab es, manchmal früher, manchmal später, ähnliche Bestrebungen. Manchmal erstanden die seinerzeitigen Volkshochschulen wieder, die auf vollkommene politische Neutralität in der Volksbildung eingestellt waren. Das strebten wir nicht an. Als wir den Volksbildungsverein Döbling gründeten, achteten wir sehr wohl darauf, ihm eine sozialistische Basis zu geben, um einer Beeinflussung von seiten der Kommunisten oder anderer autoritärer Gruppierungen vorzubeugen. Wir nahmen einen Passus in die Statuten, der ausdrückte, daß demokratische Erziehung nicht neutral sein könne. Als Sekretär setzten wir Alois Roßmanith, den Dichter, den ich in Wöllersdorf kennengelernt hatte, ein. Er war auch auf meine Veranlassung hin in die Wohnung eines nationalsozialistischen Blutrichters, der geflohen war, eingezogen und begann nun den Volksbildungsverein Döbling aufzubauen.

Als erster Obmann wurde ich gewählt. In dieser Funktion initiierte ich auch die erste größere Aktion, die wir im Sinne einer politischen Erziehung starteten. An neun aufeinanderfolgenden Abenden sprach je ein Vertreter der drei demokratischen Parteien. Führende Leute referierten. Von Ernst Fischer und Viktor Matejka, dem Kulturstadtrat, der aus dem katholischen Lager kam, aber der KP beigetreten war, über Karl Lugmayer, ÖVP-Unterstaatssekretär im Staatsamt für Kultur, bis zu Peter Strasser, dem Gründer der Sozialistischen Jugend, und Alfred Migsch, dem späteren Minister für Energie. Jeder sprach über einen bestimmten Bereich der demokratischen Erziehung. Diese Reihe war die logische Fortsetzung einer Versammlung, die ich, von der Bezirksvorstehung aus, schon im Mai inszeniert hatte. Mein Freund und Mitarbeiter in der Zeit der Illegalität, Alfred Migsch, der eben aus dem Lager Mauthausen zurückgekommen war, stellte sich zur Verfügung, im Casino Zögernitz vor Parteigenossen zu sprechen. Da die Rückkehr in seine Wohnung zu später Nachtstunde zu riskant war, wurde vereinbart, daß er bei mir übernachten sollte. Das gab uns die Möglichkeit, am nächsten Morgen, es war ein Sonntag, eine weitere Versammlung zu organisieren, zu der wir die registrierten Nationalsozialisten Döblings einluden.

Die Struktur der Bevölkerung hatte sich seit den Apriltagen radikal verändert. Von den fünfzig- bis sechzigtausend Einwohnern, lebte nur mehr die Hälfte hier. Vor allem Nationalsozialisten waren in den Westen geflüchtet, manche hatten Selbstmord begangen, wie der Dichter Josef Weinheber. Diejenigen von ihnen, die hier geblieben waren, fürchteten sich vor den Russen, nicht zuletzt, weil sie wußten, was mit den Russen in den Lagern geschehen war. In Mauthausen zum Beispiel, hatte man einen russischen General, den man gefangengenommen hatte, mitten im Winter bei zwanzig Grad unter Null so lange mit Wasser übergossen, bis er eine Eissäule war.

In Zögernitz erzählte Migsch, was er in Mauthausen erlebt hatte. Er sprach von den Menschen, die unter dem Vorwand der Hygiene geschoren wurden, bevor sie in die Gaskammern kamen. Nach der Befreiung fand man in Mauthausen Frachtpapiere über drei Waggons Menschenhaare, die nach Stuttgart in eine Fabrik transportiert worden waren, um dort verarbeitet zu werden. Es gab auch noch Zimmer voll mit Haaren, die nicht abgeholt worden waren. „Wir fanden Tausende von Kinderschuhen, die übriggebliebenen waren, oder Goldzähne, die man herausgebrochen hatte." Migsch berichtete über diese Unmenschlichkeiten. Anschließend bekräftigte ein junger Kommunist seine Ausführungen. Dann sagte ich: „Meine Herren, jetzt wissen Sie, warum wir der Meinung sind, daß Sie besondere Verpflichtungen haben. Sie haben einiges dazu beigetragen, daß der Bezirk so zerstört worden ist. Deshalb habe ich hundert Kapskutscher mit ihren Wagerln zum Casino Zögernitz bestellt, wo auch diese Versammlung stattfand. Je zwei oder drei von Ihnen sollten zu einem Wagerl gehen und anfangen, Schutt von der Straße wegzuschaufeln, damit er weggeführt werden kann." Es weigerte sich kein einziger von den vielen der auf unsere Einladung hin gekommenen Nationalsozialisten, an der Arbeit teilzunehmen, und sie leisteten in wenigen Stunden ziemlich viel. Es war nicht annähernd das, was notwendig gewesen wäre, aber doch eine Hilfe.

Auch später wurden ehemalige Nationalsozialisten, so wie andere Bürger, zu Aufräumungsarbeiten oder verschiedenen Dienstleistungen herangezogen. Den Nationalsozialisten mußten wir klar machen, daß die neue Bezirksverwaltung berechtigt war, an jeden einzelnen von ihnen gewisse Forderungen für den Wiederaufbau zu stellen. Sie sahen, daß meinen Aufträgen nicht blinder Haß zugrunde lag, und ich möchte fast sagen, daß sie mir ein gewisses Vertrauen entgegenbrachten. Nach Jahren schickten sie einen hohen SS-Führer, der eben aus der Kriegsgefangenschaft entlassen worden war, zu mir, der wissen wollte, welche Möglichkeiten ich für ehemalige Nationalsozialisten in bezug auf die Reintegration in die Gesellschaft sehe. Ich zeigte ihm den einzigen Weg, den ich sah: Das Zur-Verfügung-Stellen seiner Qualitäten durch Arbeit ohne Anspruch auf politische Einflußnahme, und er verstand.

Arbeit war ein wichtiger Faktor der Rückkehr zu einem normalen Leben. Wenn die Menschen verschiedene Tätigkeiten nicht ausführen konnten, mußte man es ihnen eben zeigen. Neben der demokratischen Erziehung widmete sich die Volksbildung stark dem, was „Lebenshilfe" genannt wurde. Also dem Kochen, Nähen oder Stricken bis hin zu Schuhreparaturen. Es gab ja fast nichts, und es war notwendig, den Leuten zu zeigen, wie aus dem

„Nichts“ ein „Etwas“ werden konnte, aus alten Stoffresten eine Jacke, aus Blechtöpfen ein kleiner, aber funktionstüchtiger Herd entstehen konnte.

Nach der Rückkehr der Männer gab es natürlich auch wieder mehr Babys. Amtliche Säuglingspflegekurse, die es früher gegeben hatte, waren noch nicht wieder eingerichtet, und so sprang meine Frau, die diplomierte Säuglingspflegerin war, ein und hielt Kurse darüber ab.

Unter Lebenshilfe verstanden wir aber auch die Möglichkeit, Sprachen zu erlernen, vor allem die der Besatzungsmächte. Da den Russen in Döbling die Amerikaner folgen würden, standen Russisch und Englisch im Mittelpunkt des Interesses.

Es gab viel zu tun, und ich, als vom Bürgermeister von Wien ernannter Bezirksvorsteher, mußte überall dort einspringen, wo Not am Mann war. Ich vertrat in den ersten Tagen den ganzen Beamtenapparat, denn irgend jemand mußte, zum Beispiel bei Streitigkeiten, als Schiedsrichter fungieren, für den Bau von Notkirchen Gemeindegrund zur Verfügung stellen oder standesamtliche Trauungen vollziehen.

Ramseiden

Nach dem Sommer fuhr ich nach Ramseiden. Ich wollte nun endlich Gretl auch offiziell heiraten. Mein Freund Bruno Pittermann, damals Sekretär von Johann Böhm, dem ÖGB-Präsidenten und Sozialminister, erfuhr, daß dieser beabsichtigte, nach Saalfelden zu fahren, da er in Saalfelden seinen Sohn, der dort abgerüstet hatte, besuchen wollte. Pittermann bewog Böhm, mich in seinem Regierungswagen mitzunehmen. Vier Tage später wollte er mich wieder nach Hause bringen. Nach einer gemütlichen Fahrt von Wien bis Enns begannen die Schwierigkeiten. An der „Grenze“, der Trennungslinie zwischen der russischen und der amerikanischen Besatzungszone, spritzten uns die „Amis“ von den Haaren bis zu den Schuhen mit DDT ein, nahmen uns die Pässe weg und vertrösteten uns damit, daß wir sie in Linz sofort wiederbekommen sollten. Als wir dort ankamen - die Partei war in Oberösterreich im September von der amerikanischen Besatzungsmacht noch nicht erlaubt, daher trafen sich die Genossen in einem bestimmten Gasthaus - meinten unsere Freunde: „Wenn es gut geht, bekommt ihr sie in vier Wochen, wenn aber nicht, wie fast immer, in drei Monaten. Die Amerikaner denken nicht daran, etwas schnell zu machen.“ Was sollten wir jetzt tun? Wie sollten wir zurückkommen? „Macht euch keine Sorgen", beruhigte man uns. „Ihr bekommt von uns falsche Pässe." Bei der Rückfahrt hatten sie wirklich falsche Pässe für uns besorgt, und es mußte kurioserweise ein Mitglied der österreichischen Regierung im eigenen Land von einem Donauufer ans andere, von Linz nach Urfahr, mit einem falschen Paß reisen.

Kaum in Ramseiden angekommen, ging ich zu meinem Nachbarn, dem von den Amerikanern eingesetzten Bürgermeister von Saalfelden und sagte: „Ich will die Gretl heiraten." Darauf antwortete er: „Das geht nicht. Da muß ich ein Aufgebot machen. Das dauert vier Wochen." Ich war dagegen: Dienstag früh mußte ich ja nach Wien zurückfahren. Er beharrte auf seinem Entschluß. „Ich kann dir das nicht erlauben. Fahr nach Zell zum Bezirkshauptmann. Wenn er es dir erlaubt, dann kann ich es machen." Ich machte mich am Montag auf den Weg zum Bezirkshauptmann, der auch von den Amerikanern eingesetzt war. Ich erzählte ihm mein Vorhaben. „Sie bekommen sofort die Genehmigung und können, wenn Sie wollen, noch heute heiraten." Die Bestätigung überbrachte ich dem Bürgermeister, der polternd gedroht hatte: „Wenn du aber mit deiner Frau nach fünf Uhr kommst, bin ich nicht mehr im Amt." Ich sauste nach Ramseiden, um meine Frau zu holen. Die bildete sich aber noch ein, Eheringe besorgen zu müssen. Wir konnten keine Auftreiben. Um ein Haar wären wir zu spät gekommen. So heirateten wir das zweite Mal.

Die Amerikaner

Der September bescherte uns auch die Übernahme der vier Besatzungszonen in Wien durch die Alliierten. Der erste Bezirk galt als internationale Zone. Döbling wurde am 15. September unter das Kommando der Amerikaner gestellt.

Ende des Sommers sagte der russische Kommandant zu mir: „Sollte ein amerikanischer Offizier erscheinen, dürfen Sie nicht ohne mich mit ihm reden." Prompt erschien drei Tage später ein amerikanischer Oberst, der mit mir die Villen besichtigen wollte, die er für die Unterbringung seiner Offiziere brauchte. Ich sagte: „Das muß ich den Russen melden." Er sah mich an. „Ich verbiete Ihnen, das den Russen zu melden." Eine schwierige Situation. Der eine hatte jetzt die Macht, der andere würde sie in Zukunft haben. Ich gab vor, meine Schlüssel holen zu müssen, und ging zu den Russen. Der russische Kommandant setzte sich sofort in sein Auto.

Der Amerikaner aber hatte nicht auf mich gewartet, sondern sich mit einem Führer auf den Weg zur Hohen Warte gemacht. Mein Chauffeur startete sofort den Wagen, als er mich aus dem Büro stürzen sah, und fuhr ihm nach, der russische Kommandant folgte uns. Die Amerikaner hatten gerade die Schirach-Villa, den Sitz des früheren Jugendführers der NSDAP in Deutschland und späteren Gauleiters von Wien, inspiziert und wollten den Park verlassen. Der Russe stellte sein Auto quer und schnitt ihm den Weg ab. Erste Beschimpfungen folgten. Dann beschlossen sie, gemeinsam weiter zu untersuchen, und sie besichtigten eine Villa nach der anderen. Immer fand dasselbe Spiel statt: Da sie sich nicht direkt verständigen konnten, mußte das, was der eine wild gestikulierend geschrien hatte, übersetzt werden bevor der andere, ebenfalls wild gestikulierend, zurückschrie, was wieder übesetzt werden mußte. Ich stand daneben und verstand nichts. Glücklicherweise fanden sie nach einiger Zeit, daß ich wirklich überflüssig war, und ich konnte in mein Büro fahren.

Nach dieser ersten Begegnung mit einem amerikanischen Oberst war mir klar, daß ich mit den Amis nicht werde auskommen können. „Am 15. Oktober um zehn Uhr spätestens ist Schluß", sagte ich zu meinen Freunden am 15. September. Die Amerikaner hatten für einen Monat die Stadtkommandantur über Wien übernommen. Daß die Amerikaner für meine Absetzung sorgen würden, war mir sofort klar.

Nach der Übernahme des Kommandos im Bezirk lud mich der amerikanische Bezirkskommandant, ein Oberstleutnant, den sein militärischer Rang mit übergroßem Stolz erfüllte - ein Greißler aus Texas -, vor und fragte mich, ob ich wisse, welche Aufgaben ich zu erledigen habe. „Natürlich", meinte ich, „ich habe die Aufgabe, dafür zu sorgen, daß im Bezirk Leichen und Trümmer beseitigt werden. Ich habe außerdem die Aufgabe, dafür zu sorgen, daß alles, was verwaltungsmäßig gemacht werden muß", etwa Trauungen, Todeserklärungen, die Arbeit des Magistrats also, „geschieht und vor allem die Verpflegung im Rahmen der zentralen Zuteilungen geregelt wird." Daraufhin sah er mich an und ließ fragen, ob ich wisse, daß der Winter vor der Tür stehe. Nun bin ich leider ziemlich vorlaut oder „goschert", wie man in Wien sagt, und erwiderte: „Ja, Herr Oberstleutnant, aber ich habe kein Kohlebergwerk in Döbling." - „Aber Sie haben doch den Wienerwald. Da gibt es doch Holz genug. Ich werde Ihnen alle notwendigen Arbeitsmaschinen zur Verfügung stellen, und Sie stellen die Arbeitskräfte. Ich verspreche, daß für jeden Haushalt in Döbling fünfunddreißig Kilo Holz zur Verfügung stehen werden.“ Es war geradezu lächerlich. Was waren fünfunddreißig Kilo grünes Holz pro Haushalt? Nichts! Für Holz, das zu feucht war, um zu brennen, sollten große Teile des Wienerwaldes, der für Wien aus klimatischen Gründen lebenswichtig ist, abgeholzt werden. Wir hatten nach dem Ersten Weltkrieg gesehen, was die wahllose Abholzung des Wienerwaldes nach sich zog. Sorgenbedrückt ging ich wieder einmal ins Amt. Am Abend bei der Bezirkskonferenz, bei der ich alle Vertrauensleute und Verantwortlichen beisammen hatte, berichtete ich ihnen von dieser Unterredung und sagte: „Ich muß euch auffordern, euch für die Holzarbeiten zu melden. Aber ich sage gleich dazu: Jeden, der sich meldet, werden wir uns merken.“ Es war klar, was ich meinte. Niemand meldete sich.

Der amerikanische Oberstleutnant war unzufrieden. Aber er hatte eine Idee: Moderne Propagandamethoden müssen angewendet werden. „Sie müssen an der Spitze einer Kapelle durch den Bezirk marschieren und die Leute auffordern, sich zu melden“, riet er mir. Gerade zu dieser Zeit trug ich den Arm in einer schwarzen Schlinge, da ich mich trivialerweise an einer Sardinenbüchse geschnitten und eine Blutvergiftung bekommen hatte. Trotzdem marschierte ich, seinen Anweisungen Folge leistend, an der Spitze einer Kapelle von zwölf Musikern durch Döbling, machte an den Straßenecken und bei den Gemeindehöfen halt und hielt eine Ansprache. Die Leute standen schon überall beisammen, weil sie wußten, daß ich kommen werde, und amüsierten sich königlich. Es war eine reine Farce. Natürlich meldete sich wieder niemand. Zum Kommandanten aber konnte ich sagen: „Bitte, ich habe Ihren Befehl ausgeführt.“ Selbstverständlich wurde er immer unzufriedener. Da gebar er die Idee, den Aufruf zur Waldarbeit in Form eines Plakates publik zu machen. Er legte mir den Entwurf vor. Der Text lautete: „An meine lieben Döblinger . . .“ Dann kam der Aufruf. Am Ende stand: „Der Bezirksvorsteher Karl Mark.“ Innerhalb von drei Tagen mußte das Plakat überall angebracht sein. Was sollte ich jetzt tun? Auch die Nachbarbezirke, in denen ich mich erkundigte, hatten dieses Plakat bekommen. Alle plakatierten es folgsam. Ich aber dachte: „Wenn ich das tue, glauben die Leute, ich stehe hinter dieser Idee.“ Da kam mir der rettende Einfall. Ich schrieb über den vorgelegten Text: „Über ausdrücklichen Befehl des Ortskommandanten richte ich folgenden Aufruf: An meine lieben Döblinger . . .“, und dann ging der Text im Original weiter. Jeder, der das Plakat sah, wußte sofort, daß es erzwungen worden war. Wieder meldete sich niemand. Der Wienerwald blieb erhalten, umso mehr als nun auch die Zeitungen, die seit August neu erschienen, sich mit diesem Problem beschäftigten.

Den Großteil des Winters froren wir, aber so wäre es uns auch mit den fünfunddreißig Kilo grünem Holz gegangen. Wir verwendeten das Holz, das wir in den Bombenruinen finden konnten, aber die Amerikaner rissen einfach die Parkettböden aus den Wohnungen, die sie beschlagnahmt hatten, und verheizten es. In der Zwischenzeit hatte der amerikanische Stadtkommandant für Wien, General Thompson, die sechs Vorsteher seiner Zone eingeladen. Ich war einer von ihnen. Er hielt uns eine Rede über loyale Zusammenarbeit. Da sich keiner meldete, sprach ich und sagte: „Selbstverständlich, Herr General, werden wir loyal mit Ihnen zusammenarbeiten, wie wir das von den Russen gewöhnt waren. Aber in der Zwischenzeit hat sich die Situation geändert. Wir sind jetzt nicht mehr von der Besatzungsmacht ernannt, sondern vom Bürgermeister von Wien." Das hatten die Vertretungsmächte mit der Gemeindeverwaltung vereinbart. „Wir bitten Sie daher, die Weisungen, die Sie geben, uns am Dienstweg über den Bürgermeister von Wien zukommen zu lassen." Es schien mir sehr wichtig, das zu betonen und diesen Standpunkt deutlich zu machen. Der General brach daraufhin die Zusammenkunft rasch ab und verabschiedete uns sehr ungnädig.

Am nächsten Tag in der Früh rief mich Theodor Körner an und sagte: „Du Unglücksrabe, was hast du schon wieder angestellt?" - „Was ist geschehen?" fragte ich erstaunt. „Nun", meinte Körner, „heute war Thompsen bei mir und berichtete, daß die Bezirksvorsteher seiner Zone lauter nette Leuten seien. Nur der ‚Kommunist' in Döbling, der muß weg." „Na Servus", dachte ich. Es war eine Ironie des Schicksals. Von den sechs Bezirksvorstehern waren vier Parteimitglieder der KP, einer war von der ÖVP, ging aber vor den Wahlen im November zur KP über. Nur ich war Sozialist. Also fünf zu eins. Und der einzige „Kommunist" war ich. Ich dachte: „Das wird nicht mehr lange dauern." Dazu kam noch die Tatsache, daß ich keine Arbeitskräfte auftreiben konnte, wie die Waldrodungsgeschichte „bewiesen" hatte.

Bald darauf kam ein neuerlicher Anruf von Körner: „Komm sofort zu mir", sagte er. „Stell dir vor, der Kerl war wieder bei mir und verlangte, daß ich dich abberufe. Ich denke nicht daran. Ich trete mit dem heutigen Tag zurück. Das ist doch unverschämt. Das mach ich nicht mit." Eine ganze Stunde redete ich Körner zu, im Amt zu bleiben. „Dein Rücktritt wäre ein Unsinn. Du bist als Bürgermeister sehr wichtig. Du kannst nicht ersetzt werden. Ich bin als Vorsteher unwichtig und kann ersetzt werden. Denn einer meiner Mitarbeiter kann ohne weiteres dasselbe machen, was ich mache." Ein paar Tage vorher hatte ich an der Enthüllung des Denkmals für den unbekannten Soldaten auf dem Schwarzenbergplatz teilgenommen. Körner hatte als Bürgermeister von Wien die Festrede gehalten: In Deutsch, dann Englisch, in Französisch und schließlich auf Russisch. Die erstaunten Gesichter der Generäle hätte man sehen müssen. Sie konnten jeweils nur in ihrer eigenen Sprache reden und waren keiner anderen mächtig. Körner aber beherrschte alle vier Sprachen. Ich wußte, daß er unersetzlich war und mit seinen Qualitäten viel für Wien erreichen konnte. Nach einer Stunde hatte ich ihn überzeugt. Er versprach, nicht zurückzutreten.

Am nächsten Tag erhielt ich einen Brief von ihm mit folgendem Wortlaut: „Herrn Karl Mark. Mit heutigem Datum enthebe ich Sie Ihrer Stelle als Vorsteher von Döbling. Theodor Körner." Also weder „lieber Freund" noch „mit besten Grüßen". Er war wirklich böse auf mich. Wochenlang. Weil ich ihn veranlaßt hatte, zu bleiben. Ein bißchen traurig hielt ich meine Absetzung in Händen.

DER AUFBAU DER DEMOKRATIE

In der Ersten Republik gab es zwei bürgerliche Parteien und eine Arbeiterpartei, denn die Kommunisten waren damals ganz unbedeutend. Sie hatten in zwei Wiener Bezirken je einen von dreißig Bezirksräten. Die Arbeiterpartei war die Sozialdemokratie. In der Zweiten Republik war es umgekehrt. Hier standen zwei Arbeiterparteien einer Sammelpartei der Bürgerlichen gegenüber. Interessanterweise, und ich glaube, man kann es nicht oft genug erwähnen, waren zur Zeit der Proklamation der Unabhängigkeit Österreichs nicht drei, sondern vier Parteien vorgesehen, die am 27. April 1945 die Erklärung unterzeichneten und damit eine provisorische Staatsregierung ermöglicht hatten. Die Unterschriften leisteten: Leopold Kunschak für die früheren Christlichsozialen, die heutige ÖVP, Adolf Schärf für die ehemalige SDAP - die alten Sozialdemokraten und die jungen Revolutionären Sozialisten hatten sich in der SPÖ vereinigt - Johann Koplenig für die KPÖ. Als vierter unterschrieb Vinzenz Schumy, ehemaliger Vizekanzler und Landbundabgeordneter, sozusagen für den Landbund, der als Sammelpunkt für Liberale und Nationalliberale dienen sollte. Die ÖVP reagierte rasch, trug Schumy eine sehr einflußreiche und hoch dotierte Position in der Raiffeisenbewegung an und verhinderte dadurch, daß eine zweite bürgerliche Partei ihr Stimmenverluste bringen konnte.

Den Arbeiterparteien war es unmöglich, für die Wahlen oder die sonstige politische Arbeit eine gemeinsame Basis zu vereinbaren. Die Gespräche im Roten Salon hatten zwar die Einheitsgewerkschaft und eine Reihe von gemeinsamen Spezialorganisationen ermöglicht, aber keine Zusammenarbeit der Parteien erzielt. Noch knapp vor den Wahlen im November rechnete Fischer mit dreißig bis vierzig Kommunisten im Parlament und spielte mit dem Gedanken, gemeinsam mit der SPÖ eine Regierung zu bilden.

Die Vorbereitungen für die Nationalratswahlen liefen auf vollen Touren. Die Liste für den Wahlkreis Wien III, Nordwest, der den neunten, den achtzehnten und den neunzehnten Bezirk umfaßte, lautete: Proft vom Alsergrund, Mark von Döbling, Sigmund von Währing. Wir rechneten damit, daß mindestens zwei von uns in den Nationalrat gewählt werden würden. Vorausgesetzt, daß sich die Parteiverhältnisse nicht wesentlich geändert hätten, was wir vermuteten, würden wir ein ähnliches Ergebnis wie 1930 erzielen.

Im Oktober fand eine Parteikonferenz statt, die vor der Wahl die Kandidaten der einzelnen Wahlkreise zu bestätigen hatte. Speiser kam zu mir und sagte: „Du hast doch nichts dagegen, wenn Renner bei euch als Listenführer aufscheint." Das bedeutete, Renner an erster, Proft an zweiter, ich an dritter, wahrscheinlich aussichtsloser, Stelle. Renner kandidierte ohnedies in Niederösterreich und würde, so versicherte mir Speiser, sein Wiener Mandat sofort zurücklegen, sobald er sein Amt als Bundespräsident anträte. Natürlich war ich nicht sehr glücklich, aber ich antwortete: „Was ihr beschließt, ist eure Sache. Warum soll ich etwas dagegen haben?"

Der Wahltag war der 25. November. Es waren die ersten Nationalratswahlen seit fünfzehn Jahren. Gespannt erwarteten wir die Ergebnisse. An den Stimmen gemessen, ließ sich eine Mehrheit von SP und KP feststellen. Die Wahlarithmetik korrigierte allerdings die Euphorie, indem sie bewirkte, daß das Resultat, in Mandaten ausgedrückt, ergab: fünfundachtzig Mandate ÖVP, sechsundsiebzig SPÖ, vier KPÖ. Das bedeutete eine absolute Mehrheit der ÖVP und eine Konzentrationsregierung aller drei Parteien.

Als wir am Abend des Wahltages das Bezirks- und Wahlkreisresultat fertig hatten, fuhr ich ins Zentralsekretariat in der Löwelstraße. Dort sah ich die Fahnenabzüge einer Extraausgabe der Arbeiter-Zeitung: „Großer Sieg der Sozialdemokraten." Ich fragte: „Wieso macht Ihr das?" „Helmer hat das angeordnet", war die Antwort. Helmer, der Innenminister der provisorischen Regierung und in dieser Funktion auch für die Wahlen verantwortlich war, behauptete, daß wir Sozialisten die absolute Mehrheit im Parlament hätten. Das schien mir unverständlich. Ich wußte alle Wahlkreisresultate auswendig, und als ich sie verglich, bemerkte ich, daß es in allen, mit einer Ausnahme, etwa dieselbe Mandatsverteilung wie bei den letzten Wahlen in der Ersten Republik 1930 gab. In meinem Wahlkreis waren fünf Abgeordnete: Drei Bürgerliche und zwei Sozialdemokraten. Nur in dem Wahlkreis, in dem Helmer gewählt wurde, gab es nicht denselben Stand. Ich gab die Weisung: Die Extraausgabe darf nicht herausgegeben werden. Man mußte die Sache gründlich untersuchen. Seit 1911, als ich ein kleiner Bub gewesen war, hatte ich mich für Wahlstatistik interessiert und sie seither mit größter Aufmerksamkeit verfolgt. Ich kannte die politische Geographie Österreichs sehr gut. Irgendwo mußte sich hier ein Fehler eingeschlichen haben. Ich telefonierte mit Helmer, der mich anschrie, weil er annahm, ich gönne ihm den Erfolg in seinem Wahlkreis nicht. Als ich nun die Resultate für Sankt Pölten, Helmers Wahlkreis, genau verglich, sah ich, daß die Bürgerlichen fünf Mandate gehabt hatten und die Sozialdemokraten zwei. Die neuen Zahlen lauteten: fünf Mandate SPÖ, zwei ÖVP. Unter der Voraussetzung, daß die Zahlen richtig seien, hätte es wirklich eine absolute Mehrheit von Sozialisten und Kommunisten bedeutet. Waren die Zahlen wirklich richtig? Es wurde hin- und hertelefoniert. Am Ende stellte sich heraus: Die Zahlen waren von Helmer verwechselt worden! Die Extraausgabe wurde eingestampft und das richtige Resultat verlautbart. Welch niederschmetternde Wirkung hätte der Widerruf dieser Meldung auf unsere Arbeiter gehabt?

Die Aufregungen nahmen kein Ende. Renner wurde in Niederösterreich und Wien gewählt. Statt aber nun, wie er angekündigt hatte, in Wien zurückzutreten, verkündete er seine Absicht, in unserem Wahlkreis anzunehmen und in Niederösterreich zurückzutreten. In Niederösterreich wäre Tschadek nachgerückt, und ganz offensichtlich wollte er ihm das Mandat zukommen lassen. Tschadek hielt sich zur Zeit jedoch in Kiel auf und konnte die Stadt gar nicht so leicht verlassen, da er dort von den Engländern zum Oberbürgermeister bestellt worden war. Was also hatte dieses Spiel zu bedeuten? Am erbitterten Widerstand des Wiener Vorstandes scheiterte dieser Versuch, und ich wurde als gewählt erklärt.

Bei den Wahlen des Jahres 1949 waren die registrierten Nationalsozialisten wieder wahlberechtigt. Das Ergebnis war: siebenundsiebzig ÖVP, siebenundsechzig SPÖ, sechzehn VdU (Verband der Unabhängigen) und fünf KPÖ. Damit war die absolute Mehrheit der ÖVP gebrochen.

1953 fanden neuerlich Nationalratswahlen statt. Im Herbst des vorhergegangenen Jahres hatte die Regierung wegen Unstimmigkeiten über das Budget des folgenden Jahres demissioniert, der Nationalrat wurde aufgelöst und neu gewählt. Die mandatsstärkste Partei aber blieb die ÖVP und stellte daher den Kanzler. Wir waren die stimmenstärkste Partei, erhielten aber nur dreiundsiebzig Mandate, die ÖVP mit wesentlich weniger Stimmen aber vierundsiebzig, der VdU konnte vierzehn Mandate erringen. Volksopposition, KP und der von Erwin Scharf ins Leben gerufene Linksblock erreichten zusammen vier Mandate.

Auch bei den folgenden Wahlen zum Nationalrat gab es wechselnde Ergebnisse: 1953 und 1959 war die SPÖ die stimmenstärkste Partei, 1956 und 1962 war es die ÖVP. Aber immer sorgte die Wahlarithmetik dafür, daß die ÖVP die mandatsstärkste Partei war und den Kanzler stellen konnte. Unser Plakat mit dem schwankenden Schiff war der ausgezeichnete Ausdruck dafür. Erst 1966 änderte sich diese Lage. Die ÖVP erhielt die absolute Mehrheit, verlor sie aber schon 1970.

Die ersten Bundespräsidenten

Neben dem Nationalrat ist der Bundespräsident der eigentliche Repräsentant der Demokratie. Er beruft den Bundeskanzler, ernennt die Minister und bestätigt durch seine Unterschrift die Rechtsgültigkeit der vom Parlament beschlossenen Gesetze. Schon in der Ersten Republik wurde festgelegt, daß, entgegen der bisherigen Übung, der Bundespräsident statt von der Nationalversammlung in direkter Wahl vom Volk gewählt werden solle. Angesichts der besonderen Situation des Staates (Besatzung, Versorgungsschwierigkeiten und andere Kriegsfolgen) wurde durch die provisorische Regierung dieser Beschluß für die Wahl des Bundespräsidenten außer Kraft gesetzt. Am 20. Dezember 1945 wählte die Bundesversammlung einstimmig Dr. Karl Renner zum ersten Bundespräsidenten der Zweiten Republik. Renner starb am 31. Dezember 1950.

Am 15. Jänner 1951 wurde die Bestimmung über die Volkswahl des Bundespräsidenten vom Nationalrat wieder in Kraft gesetzt. Bei der Neuwahl am 22. Mai 1951 wurde im zweiten Wahlgang Theodor Körner mit 52,2 Prozent der abgegebenen Stimmen gegen den Landeshauptmann von Oberösterreich, Heinrich Gleißner, gewählt.

Im ersten Wahlgang hatten auch Dr. Burghardt Breitner als Kandidat der VdU und der Kommunist Heinisch kandidiert. Am Abend des Wahltages erschien der Bezirksleiter des VdU für Döbling bei mir und meinte: SPÖ und VdU müßten sich auf einen gemeinsamen Kandidaten einigen. Ich antwortete: „Den haben wir doch schon. Körner ist sicher für euch wählbar.“ Er stimmte dem zu und fragte, ob die SPÖ angesichts der schlechten Finanzlage seiner Gruppe nicht den Druck eines Handzettels finanzieren könne. Ich sagte zu, verlangte aber ein Manuskript. Am nächsten Tag brachte er es und bat um fünfhundert Stück. Der Text lautete: „Wir Burghardt-Breitner-Wähler wählen weder schwarz noch rot, aber auf keinen Fall Heinrich Gleißner.“ Er bekam seine fünfhundert Stück, ich aber ließ fünfundzwanzigtausend drucken und im ganzen Bezirk verteilen. Das Ergebnis der Wahl zeigte, daß der größte Teil der VdU-Wähler Körner ihre Stimme gegeben hatte.

Körner starb am 4. Jänner 1957. Die Neuwahl wurde auf den 5. Mai festgelegt. Dr. Adolf Schärf hatte die Kandidatur nur unter der Bedingung angenommen, daß sie von der Parteibasis gebilligt werde. Pittermann ersuchte zwei Wiener Bezirksobmänner, diese Frage zu klären. Der Obmann eines überwiegend proletarischen Bezirks, Eduard Weikhart aus Liesing, und ich, als der Obmann eines sozial stark differenzierten Bezirkes (Döbling), stellten in allen Gremien dieser Bezirke die Frage zur Diskussion, nicht ohne auch die anderen in Betracht kommenden Genossen zu würdigen. Das waren Johann Böhm vom ÖGB, Oskar Helmer, der Innenminister, und der Linzer Bürgermeister Dr. Ernst Koref. Nach wenigen Wochen konnten wir Pittermann berichten, daß in beiden so verschiedenen Bezirken in allen Gremien die Entscheidung für Schärf gefallen war. Nun erst war Schärf bereit, den Kampf aufzunehmen. Sein Gegenkandidat war Julius Raab. Schärf wurde am 5. März 1957 gewählt und am 16. März 1963 wiedergewählt.

Der Salzburger Parteitag

Adolf Schärf legte nach seiner Wahl zum Bundespräsidenten den Parteivorsitz zurück. Die Neuwahl eines Vorsitzenden wurde nötig und fand am Salzburger Parteitag im November 1957 statt.

Diesem Parteitag wurde auch ein Vorschlag für ein neues Parteiprogramm unter der Federführung von Benedikt Kautsky vorgelegt. Dazu gab es tausenddreiundsiebzig Anträge aus den Ländern, Bezirken und anderen Organisationen. Die Beschlußfassung erfolgte im Mai 1958 auf einem außerordentlichen Parteitag in Wien. Der ursprüngliche Entwurf hatte die Rolle des Marxismus wesentlich eingeschränkt. Ich hatte mich schon im Laufe der Diskussion vom Dezember 1957 bis Mai 1958 zum Marxismus bekannt, so daß mein Freund Wolfgang Speiser meinte, feststellen zu müssen, daß es nur mehr einen Marxisten in der Partei gebe, nämlich mich. Da meldete sich der Professor der Moraltheologie (damals in Graz, später nach Berlin berufen) Dr. Marcel Reding zu Wort und sagte: „Meine Herren, ich verstehe Sie nicht. Das Studium der Geschichte hat erst mein Interesse erweckt, seit ich die materialistische Geschichtsauffassung kennengelernt habe." Ein ehemaliger hoher Parteifunktionär der NSDAP, Gauwirtschaftsberater der Wiener Gauleitung, mit dem ich auf Wunsch Pittermanns regelmäßig diskutierte, schrieb mir: „Ich verstehe Euch nicht. Jetzt, wo die ganze Welt sich zu den Methoden des Marxismus bekennt, wollt Ihr abschwören." Beide Aussagen brachte ich auf dem Parteitag vor.

Das stark veränderte Programm war für Leute wie mich, aber auch für Rechte annehmbar. Ein revolutionärer Standpunkt wurde genauso anerkannt wie ein reformistischer. Es kam doch vor allem darauf an, in jedem Zeitpunkt den jeweils richtigen Weg zu gehen. Die österreichische Partei versuchte, nach beiden Seiten Möglichkeiten offen zu lassen.

Die neue Linke

Seit den Apriltagen und den ersten Versuchen des Zusammenfindens der Arbeiterbewegung waren sich Linke und Rechte gegenübergestanden. Auch ich hatte Stellung bezogen. Als ich Hilde Krones kennenlernte, eine junge Frau, die vor 1934 in der Jungfront und während der Illegalität bei den RS gearbeitet hatte, erkannte ich nach wenigen Worten, daß wir aus demselben Holz waren. Ein junger Mann in der Uniform des österreichischen Freiheitsbataillons der jugoslawischen Partisanen stieß zu uns: Erwin Scharf.

Die neue Linke setzte sich vor allem aus früheren Angehörigen der RS zusammen. Ich, der ich aus der ehemaligen „Linken in der SDAP" kam, war eher die Ausnahme. Die Linke stützte sich auf die Methode des Marxismus und bezog die Entwicklung der letzten Jahre sehr wohl in ihre politischen Überlegungen mit ein.

Bei der Konstituierung der Partei in den Apriltagen wurde eine gleiche Verteilung im Parteivorstand und die Festhaltung des Unterschieds im Namen vereinbart. Die Partei sollte heißen: „Sozialistische Partei Österreichs (Sozialdemokraten und Revolutionäre Sozialisten)." Es dauerte aber nicht lange, und still und leise verschwand der Untertitel - und nicht nur der, sondern auch das Gleichgewicht im Parteivorstand.

Die Position der Linken war nicht einfach. Parlament und kommunale Tätigkeit sollten, unserer Auffassung nach, nur eine Seite unserer Arbeit darstellen.

Hilde Krones und Erwin Scharf, der auch die Funktion des Zentralsekretärs innehatte, wurden zugleich mit mir in den Nationalrat gewählt. Die Wahlresultate führten in der SP zu dem Schluß, daß die Partei in den Augen der Wähler am verläßlichsten eine antikommunistische Linie vertreten hatte und diesem Auftrag folgen müsse, während die KP, die eine ihre Erwartungen bei weitem übertreffende Niederlage erlitten hatte, ins Abseits gedrängt wurde. Ihr Einfluß war bedingt durch die Anwesenheit der Russen. Die realen Gründe ihrer Niederlage waren in den Übergriffen der sowjetischen Besatzungsmacht genauso zu finden, wie in den Nachwirkungen der nationalsozialistischen Propaganda, die ja, wie leider allzu oft übersehen wird, nicht von einem auf den anderen Tag überwunden war, sondern weiter in den Köpfen der Menschen saß und ihr Unwesen trieb. Schließlich, da waren sich die Bürgerlichen mit den Rechten in der SP einig, war der richtig geschürte Antikommunismus wirksam, und dafür konnte man bald Hilfe aus McCarthys Amerika beziehen, was sich als sehr gewinnbringend für die Restauration des Kapitalismus erwies. Was lag nun mehr auf der Hand, als die Verbindung zur KP noch stärker abzubauen und die Distanz zu vergrößern? Die „Klassenkampfpolitik" schien der „Burgfriedenspolitik" Platz zu machen. Der Kalte Krieg wirkte auch in die Partei und traf ebenfalls uns Linke.

Wir versuchten, möglichst viele Genossen von der Partei für unsere Ideen zu gewinnen. Am Parteitag 1947 - weder die ökonomische Lage des Landes noch das politische Klima erlaubten große Hoffnungen - wurde von den Linken die „Resolution der 44" eingebracht. Benannt nach der Anzahl der Unterzeichneten, formulierte sie den linksoppositionellen Standpunkt: Die Warnung vor dem Aufbau eines erneuten Kapitalismus und vor der engen Zusammenarbeit mit der ÖVP. Kurz: Eine Aufforderung zur Änderung der Taktik der Partei. Ich hatte mich auch dafür eingesetzt, die Resolution herauszubringen, indem ich alle, die ich kannte, mobilisierte. Eine meiner Funktionen in der Linken lag in den guten Kontakten, die ich einerseits durch meine Arbeit in der Studentenbewegung und in der Linken vor 1934 geknüpft und dann über die Zeit der Illegalität hinweg aufrechterhalten hatte. Bei manchen der Politiker wundert man sich heute, wie sie dazu kamen, damals zu unterschreiben. Aber sie taten es. Nie zum Kern der Linken gehörend, standen sie der SJ, der Sozialistischen Jugend, und ihren Vertretern Josef Hindels und Paul Blau, die uns später sehr kritisierten, oder den auch links orientierten Sozialistischen Studenten, nahe. Diese stellten uns für kurze Zeit ihr Organ „strom“ zu Publikationszwekken zur Verfügung. Der Chefideologe unserer Gruppe, wenn man das so bezeichnen kann, war Franz Krones, der Mann von Hilde Krones. Er verfaßte unzählige kritische Artikel und traf sich mit uns in einer kleinen Wohnung in der Singerstraße, die sich Hilde Krones eingerichtet hatte und die uns als eine Art Hauptquartier diente. Hier konstituierten wir uns als eine Gruppe, in der ich der einzige war, der Erfahrung aus der Organisation mitbringen konnte. Die anderen waren, so gut sie auch in der Illegalität gearbeitet hatten, ungeübte Praktiker. „Du bist der einzige, der weiß, wie man einem Messer ausweicht, das man ihm entgegenhält“, formulierte Pittermann einmal und brachte so diese Form der Unerfahrenheit der anderen zum Ausdruck, die in dem Konflikt zwischen Rechten und Linken eine große Rolle spielte.

Bei der Maßregelung, die Scharf nach der „Resolution der 44“ widerfuhr, konnte man schon die Spitze des Messers blinken sehen. Scharf wurde, da er als Zentralsekretär nicht berechtigt gewesen wäre, die Resolution einzubringen, als Zentralsekretär abgesetzt und mit Redeverbot belegt.

War es der Anfang vom Ende? Es wäre so wichtig gewesen, weitblickend und taktisch klug vorzugehen. Schon im Frühjahr 1945 hatte Scharf einen Aufruf verfaßt, in dem er betonte, daß man die Partei nach leninistischen Prinzipien aufbauen müsse. Da sagte ich zu ihm: „Das kannst du nicht schreiben. Du kannst, wenn du willst, schreiben, sie muß nach Kaderprinzipien aufgebaut werden.“ - Das bedeutete eine kleine Organisation aus ausgewählten, bewußten Leuten. - „Du darfst dich nicht nur auf Lenin berufen.“ Ich bewunderte Lenin immer und halte ihn, trotz alledem, was man gegen ihn vorbringen kann, heute noch für einen großen Mann. Ich wußte aber genau, daß ein Bekenntnis zur Person Lenins den Weg zu den Arbeitern versperren würde. Seine Prinzipien würden nicht so sehr auf Ablehnung stoßen. Deshalb sollte man mit ein bißchen Fingerspitzengefühl das Bekenntnis zu den Prinzipien vor das zur Person stellen. Ich schlug vor, den Passus in Scharfs Aufruf zu ändern, was auch geschah.

Noch vor den Wahlen, im Sommer 1945, hatte es die Geschichte mit dem Plakat „Kriegsgefangene nach Haus, Nazi nach Sibirien!“ gegeben, die man Scharf zu Unrecht so schwer anlastete und gleichzeitig dazu benutzte, ihn in seiner Funktion als Zentralsekretär zu schwächen. Es handelte sich um ein offizielles Plakat der SPÖ, das einen Austausch der Kriegsgefangenen gegen die Nationalsozialisten vorschlug. Der Verfasser war Peter Strasser, der Leiter der Jugendorganisation. Er hatte damals versucht, diese gewisse Stimmung der Bevölkerung, die um ihre Kriegsgefangenen bangte und vielleicht auch deswegen einen Groll gegen die Nazis hegte, da sie sie als Urheber ihres Unglücks betrachtete, zum Ausdruck zu bringen, ohne die wahltaktische Überlegung zu berücksichtigen, daß es auch Angehörige von Nationalsozialisten gab, und zwar nicht wenige, die in Kriegsgefangenschaft waren. Die Nationalsozialisten selbst hatten zwar kein Wahlrecht, aber es ist anzunehmen, daß viele ihrer Freunde und Angehörigen sich wegen des Plakats entschlossen, der ÖVP ihre Stimme zu geben. Innerparteilich, und da spielte Franz Olah eine nicht unerhebliche Rolle, wurde es dann so interpretiert, daß Scharf als Zentralsekretär dafür verantwortlich zeichnete. Es gibt bis heute noch Leute, die behaupten, das Plakat habe der Partei schweren Schaden zugefügt, und das sei die Schuld von Erwin Scharf. In einem Ehrenbeleidigungsprozeß, den Olah gegen Scharf anstrengte, wurde Scharf freigesprochen, weil viele der Zeugen, die zu den Mitkämpfern Strassers in der SJ gehört hatten und vielfach gehobene Parteifunktionen ausübten, erklärten, daß nicht Erwin Scharf, sondern Peter Strasser der Verfasser des Plakats sei. Wir Linken wußten aber, daß Scharf damals den Plakatentwurf dem Parteivorsitzenden Schärf vorgelegt hatte, dieser aber nie positiv oder negativ Stellung nahm. Es war für die Rechten wichtig, Scharf exemplarisch für uns alle die Schuld zuzuschieben. Die Rechten, die immer stärker die Oberhand gewannen, verloren, als sie ihre Macht zu spüren begannen, jegliche Einigungsbereitschaft mit uns. Eine typische Haltung hatten sie schon eingenommen, als man beschloß, die Arbeit für die Gesamtpartei und die Wiener Partei zu trennen, und es darum ging, neben dem Zentralsekretär einen Sekretär der Wiener Organisation zu bestellen. Wir hatten unseren Einfluß soweit geltend gemacht, daß sie den Jungen in Wien, die praktisch die Wiener Bezirke beherrschten, vorschlugen, sie mögen jemanden nominieren. Es wurde der Entschluß gefaßt, Heinz Hackenberg und mich der Parteispitze für diese Position zu präsentieren. Darauf sagte Helmer: „Ihr seid doch Gauner. Ihr wißt doch genau, Mark fressen wir nicht." Das zitiere ich, soweit ich mich erinnern kann, wörtlich. „Also müssen wir Hackenberg nehmen." Einer meiner Träume, Wiener Sekretär zu werden, war damit begraben.

Noch traten wir alle gemeinsam, so schwer es uns auch fiel, dafür ein, Linke innerhalb der SP zu sein. Wir wollten uns nicht außerhalb stellen und folgten den Worten Karl Franks, der einmal vor 1934 zu Ernst Fischer gesagt hatte: „Ihr müßt nur dafür sorgen, daß man euch nicht hinausdrängt. In dem Moment, in dem man imstande ist, euch hinauszudrängen, habt ihr keine Wirkungsmöglichkeit mehr. Dann tritt die Disziplin sofort in Erscheinung, und ihr werdet als Außenseiter gelten und abgelehnt. Wenn ihr in der Partei bleibt und in der Partei vertretet, was ihr für wichtig haltet, werden euch die Leute folgen." Das war für mich persönlich sowieso eine Selbstverständlichkeit, weil ich immer davon lebte, daß ich in meinem Bezirk von den Jungen vollkommen anerkannt war, und die Alten es nach kurzer Zeit nicht mehr wagten, etwas gegen mich vorzubringen.

So war es auch ganz selbstverständlich, daß ich in den Wiener Vorstand gewählt wurde. Aus jedem der sieben Wahlkreise wurde ein Vertreter entsandt, und für meinen Wahlkreis Wien-Nordwest wurde ich nominiert. Sogar Paul Speiser, der Wiener Obmann, war der Meinung: „Ich weiß zwar nicht, warum der Mark hineinmuß, aber er muß." Es war derselbe Wiener Vorstand, der dann langsam zur Schaubühne der Unterstellungen und Anfeindungen gegen mich und meine Freunde wurde, die in den Verdächtigungen gipfelten, daß wir kommunistische Agenten seien. Einmal, als das Kesseltreiben zu arg wurde, gingen Hilde Krones und ich zu Franz Novy, dem Nachfolger von Speiser als Obmann der Wiener Organisation, und stellten ihn vor die Entscheidung: „Franz, entweder - oder. Entweder das Verdächtigen hört auf - oder wir legen zurück. Ihr könnt euch dann suchen, wen ihr wollt. Aber dann sind wir beide nicht mehr da." Novy sagte: „Es kommt gar nicht in Frage, daß ihr zurücktretet." Obwohl seine Freundin Schella Hanzlik in Ottakring eine der energischten Gegnerinnen von Hilde Krones war, sorgte Novy dafür, daß nie wieder jemand wagte, uns direkt zu verdächtigen.

Doch die Stimmung gegen uns wurde immer aggressiver. Damit schwanden auch die Hoffnungen, unsere Ziele verwirklichen zu können. Scharf entschloß sich, einen eigenen Weg zu gehen, nicht ohne Krones und mich vorher überreden zu wollen, mit ihm zu kommen. Er tat das kund, indem er eine Broschüre unter dem Titel „Ich darf nicht schweigen! Drei Jahre Politik des Parteivorstandes von innen gesehen" veröffentlichte. Alles Abraten und Überzeugen hatten nichts genutzt. Hilde Krones und ich sagten ihm, daß wir ihm auf diesem Weg nicht folgen könnten. Dem Erscheinen des

Buches, im Jahre 1948, folgte der Parteiausschluß für Erwin Scharf.

Hilde Krones wurde nicht wieder für das Frauenzentralkomitee vorgeschlagen. Wie stark diese Maßnahmen von oben diktiert wurden, und nicht von der Basis, bestätigt die Tatsache, daß sie trotzdem bei der Bundesfrauenkonferenz die beachtliche Anzahl von fast neunzig Stimmen bekam. Ich bat in dieser Situation meine Stellvertreter Josef Wiedermann und Josefa Popp, mir zu sagen, ob ich aus den Angriffen gegen mich Konsequenzen ziehen solle oder nicht. Beide antworteten sofort: „Nein. Du bleibst selbstverständlich. Wir wissen genau, was du denkst. Wir wissen, was du tust, und daher werden wir dich im Bezirk halten und auch halten können." Ich blieb.

Man versuchte, uns zwar den Boden unter den Füßen wegzuziehen, aber ich war fest entschlossen, und bei Hilde Krones schien es mir genauso zu sein, trotz allem, den uns eigenen Weg und innerhalb der Partei zu gehen. Vor allem wurde klar, daß der rein kapitalistische Aufbauprozeß, von dem alle glaubten, daß er der einzig mögliche sei, durch unser Eintreten für die Verstaatlichung doch eingeschränkt wurde. Man konnte gegen den Widerstand der Rechten doch einige soziale Besserungen durchsetzen.

Die Mehrheitspartei war die ÖVP. Das war unumstritten. Aber auch Schärf sah manchmal ein, daß es Situationen gab, die danach schrien, ausgenutzt zu werden, zum Beispiel die Machtübernahme der Kommunisten in der CSSR. Da sagte er im Parlamentsklub: „Jetzt ist der Zeitpunkt gekommen, zu dem wir die Verstaatlichung durchsetzen müssen. Jetzt ist die ÖVP sicher bereit dazu." Klugerweise fügte er hinzu: „Ihr müßt nur aufpassen, daß ihr, bei allem, was wir durchsetzen, immer die Situation im Auge behaltet, daß wir in die Opposition kommen könnten." Damit meinte er, nicht bedingungslos einer Regierung die Vollmacht zu geben, die dann gegen uns angewendet werden könnte. Wenn Schärf solche Überlegungen traf, konnte ich ihn nur vollinhaltlich unterstützen.

Dasselbe galt bei der Landesverteidigung. Die SP trat, ausgehend von den Bedingungen des Staatsvertrages, der eine bewaffnete Gruppe zu Zwecken der Landesverteidigung verlangte, gegen ein Berufsheer und für eine Miliz ein. Dieser Standpunkt führte zu heftigen Diskussionen vor allem mit ganz jungen Leuten, die durch Parolen wie „Nieder mit dem Krieg!" oder „Nie mehr wollen wir Waffen tragen!", von Pazifisten und prinzipiellen Gegnern jeder Gewaltanwendung inspiriert, annahmen, kriegerischen Auseinandersetzungen dadurch aus dem Weg gehen zu können, daß man sich einfach nicht bewaffnet. Wir etwas Älteren gingen bei unseren Überlegungen einerseits von den Fehlern des Schutzbundes aus und vertraten die Meinung, daß in einer Auseinandersetzung die demokratische Führung einer bewaffneten Truppe gesichert sein müsse. Andererseits, und auch hier wirkten sich unsere Erfahrungen aus der Zeit des Austrofaschismus aus, meinten wir, man müsse sich auch dann verteidigen können, wenn man neutral sein wolle, weil wir ja sonst jedem Angriff auf unsere Neutralität wehrlos ausgeliefert wären.

Das Resultat dieser Überlegungen war die Anfang der fünfziger Jahre eingesetzte B-Polizei: militärisch ausgebildete Leute innerhalb der Polizei, die die Kader einer künftigen Wehrmacht bilden sollten, um jeden Überfall auf die Demokratie, sei es von außen oder von innen, abwehren zu können.

Die Ereignisse im Feber 1948 in der CSSR und in Ungarn, die Formierung des Ostblocks, versetzten nicht nur die Bürgerlichen in Verhandlungsbereitschaft, sondern jagten auch den Rechten in unserer Partei einen solchen Schreck ein, daß sie gesetzwidrige und undemokratische Handlungen setzten. Eine davon war die Auflösung des Bundes politisch Verfolgter, der durch ein Gesetz begründet, auch nur durch ein Gesetz hätte aufgelöst werden können. Mich, den Vertreter der Partei in diesem Bund, verständigte Helmer von seiner Nacht- und Nebelaktion überhaupt nicht.

Der Tod von Hilde Krones

Es war Dezember 1948 - ein Tag, an dem Hilde Krones in einer Sitzung des Klubvorstandes eine schwierige, viel Zeit erfordernde Aufgabe übernommen hatte. Auf dem Heimweg verabschiedeten wir uns gerührt voneinander. Sie küßte Fritz Löwy, einen guten Ottakringer Genossen, und mich. Es war ein herzliches Gefühl der Zusammengehörigkeit. Wir hatten vereinbart, am nächsten Tag etwas gemeinsam zu besprechen, doch sie erschien nicht im Parlament. Ich dachte, sie sei mit ihrer Aufgabe zu beschäftigt und habe keine Zeit. Als ich am Tag darauf bei ihr in der Singerstraße anrief, meldete sich niemand. Ich wurde unruhig und verständigte ihren Ehemann Franz Krones. Er hatte Schlüssel für die Wohnung in der Singerstraße, und ich bat ihn, nachzusehen. Er fand sie. Lebend. Sie hatte einige Schlaftabletten genommen, aber viel zu wenig, um zu sterben. Mehr als sechsunddreißig Stunden war sie in der ungeheizten Wohnung gelegen. Im Spital starb Hilde Krones an Lungenentzündung. Ich glaube, es war eine Art Gottesurteil: Sie wollte wissen, ob es jemanden gab, der sich um sie kümmerte. Doch es war zu spät. Hätte man sie einen Tag früher gefunden, wäre sie sicher durchzubringen gewesen. Das ist meine Überzeugung.

Sie war in meinen Augen ein sehr lebensfreudiger Mensch, der sich über ein Paar Debreziner freuen konnte, wie über schöne Musik oder einen politischen Erfolg.

Franz Novy sorgte auch für die offizielle Todesanzeige, die im Namen der Partei ausgegeben wurde, und hielt den Nachruf. Er sagte hier das Gegenteil von dem, was man von einem Parteiverräter zu sagen hätte. An ihrem Grab, an dem ich damals als ihr Freund auch ein paar Worte sprach, bezeichnete sie Karl Kysela, der Ottakringer Bezirksobmann, als die Verkörperung von Ottakring.

Mit Hilde Krones war auch die „neue Linke" in der SPÖ gestorben. Ich war entschlossen, unsere Gedanken weiterzuverfolgen und so weit wie möglich auch gesetzlich zu verankern. Ich stürzte mich in die Arbeit.

Bund politisch Verfolgter

Bald nach der Befreiung sammelten sich Heimkehrer aus den Konzentrationslagern, die sich für ein freies, unabhängiges und demokratisches Österreich eingesetzt hatten, in zahlreichen Gruppen und Organisationen von Verfolgten und Opfern, die meistens unter der Führung von Kommunisten standen. In der russischen Zone entstand der KZ-Verband und in den westlichen Bundesländern ähnliche Organisationen. Einige Monate später gingen die politischen Häftlinge der Zuchthäuser und Gefangenenhäuser daran, sich zu organisieren, und als letzte Gruppe der vom Faschismus Betroffenen sammelten sich auch die wegen ihrer Abstammung oder Religion Verfolgten in eigenen Verbänden. Um effektiv arbeiten zu können, bestand die Tendenz, alle diese Gruppen zu einer öffentlich-rechtlichen Körperschaft zusammenzufassen.

Im Sommer 1946 wurde der „Bund politisch Verfolgter" auf Grund eines Gesetzes begründet. Im Parlament argumentierte ich als Berichterstatter zu dem Gesetz: „Wir können sicher sein, daß sie, deren Kampf und deren Leiden ein wertvolles Aktivum für unsere Heimat insofern darstellen, als sie uns nun auch als Zeugnis für den Beitrag dienen, den das österreichische Volk zu seiner eigenen Befreiung geleistet hat, sich auch in Zukunft sich dieser Anerkennung und Bevorzugung würdig erweisen werden, indem sie so wie in der Zeit der Unterdrückung nun auch in der Zeit der Freiheit ihre ganze Kraft und ihre ganze Persönlichkeit zum Wohle unseres Vaterlandes, zum Besten unserer Heimat einsetzen werden, für den Aufbau eines freien unabhängigen demokratischen Österreichs!"

In den Statuten wurde die Drittelparität festgelegt, also gleiche Anzahl von Vertretern der drei demokratischen Parteien. Dadurch sollte verhindert werden, daß die Kommunisten, die hier am aktivsten sein würden, weil sie im politischen Leben nicht sehr stark beschäftigt waren, die Körperschaft zu ihrem Spielzeug machen würden. Bei der Konstituierung des Bundes wurde beschlossen, daß der Vorsitzende ein Mitglied der ÖVP und der Generalsekretär ein Sozialist sein sollte. Zu meinen Spezialaufgaben im Parlament zählte alles, was mit Opferfürsorge zu tun hatte. Pittermann und Probst forderten von mir, den Posten anzunehmen. Ich winkte ab: „Das kommt gar nicht in Frage. Das ist doch ein Verband, in dem die KZler die Hauptrolle spielen sollen. Ich bin ein Wöllersdorfer. Das ist etwas anderes." Sie aber wiesen meine Einwände zurück. „Aber gerade darauf kommt es uns an", sagten sie, „festzuhalten, daß die Zeit von 1934 bis 1938 auch zur Zeit des Faschismus gehört."

Die neue Organisation hatte die Aufgabe, alle Kämpfer und alle Opfer der unseligen Jahre zusammenzufassen und nicht nur ihre materiellen Rechte zu vertreten, sondern auch wirksam alle Versuche des Wiederauflebens von faschistischen Gedanken zu verhindern. Wir versuchten den Menschen bei ihren Problemen mit Rat und Tat zur Seite zu stehen.

Eines Tages kam Franz Olah ziemlich niedergeschlagen zu mir. Er war in der Volksstimme wegen seiner Haltung im KZ scharf angegriffen worden. Er ersuchte mich, ihm eine Zusammenkunft mit führenden kommunistischen KZlern zu vermitteln. Natürlich erfüllte ich diesen Wunsch und bat zwei Mitglieder des Bundes, sich mit ihm zu treffen. Einer davon muß Gustl Wögerer gewesen sein, der Name des anderen ist mir nicht mehr gegenwärtig. Nach einer längeren Unterredung - natürlich war ich dabei nicht anwesend - dürften sie sich geeinigt haben. Jedenfalls gab es einige Zeit keine gegenseitigen Beschuldigungen mehr.

Im Feber 1948 kam ich zu dem Haus, in dem unser Büro untergebracht war. Einige Angestellte warteten schon davor. Ich hatte zwar meine Schlüssel, aber ich konnte nicht hinein. Mein Büro war versiegelt. Das war auf Anweisung von Oskar Helmer geschehen. Unter Mißachtung der gesetzlich fundierten Stellung des Bundes waren die Sekretariatsräume geschlossen worden und gleichzeitig jede weitere Tätigkeit unterbunden, mit dem fadenscheinigen Hinweis auf einen möglichen kommunistischen Mißbrauch, natürlich aber wegen der von Helmers Linie abweichenden Haltung des Bundes. Diese Handlung setzte meiner Tätigkeit im Bund politisch Verfolgter ein unerwartetes Ende. Das bedeutete nicht, daß ich mich mit dieser Problematik - der Frage des Widerstands und der Opfer dieses Widerstands, die mich sehr interessierte - nicht weiter würde beschäftigen können. Abgesehen davon, daß ich Berichterstatter im Parlament zu allen diesbezüglichen Gesetzen war, das Opferfürsorgegesetz wurde 1947 beschlossen, hatten Scharf und ich unter dem Ehrenschutz von Julius Deutsch bereits 1946 versucht, im „Bund sozialistischer Freiheitskämpfer“ ehemalige sozialistische Widerstandskämpfer zu sammeln. In dem Organ des Bundes, „Der Kämpfer“, sahen wir Linken auch eine Möglichkeit, ein Sprachrohr unserer Vorstellungen und unserer Kritik an der herrschenden Politik zu schaffen. Vom „Kämpfer“ erschienen nur wenige Nummern. Schließlich diente er dem Parteivorstand dazu, Erwin Scharf zu maßregeln.

Der „Bund sozialistischer Freiheitskämpfer“ wurde schließlich mit dem Opferfürsorgereferat, einer Einrichtung des Parteivorstandes, an dessen Spitze Rosa Jochmann stand, vereint und erhielt den Namen: „Bund sozialistischer Freiheitskämpfer und Opfer des Faschismus.“ Dieser sollte einerseits die Ideen der Revolutionären Sozialisten unter den Verhältnissen der Legalität weiterpflegen, andererseits die Interessen aller Opfer der Barbarei des Austrofaschismus und des Nationalsozialismus energisch vertreten. Rosa Jochmann, die von 1940 bis 1945 im KZ Ravensbrück gewesen war, übernahm den Vorsitz dieser neuen Organisation. Ich war ihr Stellvertreter. Scharf wurde ausgeschaltet und der Ehrenschutz von Julius Deutsch ignoriert.

Die Frage der Entnazifizierung

Wie war mit all den Vorgängen, die in der faschistisch-nazistischen Vergangenheit passiert waren, umzugehen? Dazu zählte auch die Frage, wie jene zu behandeln seien, die direkt oder indirekt geholfen hatten, zuerst den Faschismus, dann den Krieg und die daraus resultierende Nachkriegssituation herbeizuführen. Die Diskussion, die über dieses Thema entbrannte, spielte seit den Apriltagen 1945 in alle Bereiche des sozialen und politischen Lebens. Wenn man mich um meine Meinung darüber fragte, obwohl man sich nur meine Handlungen als Bezirksvorsteher hätte vornehmen müssen, so schien es mir wichtig, von vornherein festzustellen, daß ich nicht bereit sei, über die Nationalsozialisten ein Pauschalurteil abzugeben oder besser, jeden Besitzer eines Parteibuches als verbrecherischen Nazi zu betrachten. Während all der Jahre war ich immer wieder mit Nationalsozialisten zusammengetroffen, die sich loyal und menschlich benommen hatten.

Zum Beispiel meiner älteren Schwester gegenüber. Da sie mit einem Juden verheiratet war, galt sie als Jüdin. Erst nach einiger Zeit traf sie die Entscheidung, in die Emigration zu gehen. Bis sie außer Landes war, war das Leben für sie gefährlich, so daß sie „untertauchen" mußte. Ein Kreiswirtschaftsreferent der NSDAP in Melk beherbergte sie viele Wochen. Eines Tages kam er und sagte ihr: „Gnädige Frau, Sie müssen noch heute abend weg, weil morgen früh eine Hausdurchsuchung bei mir stattfindet, und man Sie nicht finden darf." Sie verließ das Haus in der Nacht und setzte sich in einen Zug und fuhr nach Westen. Dort fand sie bei verschiedenen Bekannten zeitweise Unterschlupf. Aber auf längere Zeit gesehen, konnte sie nicht so weiterleben, und so entschloß sie sich, illegal in die Schweiz zu emigrieren. Wieder stieg sie in Innsbruck einfach in den Zug nach Landeck. Im Abteil saß ein Herr, der sagte: „Liebe gnädige Frau, Sie haben offensichtlich einen schweren Kummer." Sie überlegte kurz, ob sie ihm ihren Kummer preisgeben sollte, hatte aber das Gefühl, daß ihr sowieso nichts mehr passieren könne. „Entweder er hilft mir oder nicht. Ich werde das Risiko eingehen", entschloß sie sich und erzählte ihre Geschichte. Er versprach ihr, ihr bei der Emigration behilflich zu sein, brachte sie auch wirklich illegal über die Grenze in die Schweiz, und sie vertraute ihm ihre Papiere und ihren Schmuck an. Er war ein alter Nationalsozialist. Als sie zurückkam, gaben ihr sowohl er, als auch der Mann aus Melk, alles zurück, was sie für sie aufbewahrt hatten. Eines Tages, viele Jahre später, bekam ich das „Tagebuch", eine Zeitschrift, herausgegeben von Viktor Matejka, in die Hand. Ich las: „Alois Hickersberger: Warum ich Nazi war." Das war der Mann, der meiner Schwester in Landeck geholfen hatte.

Bereits Anfang Mai 1945 kam das von der provisorischen Regierung beschlossene Verfassungsgesetz über das Verbot der NSDAP in Österreich, das erste Nationalsozialistengesetz heraus, daß das Parteibuch der NSDAP als Grundlage für die Beurteilung heranzog, ob einer Nazi gewesen war oder nicht. Ich las davon im „Neuen Österreich", der ersten österreichischen Tageszeitung nach 1945, die das gemeinsame Organ der drei demokratischen Parteien darstellte. Schon vorher hatten die Russen die „Österreichische Zeitung" herausgegeben.

Neben seiner Tätigkeit als Staatssekretär für Unterricht und Propaganda in der provisorischen Regierung war Fischer auch Chefredakteur des „Neuen Österreich". Ich fuhr sofort zu ihm, denn ich war über dieses Gesetz sehr empört: „Was hast du angestellt? Das hast du unterschrieben? Dieses Gesetz ist doch ein Gesetz, das mechanisch auf das Parteibuch abzielt. Wer ein Parteibuch hatte, ist ein Nazi, und wer keines hatte, war keiner?" Abgesehen von individuellen Unterscheidungen, die von der Integrität des einzelnen abhängig waren, hielt ich die politischen Auswirkungen für schwerwiegend. Es bedeutete, daß den Klerikalen praktisch alle Hochschulen und die Bürokratie ausgeliefert wurden. Im Jahre 1934 hatte man alle Sozialisten aus den hohen Beamtenstellen und aus dem Hochschullehrkörper entfernt. Im Jahre 1938 vertrieben die Nationalsozialisten alle liberalen Juden. „Und ihr schmeißt jetzt die wenigen Nationalliberalen, die es gibt, und die uns zumindest wohlwollend gesinnt sind, auch noch hinaus. Nun, da bleiben nur mehr die eingefleischten Katholisch-Konservativen in ihren Positionen, die vom CV besetzt wurden." Meist gehörten sie dem CV an, die meisten hatte die NSDAP gar nicht als Mitglied aufgenommen und sie abgewiesen, auch wenn sie sehr darum gebeten hatten.

Durch den Erlaß dieses Gesetzes waren sie in der besten Position. Alle diejenigen aber, denen man einen Beitritt zur NSDAP immer nahegelegt hatte und die nicht andere politische und vor allem rassische Faktoren daran gehindert hatten, bis sie einmal dem Druck nachgaben, ohne die Absicht damit zu verfolgen, das Regime aktiv zu unterstützen, würden nun unter das Gesetz und seine Maßnahmen fallen. Bei der Unzahl von Positionen, die durch die Ausschaltung der Nationalsozialisten frei geworden waren, hatten also nur die CV-Mitglieder Chancen. Wir Sozialisten hatten ja nur eine geringe Zahl von Akademikern und Intellektuellen, die wir hätten einsetzen können, und die benötigten wir dringend für politisch relevante Aufgaben.

Ich kann nur annehmen, daß sich Fischer über die Tragweite des Gesetzes nicht im klaren war. Er hatte die Zeit des Nazi-Regimes nicht unmittelbar miterlebt und hielt eben ein NSDAP-Mitglied für einen Nationalsozialisten. Er half damit den Konservativen, die Alleinherrschaft auf intellektuellem Gebiet zu sichern. Es war offensichtlich, daß die Zustimmung zu diesem Gesetz, das natürlich auf einen Vorschlag der ÖVP zurückging, die Struktur der hohen Beamtenschaft in eine bestimmte Richtung leiten würde. Die Folgen traten rasch ein.

NSDAP-Mitglieder wurden aus ihren Positionen entfernt. Ihre Plätze nahmen größtenteils Klerikale ein, zu einem sehr kleinen Teil auch Sozialisten, was vor allem auch ein rein quantitatives Problem war, da viele der Sozialisten dem Faschismus zum Opfer gefallen waren und die Zahl der verfügbaren intellektuellen Kräfte für unsere Partei sehr beschränkt war. Schon im Jahre 1948 fand eine Amnestie statt, von der ungefähr neunzig Prozent der ehemaligen registrierten Nationalsozialisten betroffen waren.

Vorläufig bildete die Justiz ein charakteristisches Beispiel. Eine Reihe von Richtern wurde eingestellt, weil sie nicht Parteimitglieder gewesen waren. Sie waren zwar Mitglieder des Rechtswahrerbundes gewesen, aber der galt nur als Berufsorganisation. Daß diese Einsetzung nicht ohne Konsequenzen geblieben ist, ist leicht vorstellbar.

Wäre man damals nicht so chaotisch und emotional vorgegangen, was ich besonders den Leuten zum Vorwurf mache, die während des NS-Regimes in Österreich nicht gelebt haben, hätten sich vielleicht viele schwere Fehler vermeiden lassen.

So sagte etwa Kreisky einmal nach seiner Rückkehr aus Schweden in einem kleinen Kreis, er verstehe nicht, warum wir soviel Geschichten mit den Nazis machten. Ich erwiderte, daß diese Frage nur jemand behandeln könne, der im Lande erlebt habe, daß Parteibuchbesitzer nicht alle „Nazis" waren, aber Leute, die der NSDAP nie beigetreten waren, sich weitaus ärger benommen hätten.

In der Folge dieses Gesetzes tauchte ein weiteres Problem auf, das Speiser im Wiener Vorstand zur Diskussion stellte. Die Nationalsozialisten, die wegen ihrer Mitgliedschaft zur NSDAP außer

Dienst gestellt worden waren, hätten eigentlich laut Dienstrecht nur auf Grund eines Disziplinarverfahrens gekündigt werden dürfen. „Jetzt verlangen sie für diese Zeit von 1945 bis zum Inkrafttreten des neuen Gesetzes die Nachzahlung ihrer ‚vorenthaltenen' Dienstbezüge." Die Mitglieder des Wiener Vorstandes der SPÖ empörten sich darüber und beschlossen: „O nein, nicht einen Kreuzer kriegen sie." Einige Jahre später erhoben Betroffene abermals Klage und bekamen beim Verwaltungsgerichtshof recht. Man mußte im Jahre 1953 nach der Währungsreform in guten Schillingen zahlen, was sie in schlechten verloren hatten. Nur dort, wo die Materie zum Verfassungsgerichtshof kam, wurde die Klage abgewiesen.

Emotionale Racheakte sind keine empfehlenswerte Reaktion auf widerfahrenes Unrecht. Ist es nicht gerade dann besonders wichtig, den Dingen auf den Grund zu gehen und nach ihren Ursprüngen zu suchen? Worin lagen denn die Wurzeln des Faschismus, und wie konnte man ein Wiederaufflammen verhindern? Wir Linken sahen die Wurzeln des Faschismus im Kapitalismus und entwickelten aus dieser Analyse den Standpunkt, daß der Faschismus nur durch die Beseitigung des Kapitalismus zu verhindern wäre. In der Partei entwickelte sich das weniger radikale Argument, der Faschismus habe seinen Boden in der Arbeitslosigkeit. Eine These zu der Frage der Vollbeschäftigung. Sie wurde weit ins Bürgertum hinein vertreten. Leute der ÖVP gingen oft mit Nationalsozialisten noch schwerer ins Gericht als so mancher Sozialist, der zu differenzieren bereit war.

Als sich die aufbrausende Emotionalität gegen die Nationalsozialisten ein bißchen gelegt hatte und versucht wurde, das Problem juristisch zu regeln, wurden Entnazifizierungskommissionen eingesetzt. Sie sollten überprüfen helfen, wer wirklich zu den Schuldigen gehörte und wer zu den Mitläufern, wer wirklich das System für menschliche Gemeinheiten und persönliche Bereicherung ausgenutzt hatte oder wer, manchmal zufällig, so sonderbar es auch klingen mag, in die Maschinerie des Systems gekommen war.

Einer meiner Freunde aus der Studentenbewegung, der ein sehr guter Handballspieler war, kam im April 1945 zu mir und sagte: „Du kennst mich, ich möchte gern mitarbeiten." - „Das ist sehr gut", antwortete ich, „komm bitte gleich morgen, und ich sage dir, was du tun kannst." Als er am nächsten Tag kam, wirkte er geknickt. Er eröffnete mir: „Ich kann leider nicht mitarbeiten." - „Warum?" Ich war erstaunt. „Ich bin belasteter Nazi." Wie konnte das passieren? „Vor ein paar Jahren", begann er, „gewann mein Verein, der sich 1934 aus den Mitgliedern des aufgelösten Arbeiterturnvereins Ottakring gebildet hatte, die deutsche Handballmeisterschaft. Wir waren als österreichischer Meister, also richtig gesagt, eigentlich Meister des Gaues Wien der Ostmark, in der großdeutschen Meisterschaft die Ersten, also deutscher Meister. Knapp vorher hat die SA den Fußballmeister von Deutschland, genauer gesagt alle Spieler der Mannschaft, zu Ehrenmitgliedern ernannt. Daraufhin war die SS wütend und hat die Spieler des Handballmeisters von Deutschland zu ihren Ehrenmitgliedern ernannt. Glaube mir, ich habe das alles vorher nicht gewußt." Jetzt wurden die Listen der SA- und SS-Mitglieder gefunden. Natürlich wurde er als SS-Ehrenmitglied als belasteter Nationalsozialist registriert.

Ein alter Genosse, mit dem ich auch als Vertreter häufig Kontakt hatte, war eines Tages, als ich ihn geschäftlich besuchte, ganz zerstört. „Wast hast du?" - „Ich bin tauglich erklärt worden", erzählte er mir. „Das passiert jedem", versuchte ich ihn zu trösten. „Naja, aber ich wurde zur Waffen-SS einberufen." Damit unterstand er der SS-Leitung und war für das, was sie taten, mitverantwortlich. Er konnte nichts dagegen tun. Was immer er gemacht hätte, hätte damals sofort eine Justifizierung zur Folge gehabt.

So war es einem Sohn Otto Tresslers, des bedeutenden Burgschauspielers, ergangen. Er hatte das Knirschen der Gebeine der Menschen nicht mehr ertragen, wenn er mit dem Panzer rücksichtslos über die Schlachtfelder fahren mußte, und war deswegen nach einem Urlaub einfach nicht mehr zu seiner Einheit zurückgekehrt. Beim Versuch, die Grenze zur Schweiz zu überschreiten, wurde er erwischt und sofort zum Tode verurteilt. Ein Kniefall seines Vaters vor Göring rettete ihm das Leben.

Natürlich waren das Ausnahmen. Aber die Welt ist recht kompliziert, und es erscheint mir wichtig, jeden Fall genau zu betrachten, um richtig urteilen zu können. Das versuchte ich auch bei der Frage der Entnazifizierung. In diesen Kommissionen, die jeweils aus je einem Vertreter der ÖVP, der KP und der SP zusammengesetzt waren, war es oft nicht leicht, zu einer gerechten Entscheidung zu gelangen. Kannte ich die Personen, die Art und Umstände, wie sie sich in der Zeit des Faschismus verhalten hatten, fiel es mir nicht schwer, wenn ich es als richtig empfand, ihnen hilfreich unter die Arme zu greifen. Immerhin wurden bei diesen Verhandlungen Entscheidungen über ihr weiteres Leben getroffen. Wo es vertretbar erschien, war ich der Meinung, man sollte den Menschen Chancen geben und ihnen die Möglichkeit offenhalten, ihre Qualitäten für die Gemeinschaft zur Verfügung zu stellen.

Einer von vielen Fällen, die ich zu behandeln hatte, war das Ehepaar Wessely-Hörbiger, beide als NSDAP-Mitglieder angegeben. Für den Vertreter der ÖVP war das ein klarer Fall: Belastete Nationalsozialisten. Hatten die nicht als Schauspieler in dieser Zeit das Regime gestützt? Ich sagte, was ich von Frau Wessely wußte, daß sie eine fromme Katholikin und nie eine echte Nationalsozialistin gewesen sei. Gemeinsam mit dem Kommunisten gelang es mir, sie beide zu entnazifizieren. Später spielte Attila Hörbiger in dem Film „Die blaue Donau“. Dieser Film zeigt den Aufstieg der Nationalsozialisten und die Gegensätzlichkeiten zwischen den Konservativen und den Sozialisten, die dazu führten, daß die Nationalsozialisten an die Macht gelangten. Bei diesem Film wurde ich stark an die Entnazifizierungsverhandlungen erinnert, als ich Hörbiger in der Rolle des sozialistischen Abgeordneten in den Anfängen der Zweiten Republik sah.

Ein anderes Beispiel war Lotte Lehmann, der das Unterrichtsministerium nach 1945 die Zusage einer Pension verweigerte, weil sie angeblich ohne Grund ins Ausland gegangen war. Ich wußte aber, daß ihr Lebensgefährte ein Jude war und das der Grund ihrer Ausreise gewesen ist. Diese Tatsache hatte man bei der Beurteilung geflissentlich übersehen. Da ich das nicht richtig fand, interpellierte ich den Unterrichtsminister. Kaum war das geschehen, war auch schon alles bereinigt.

Anders reagierte ich, als Raab mich bat, Reinhard Kamitz, den späteren Finanzminister, von dem ich genau wußte, daß er Nationalsozialist war, von den Räumungsarbeiten, zu denen er wie jeder andere Nationalsozialist auch herangezogen worden war, zu befreien. „Schauen Sie“, sagte ich, „ich kann den Leuten nicht begreiflich machen, warum den einen befreien, den anderen nicht. Das geht nicht.“ Und ich unternahm nichts.

Auch als Burgtheaterdirektor Raoul Aslan, selbst ein bekannter Gegner der Nationalsozialisten, für einen seiner Schauspieler, Eduard Volters, dem ehemaligen Betriebsobmann der NSDAP im Burgtheater, eine Befreiung erwirken wollte, konnte ich keinen Grund finden, hier einzugreifen. Er mußte auch weiterschaufeln und graben wie jeder andere Nationalsozialist.

Wiedergutmachung

Schon in den Apriltagen hatte man sich darauf geeinigt, daß jedes zwischen 1933 und 1945 unrechtmäßig dem Eigentümer entzogene Eigentum wieder zurückgegeben werden sollte. Hatte es sich für die NS-Zeit vor allem um die Rückstellung „arisierten" Vermögens von Juden und anderen politisch mißliebigen Personen gehandelt, so ging es für die austrofaschistische Zeit um die Rückgabe des Eigentums, das den vielen aufgelösten Arbeiterorganisationen entzogen worden war.

In den Bundesländern lagen die Verhältnisse nicht sehr kompliziert und konnten relativ rasch erledigt werden. Die sozialistischen Gewerkschaften schufen sich im „Restitutionsfonds der Freien Gewerkschaften" ein geeignetes Instrument, das die zurückgestellten Werte für die sozialistische Fraktion des ÖGB verwaltete.

Schwieriger waren die Verhältnisse in Wien. Hier gab es Besitzrechte an Häusern und Liegenschaften, Kinos, Gasthäusern und Geschäftsbeteiligungen, mit oftmals verworrenen Besitzverhältnissen. Viele der berechtigten Organisationen waren außerstande, die finanziellen Lasten zu tragen, die aus der Übernahme und Betriebsführung entstanden. So entschloß man sich im Jahre 1949 alle diese Rechte in einem „Verband der Wiener Arbeiterheime", natürlich mit Zustimmung der Vorbesitzer, zu konzentrieren. Die Geschäftsführung wurde mir übertragen. - Es waren seit meinem Ausscheiden aus dem „Bund politisch Verfolgter" erst wenige Wochen vergangen. - Nun war es meine Aufgabe, das Parteivermögen in Wien zurückzuholen. Die Wichtigkeit der Position, die ich von 1949 bis 1954 innehatte, wurde dadurch betont, daß man sie mit dem Zentralsekretär und dem Wiener Sekretär gleichsetzen wollte. Felix Slavik, der Wiener Sekretär, opponierte so, daß der Parteivorstand schließlich beschloß, die Stelle nicht ganz gleichzusetzen. Das wurde so vollzogen, daß mein Gehalt um fünfzig Schilling niedriger gehalten wurde als das der beiden Sekretäre. Es war geradezu lächerlich, diente aber zur Befriedigung Slaviks.

Auf diese Weise kam ich ins Bau-, Gasthaus- und Kinogeschäft. Ich eröffnete Gasthäuser und strebte jetzt, im Gegensatz zu meiner Meinung in der Zwischenkriegszeit, wo ich immer davon sprach, die Leute aus den Gasthäusern zu holen, danach, die Gasthäuser für die Menschen wieder attraktiv zu machen. Das hatte einen Grund: Mit der Verbesserung des Wohnungsstandards, vor allem durch die Errichtung vieler Gemeindebauten, hatten es die Arbeiter nicht mehr notwendig, in die Gasthäuser zu gehen. Es bestand also die Intention, neue Aktivität zu mobilisieren. Die Privatlokale der Partei, meist im Souterrain eines Gemeindebaues, waren zu wenig attraktiv. Ich setzte in den Gasthäusern, deren Konzessionen uns zurückgegeben wurden, Wirte ein, von denen ich wußte, sie würden ihre Sektionen mitbringen und damit das Parteileben in die „interessanteren" Gasthäuser verlegen.

Im Juni 1948 beschloß der Nationalrat das Wohnungswiederaufbaugesetz. Es beinhaltete, daß Häuser auf ausgebombten Gründen, wenn sie mehr als zur Hälfte bewohnt gewesen waren, auf Kosten des Staates neu aufgebaut werden konnten. Franz Prinke, Abgeordneter der ÖVP und Proponent des Gesetzes, gründete einen Verein und kaufte Bombengründe noch und noch, die oft billig zu haben waren. Auf diesen baute er dann. Zum Beispiel Ecke Vormosergasse - Hofzeile war ein Grund, auf dem ein ebenerdiges Wohnhaus stand mit Wohnungen für den Direktor und den Schulwart der danebenliegenden einklassigen Volksschule, von der ebenfalls ein Zimmer als Wohnraum benutzt wurde. Es war also mehr als die Hälfte der auf dem Grund ausgebombten Häuser zu Wohnzwecken benutzt worden. Hier entstanden ungefähr dreihundert Wohnungen. Diese waren für die Wohnungssuchenden finanziell extrem günstig, da nur der Grundpreis, etwas höhere Verwaltungskosten und die Betriebskosten zu zahlen waren. Prinke vergab diese Wohnungen, wie auch nicht anders zu erwarten war, ausschließlich an Leute, die ihm und seiner Partei wohlgesinnt waren. Das hatte natürlich zur Folge, daß es in diesem Sprengel fast nur ÖVP-Stimmen gab und wir oft nicht einmal zehn Prozent der Stimmen verzeichnen konnten.

Obwohl ich mit dem Wiederaufbau eigentlich nichts zu tun hatte, machte ich mir darüber Gedanken und war der Meinung, daß wir das, was Prinke da machte, eigentlich auch können müßten. Mein Vorschlag stieß auf Interesse, und der Wiener Vorstand beschloß, dem Verband der Wiener Arbeiterheime ein Baubüro anzugliedern, um ebenfalls die Vorteile des Ersatzes der Baukosten für den Wiederaufbau ausgebombter Komplexe in Anspruch nehmen zu können. Da es meine Idee gewesen war, unterstellte man auch dieses Büro meiner Aufsicht. Es wurden Bombengründe gekauft, und eine rege Bautätigkeit begann.

Die Ausstattung der Wohnungen war bewußt einfach. Im Gesetz war festgelegt, daß die Kosten einer Wohnung nicht mehr als hundertfünfzigtausend Schilling betragen durften. Davon mußten zehn

Prozent Eigenmittel aufgebracht werden. Man mußte also fünfzehntausend Schilling für eine solche Wohnung zahlen. Den Rest streckte der Bund vor, und er konnte in kleinen Raten zurückgezahlt werden. Die finanziellen Vorgaben waren so gewählt, daß jeder die Chance hatte, eine dieser Wohnungen zu erwerben. Bald entdeckten jedoch viele „bessere" Leute, besonders höhere Beamte, daß hier billige Wohnungen zu haben waren, während sie Gemeindewohnungen, bei deren Vergabe das Einkommen berücksichtigt wurde, nicht bekommen konnten, weil sie einfach zu viel verdienten. Bei unseren Wohnungen war das anders. Doch die Ausstattung war diesen „besseren" Leuten nicht komfortabel genug. Da verlangte Slavik von mir, daß ich statt fünfzehntausend doch hunderttausend Schilling an Eigenmittel verlangen solle, um damit eine bessere Ausstattung zu ermöglichen. Ich sagte: „Das tue ich nicht. Wir bauen diese Wohnungen, damit arme Taufel, die sich sonst keine Wohnung leisten könnten, in die Lage versetzt werden, eine zu erwerben: Mit Beträgen, die sie auftreiben können." Ich weigerte mich, diesen Grundsatz aufzugeben, um den höheren Beamten, die keine finanziellen Schwierigkeiten kannten, in die Hände zu arbeiten. Aber Slavik gab nicht nach. Darüber kam es zu Differenzen. Er verlangte, daß ich kündigen sollte. Ich fand es absurd. „Kündigen werde ich nicht. Ich vertrete hier einen Standpunkt, den ich für richtig halte und der dem Gesetz entspricht. Ich werde nicht gehen." So kündigte er mich und entließ mich mit einer Abfindung, für die zwei Jahre meines Dienstes.

Meine Frau glaubte, mir in dieser Situation helfen zu können und ging, ohne mir darüber Bescheid zu sagen, zu Körner. Sie wußte, daß er ihr sehr zugetan war, was auf einer kleinen Episode beim ersten Ball im Rathaus nach der Befreiung basierte. Körner hatte sich für einige Zeit zurückgezogen, um ein bißchen auszuruhen. Manche der Frauen von führenden Funktionären erwarteten ihn vor der Tür, um ihm ihre Bewunderung kundzutun. Körner ließ sich nie gern bewundern und wies sie alle, fast ein wenig unhöflich, zurück. „Was ich wirklich brauche, ist eine Krankenpflegerin", sagte er. „Ich bin eine", gab meine Frau sehr schlagfertig zur Antwort, und er lachte. Wir hatten ein recht gutes Verhältnis zu ihm, und er schaute immer auf einen kurzen Besuch bei uns herein, wenn er bei einem befreundeten Wohnungsnachbarn zu Besuch war und schaukelte unsere beiden Mädchen auf seinen Knien. Als ich hörte, daß meine Frau ihm jetzt ihr und auch mein Leid geklagt hatte, bat ich ihn umgehend um einen Termin. „Ich habe Gretl nicht gesagt, sie soll dich um deine Hilfe bitten", sagte ich entschuldigend. Sie hatte es gut gemeint, das wußten wir beide, aber wir wußten auch beide, daß es ihm als Bundespräsidenten unmöglich war, in diese parteiinterne Angelegenheit einzugreifen. Abgesehen davon war er wie ich der Meinung, daß ich mich hier allein durchzusetzen hatte.

Es gab einen Beschluß, der besagte, daß alle Dienstzeiten, die im Parteidienst verbracht worden waren, inklusive der Verfolgungszeiten, in eine Berechnung der Abfindung eingerechnet werden müßten. Ich war seit dem Jahre 1925 Parteiangestellter und hätte demzufolge wesentlich mehr bekommen müssen, doch ich ließ die Sache auf sich beruhen.

Viele Jahre später, als Eduard Weikhart das Wiener Sekretariat übernahm, weil Slavik in den Stadtrat gewechselt hatte, blätterte er einmal die Akten durch und fragte mich: „Warum hast du keine Abfertigung bekommen?" - „Ich habe eine bekommen, aber nur für zwei Jahre." Da sagte Weikhart: „Das gibt es nicht. Slavik ist jetzt Finanzstadtrat. Du mußt den ganzen Betrag, der dir zusteht, bekommen."

PARLAMENT

Parlamentarischer Alltag

Parallel zu all diesen Tätigkeiten - und jetzt muß ich wieder einen großen Sprung zurück machen - verlief meine Tätigkeit als Abgeordneter. Die parlamentarische Arbeit besteht zu einem guten Teil darin, an Ausschußsitzungen teilzunehmen, bei denen zumeist Unterausschüsse gebildet werden, die die anfallende Problematik im Detail behandeln. Die Arbeit geschieht also eigentlich in den Ausschüssen beziehungsweise Unterausschüssen, wo die politische Diskussion stattfindet.

Mit Hilde Krones und Erwin Scharf vereinbarte ich, daß wir uns für jene Ausschüsse melden, die nicht so populär waren. Das waren beispielsweise der Justiz- oder der Verfassungsausschuß. Diese Arbeitsbereiche waren insofern nicht beliebt, da es notwendig war, oft sehr stetig und ohne einen raschen Erfolg verzeichnen zu können, an einem Entwurf zu arbeiten hatte. Nachdem wir uns für diese Ausschüsse gemeldet hatten, sollte unsere Arbeit beginnen. Wir konnten natürlich von parlamentarischer Arbeit keine Ahnung haben. Als ich zum ersten Mal Bericht erstatten mußte, wußte ich überhaupt nicht, wie ich das machen sollte. Woher sollten wir das wissen? Mit Hilfe einiger Beamter des Justizministeriums versuchte ich meinen ersten Bericht aufzusetzen. An einem Aschermittwoch verlas ich ihn im Parlament. Gabriele Proft lobte mich, worüber ich mich sehr freute: „Es hat gut gepaßt, als du sagtest: Es ist Schluß mit dem, was vorher war. Und das an einem Aschermittwoch."

Fast jeden Tag verbrachte ich im Parlament. Das war für mich als Wiener selbstverständlich und auch einfach, weil ich ja hier wohnte. Für die Abgeordneten aus den Ländern stellten sich da größere Schwierigkeiten. Sie übten meist noch andere Funktionen aus und nahmen deshalb am liebsten nur die großen Parlamentssitzungen wahr. Natürlich fehlte ihnen dann die Routine. Ich hatte erstens die parlamentarische Arbeit inzwischen erlernt und zweitens aus der Zeit der Studentenbewegung und der Zeit der „alten" Linken vor 1934 gute Kontakte zu den Ländern. So entwickelte es sich ganz von selbst, daß ich zu einer Art Mittler zwischen den Vertretern aus den Bundesländern und den Wienern wurde. Wenn ein Abgeordneter zum ersten Mal nach Wien kam, wurde er mir von Klubobmann Pittermann ans Herz gelegt. Ich kümmerte mich um ihn, führte ihn in alle Geschehensabläufe ein und zeigte ihm, wie man arbeiten kann und wie man arbeiten soll.

Ich sprang aber auch ein, wenn Not am Mann war. Im Justizausschuß stand einmal das Gesetz über die Patronatsverhältnisse der Kirche im Land Salzburg zur Debatte. Aufgeregt kam der Salzburger Abgeordnete, Preussler, der darüber sprechen sollte, zu mir: „Ich muß unbedingt nach Salzburg zurück. Kannst du für mich einspringen?" Ich verbrachte etliche Stunden damit, mich über die Patronatsverhältnisse in Salzburg zu informieren und sprang ein. Am Abend fuhr ich nach Ramseiden. Auf dem Bahnhof stand bereits ein Gendarm, der mir ausrichtete: „Der Herr Landeshauptmannstellvertreter möchte gerne wissen, was los war. Er bittet Sie, ihn anzurufen." So erzählte ich dem Salzburger Parteiobmann und Landeshauptmannstellvertreter, Franz Peyerl, was im Parlament für Salzburg gemacht wurde. Bewußt versuchte ich solche Verbindungen zu den Ländern zu stärken.

Ich nützte auch die Zeit der Budgetdebatte im Dezember, in der die meisten Abgeordneten acht bis vierzehn Stunden in Wien waren, indem ich in Döbling, manchmal in allen Sektionen, Versammlungen veranstaltete, bei denen Abgeordnete aus den Ländern referierten. Die Wiener konnten dadurch erfahren, wie die Situation in den Bundesländern war, und die Abgeordneten hatten die Möglichkeit zu beobachten, wie die Wiener die Entwicklung auf dem Land beurteilten. Noch immer finde ich es sehr wichtig, miteinander zu reden.

Von den achtundzwanzig Wiener sozialistischen Abgeordneten war ein beträchtlicher Teil entweder in der Regierung, in der Gemeinde oder in der Gewerkschaftsführung tätig. Ihre Zeit, stundenlange Ausschußsitzungen zu besuchen, hielt sich also sehr in Grenzen, so daß die parlamentarische Kleinarbeit von den wenigen Wienern geleistet werden mußte, die keine oder nur wenige Funktionen innehatten. Ich war einer von denen, die hier intensiv eingesetzt wurden. Es kam nicht selten vor, daß um acht Uhr früh mein Telefon läutete: „Um halb neun ist eine Ausschußsitzung. Es sind nicht genug Leute. Wenn du nicht kommst, haben wir keine Beschlußfähigkeit." Jedes Ausschußmitglied konnte durch ein beliebiges Mitglied des Klubs ersetzt werden. Man hatte es nur in der Parlamentsdirektion vor der Sitzung mitzuteilen. Ich übernahm diese Aufgaben gern, denn ich kam in viele Ausschüsse, denen ich nicht angehörte, und jedesmal lernte ich etwas dabei und gewann dadurch einen großen Überblick. In der ersten Legislaturperiode gehörte ich folgenden Ausschüssen als Mitglied an: Dem Ausschuß für auswärtige Angelegenheiten, dem Geschäftsordnungsausschuß, dem Immunitätsausschuß, dem Ausschuß für Unterricht, dem Unvereinbarkeitsausschuß, dem Ausschuß für Verwaltungsreform und schließlich dem Justizausschuß.

Bruno Pittermann, der geschäftsführende Obmann des Klubs, sah diese Entwicklung sehr mißtrauisch, weil sie die Zahl der aktiven und vielseitig verwendbaren Abgeordneten immer mehr schrumpfen ließ. Darum hielt er am Beginn jeder Legislaturperiode eine mahnende Rede und verlangte, daß jeder Abgeordnete nur zwei Ausschußmandate besetzen sollte. Ich aber hatte nach der Konstituierung um ein Ausschußmandat oder mindestens eine Ersatzmitgliedschaft mehr. Als ich bereits Mitglied in zehn und Ersatzmitglied in sieben Ausschüssen war, hielt er wieder diese Rede. Ich meldete mich zu Wort und sagte: „Lieber Bruno, wenn du uns das noch einmal predigst, lege ich meine Mitgliedschaft in allen Ausschüssen zurück und behalte nur mehr zwei, den Zoll- und den Unvereinbarkeitsausschuß. Bei diesen gibt es nämlich nur höchstens einmal im Jahr eine Sitzung."

Justiz

Im Justizausschuß war eine der wichtigsten Aufgaben, die wir uns gestellt hatten, die Reform des Strafrechtes. Derartige Bestrebungen gab es eigentlich, seit es ein Strafrecht gab. Da konnten wir auf eine gewisse Tradition zurückblicken: Das Strafrechtsgesetz von 1776 für die zu Österreich bei der ersten Teilung Polens gekommenen Gebiete versuchte, das polnische Strafrecht dem österreichischen anzugleichen. Die napoleonischen Kriege gaben den Anstoß zu einem Strafrechtsgesetz, das 1811 in Kraft trat.

Seither gab es immer wieder Reformversuche, wie die ernsthaften Verhandlungen in der Ersten Republik, die eine gleichgerichtete Reform des reichsdeutschen und des österreichischen Strafrechtes erreichen wollten. Im Jahre 1954 schien der Zeitpunkt gekommen, die Diskussion darüber wieder aufzunehmen. Tschadek und ich beantragten eine große Enquete. Wir luden Juristen aus den verschiedensten Disziplinen dazu ein, darunter auch hervorragende Persönlichkeiten, wie die Professoren Rittler und Kadecka, die sich bereits in der Ersten Republik damit beschäftigt hatten, um ihre Meinung und Vorschläge zu hören. Diese Enquete war sehr erfolgreich.

Die Regierung setzte eine Strafrechtskommission ein. Sie bestand aus fünfundzwanzig Personen, unter denen sich Experten aus dem Kreise führender Richter, Staatsanwälte, Rechtsanwälte, Hochschullehrer, Leiter von Strafanstalten und fünf Parlamentarier befanden, je zwei Vertreter von SPÖ und ÖVP und einem der FPÖ. Ich war sehr überrascht, daß gerade ich neben Otto Tschadek diese Aufgabe übernehmen solle. Meine Referenzen: drei Semester Jusstudium - ich hatte also eine gewisse Ahnung - und ständiger Berichterstatter über das Justizbudget im Parlament. Doch genau betrachtet war ich doch der einzige „Nichtjurist" in der Strafrechtskommission. So repräsentierte ich den „Nichtjuristen", indem ich die Gedanken, Überlegungen und mögliche Kritik der Bevölkerung zum Ausdruck und in die Debatte einbrachte. Es ist wichtig, die Meinung der Menschen, für die ein Gesetz gemacht wird, in die fachlichen Überlegungen miteinzubeziehen. Deshalb warteten die großen Juristen oft darauf, daß ich mich zu Wort meldete, bevor sie ihre eigene Stellungnahme abgaben.

Die Sitzordnung der Kommission war durch das Alphabet bestimmt. Ich, Mark, saß neben Fritz Nowakowski, dem Rechtstheoretiker aus Innsbruck, auf der einen und Otto Kranzlmayr, dem Justizsprecher der ÖVP, auf der anderen Seite. Wir tratschten sehr viel miteinander und versuchten durch diese Gespräche schon herauszubekommen, wie unsere Standpunkte ankamen beziehungsweise wie stichfest sie waren, bevor wir sie der Kommission vortrugen. Trug ich mich mit dem Gedanken, etwas vorzuschlagen, beriet ich mich stets mit Nowakowski. Seine Hinweise waren für mich sehr wertvoll, meine für ihn manchmal auch, zum Beispiel wenn es sich um eine freie Konsulentenstelle im Justizministerium handelte.

Ein wichtiger Punkt der Debatte war das Strafausmaß. Festgesetzt in Begriffen des Jahres 1811, also einer Zeit ganz anderer

Einstellung zu den Dingen, wurden die Strafen schon seit langer Zeit nicht mehr innerhalb des gesetzlichen Strafausmaßes verhängt. Um ein Beispiel zu nennen: Im Gesetz ist für ein bestimmtes Verbrechen das Strafausmaß von fünf bis zehn Jahren vorgesehen. Die Praxis zeigte, daß in der Regel schon lange nicht mehr fünf, sondern drei Jahre verhängt und dafür alle möglichen Milderungsgründe strapaziert wurden, um diese Vorgangsweise zu rechtfertigen. Meines Erachtens war es ein vollkommener Unfug, Gesetze zu haben, um sie dann nicht einzuhalten. Es erschien uns also sinnvoll, die Gesetze der tatsächlichen Ausübung anzupassen. Die Strafsätze wurden von der Kommission in den meisten Fällen wesentlich herabgesetzt. Auffallend und historisch interessant war bei dieser Arbeit, daß die Strafsätze bei Vergehen und Verbrechen gegen Leib und Leben im allgemeinen niedriger waren als bei Eigentumsdelikten. Auch das wurde ansatzweise verändert.

Jedes Jahr war ich der Berichterstatter über das Justizbudget. Das hatte den Vorteil, daß ich alle möglichen Unterlagen und Daten vom Justizministerium zur Verfügung gestellt bekam. Beim Durchblättern einiger Akten fiel mir einmal auf, daß die Zahl der Untersuchungshäftlinge prozentuell in Österreich viel höher lag als in anderen vergleichbaren Ländern. Was steckte dahinter? Da ein Untersuchungshäftling gegenüber einem Strafgefangenen gewisse Vorteile und Annehmlichkeiten genießt, weil er ja noch nicht verurteilt ist, versuchten viele Richter, die Untersuchungshaft möglichst lange auszudehnen. Das wieder kostete den Staat viel Geld. Um hier eine Änderung herbeizuführen, griff ich den Gedanken auf, an Stelle von Freiheitsstrafen Geldstrafen zu setzen. Da pauschal festgesetzte Geldstrafen zur Förderung sozialer Ungerechtigkeiten beigetragen hätten, versuchten wir eine andere Form zu finden und entwickelten das System der Taggelder. Sie wurden der Einkommenshöhe des Angeklagten entsprechend berechnet: Eine Strafe von hundertachtzig Tagen bei einem Einkommen von dreißigtausend Schilling monatlich ergibt bei tausend Schilling pro Tag eine Strafe von hundertachtzigtausend Schilling. Bei demselben Strafausmaß und einem Einkommen von nur fünfzehntausend Schilling wäre dann nur die Hälfte zu bezahlen, pro Tag also fünfhundert Schilling. Das heißt die Geldstrafe entsprach der finanziellen Leistungsfähigkeit. Interessanterweise hatte die Einführung dieses Systems zur Folge, daß viele Richter, wo sie konnten, dem Verhängen von Taggeldern auswichen und vor allem Angehörige höherer sozialer Schichten vor größeren finanziellen Verlusten dadurch schützten, daß sie, wo es nur ging, bedingte Freiheitsstrafen verhängten. Das kann wieder ganz einfach aus der politischen Einstellung mancher höherer Justizbeamten erklärt werden, die die Interessen ihrer „Standesgenossen“ wahrnahmen.

Eine sehr wichtige Frage im Zusammenhang mit der jüngsten Vergangenheit war die Frage des Genozids, des Völkermordes. Völkermord ist alles das, was dazu führt, daß eine Gruppe von Menschen aus nationalen, religiösen oder rassischen Gründen schlechter behandelt oder in eine Situation gebracht wird, in der sie zugrunde geht. Eine Problematik, die die Ausrottung der Indianer genauso betrifft, wie die Vernichtung der Juden oder Zigeuner. Der Völkermord ist eine sehr verbreitete Sache. Natürlich war das uns Sozialisten ein Anliegen, ihn im österreichischen Strafgesetz streng zu bestrafen. Im Widerspruch zu den meisten anderen Kommissionsmitgliedern, die lieber darüber hinweggehen wollten, setzte ich mich, unterstützt von Professor Rittler, dem ältesten und berühmtesten Juristen in der Kommission, für einen diesbezüglichen Gesetzesvorschlag ein, der als Minderheitsvotum angemeldet wurde. Er wurde erst viele Jahre später etwas verschärft, ist aber, meiner Meinung nach, immer noch viel zu flexibel, um die entsprechende Wirkung zu erzielen.

Die Todesstrafe wurde in Österreich erst im Jahre 1950 abgeschafft. Im Jahre 1920 war sie in der Verfassung verboten worden. 1933 war dieser Paragraph durch Notverordnung außer Kraft gesetzt worden, um durch Einsetzung von Standgerichten den illegalen nationalsozialistischen Terrorakten eine Abschrekkung entgegenzusetzen. Das Naziregime hatte die Regelung natürlich beibehalten. Viele Abgeordnete, Bürgerliche und Sozialisten, waren der Meinung, man solle die Todesstrafe wegen der Naziverbrechen weiter behalten. Gegen meinen Willen wurde im Justizausschuß beschlossen, für die Aufrechterhaltung des Paragraphen zu stimmen, und Tschadek schlug mich als Berichterstatter vor. Da stand ich dann und mußte die Aufrechterhaltung verteidigen. In der anschließenden Diskussion meldete sich Tschadek zu Wort und hielt eine flammende Rede gegen die Todesstrafe, um am Schluß festzustellen, daß die Sozialisten für den Ausschußantrag stimmen würden. Da konnte ich mich nicht zurückhalten: „Das war das letzte Mal, daß du mir so etwas machst. Das nächste Mal hältst du das Referat, und ich kann endlich meine Meinung äußern.“ Das Gesetz mußte von Jahr zu Jahr verlängert werden. Im darauffolgenden Jahr versuchte ich zusammen mit Professor Gschnitzer, einem Abgeordneten der ÖVP, und unterstützt vom VdU, eine nochmalige Verlängerung zu verhindern. In diesem Jahr gelang es uns noch nicht, erst im Jahr darauf hatten unsere Bemühungen Erfolg.

Manchmal braucht es viel Zeit und Geduld, bis eine Idee verwirklicht werden kann, wie etwa beim Paragraph 144, der Abtreibung mit Strafe bedrohte. Die Konservativen wollten das keimende Leben unter allen Umständen schützen. Wir sahen in der Verantwortung neuem Leben gegenüber auch eine soziale, gesellschaftliche und ökonomische Komponente sowie das Recht der Frauen, über ihren eigenen Körper ohne Strafverfolgung zu verfügen. In der Strafrechtskommission befand sich keine einzige Frau. Da verlangte ich von der Partei, daß zu meiner Beratung Frauen, Mediziner und Juristen, die sich mit dem Problem befaßten, regelmäßig zusammengerufen wurden, um festzulegen, welche Haltung die sozialistischen Mitglieder in der Kommission einnehmen sollten. In diesem Gremium wurden auch Sachverständige und Experten für die Kommission festgelegt. Wir entschieden uns, Emil Tuchmann, den Chefarzt der Krankenkassen, und Tassilo Antoine, den führenden Frauenarzt und Chef der Frauenklinik, der aber keineswegs der SPÖ nahestand, als Experten vorzuschlagen. Tuchmanns Argumente beeindruckten immer wieder. Man mußte nur den passenden Zeitpunkt wählen, um sie taktisch klug unterzubringen. „Ich bin dein Kettenhund“, pflegte er deshalb zu mir zu sagen, „Du mußt sagen, wenn du mich loslassen willst.“ Als ich die Zeit für gekommen hielt, flüsterte ich: „So, jetzt mach einen Wirbel“, und ich konnte mich darauf verlassen, daß es passierte. Großes Aufsehen erregte damals auch die Offenheit Antoines, der sagte: „Meine Herren! Wenn Sie die Abtreibung weiter strafbar lassen wollen, dann bitte ich Sie, mich anzuzeigen, denn ich habe mindestens fünftausend Frauen in der Russenzeit die Unterbrechung der Schwangerschaft in meiner Klinik möglich gemacht.“

Diese Äußerung spielte gleichzeitig in die Diskussion des Ärztegesetzes, bei dem ich im Unterausschuß des Sozialausschusses beteiligt war. Bruno Pittermann und ich kämpften lange und verzweifelt dagegen, der Ärztekammer ein Disziplinarrecht zuzuerkennen. Die anderen Kammern verfügten nicht über ein solches, und eine interne Justiz innerhalb eines Standes erschien uns politisch gefährlich. Das, was wir befürchtet hatten, trat dann auch prompt ein. Standesinteressen wurden vor die allgemeinen gereiht, und Ärzte, die abtrieben, wurden immer wieder von der Ärztekammer wegen standeswidrigen Verhaltens diszipliniert.

Allen Bemühungen zum Trotz gelang es uns nicht, mehr als die medizinische Indikation durchzusetzen. Die eugenische und die soziale wurden von der ÖVP in der Regierung nicht anerkannt. Die sozialistischen Frauen organisierten einen Sturm der Entrüstung. Bei dem kurz darauf folgenden Parteitag der SPÖ trafen Dutzende von Resolutionen aus ganz Österreich ein. Der Parteitag beschloß, die Fristenlösung ohne Einschränkung zu verlangen. Christian Broda, damals Justizminister, stellte dann zum Entsetzen der ÖVP fest, daß er den Regierungsentwurf, den er selbst eingebracht hatte, nicht vertreten könne und verlangte die Fristenlösung.

Bei der ersten Sitzung der Grundrechtskommission hielt Bundeskanzler Klaus eine fulminante Eröffnungsrede. Dabei verstieg er sich zu sagen: „Natürlich kann man soziale Rechte nicht in der Verfassung verankern, zum Beispiel das Recht auf Arbeit." Das steht jedoch in den meisten Verfassungen Europas. „Das kann man nicht verfassungsmäßig schützen." Ich meldete mich zu Wort: „Dann hat die ganze Kommission keinen Sinn mehr, denn natürlich wird von uns verlangt werden, daß die sozialen Grundrechte ebenso geschützt werden, wie etwa die Interessen der Besitzenden." Er legte es dann als Mißverständnis aus, aber der Tenor war doch deutlich spürbar gewesen und hatte nach einer Antwort verlangt. Wir beantragten in diesem Zusammenhang, daß Vertreter der Arbeiterkammer in die Grundrechtskommission aufgenommen werden sollten, um sich, zum Beispiel, um die Verankerung des Arbeitsrechtes zu kümmern.

Erst 1972, als wir die absolute Mehrheit im Parlament erlangt hatten, erklärte sich die ÖVP bereit, den ganzen Strafrechtsentwurf anzunehmen, forderte aber eine getrennte Abstimmung über den Paragraph 144. Er mußte mit Mehrheit - alles andere konnte einstimmig - beschlossen werden.

Später wurde auch eine Kommission für die Neufassung der Grundrechte, der ich wieder angehörte, eingesetzt. Hier waren meine Sitznachbarn Heinrich Neisser von der ÖVP und der Salzburger Verfassungsrechtler, der allzu früh verstorbene René Marcic. Und wieder ging es, wie ehemals in der Strafrechtskommission: Wir drei tratschten und brachten oft gleichartige Ansichten und Anträge vor.

Auch der Strafvollzug wurde neu überarbeitet. Dazu gehörten einige Punkte, die im Sinne der Menschlichkeit verändert und neue Formen dafür gesucht werden sollten. Den Konservativen war das ein Dorn im Auge. Mit Unterstützung der Medien gelang es ihnen, einige Fortschritte zu lächerlichen „unverantwortlichen Eskapaden sozialistischer Traumvorstellungen" zu verunstalten. Ein Beispiel: der sogenannte „Häfenurlaub". In Österreich existiert seit jeher die

Bestimmung, einen Häftling unter bestimmten Umständen und auf bestimmte Zeit vor Ende der verhängten Strafe zu entlassen. Das war sogar in Wöllersdorf der Fall gewesen. In der Schweiz und in Süddeutschland war es auch seit Jahrzehnten üblich. Trotzdem verwendete man es, um gegen Christian Broda zu hetzen und warf ihm vor, die Verbrecher nach Hause zu schicken, damit sie wieder morden können. Natürlich wußten nicht alle Sträflinge mit der ihnen auferlegten Verantwortung umzugehen. Aber welche Sache birgt kein Risiko in sich?

Eine weitere Auseinandersetzung mit den Bürgerlichen bahnte sich an, als wir erreichen wollten, daß eine lebenslängliche Haftstrafe bei entsprechender Bewährung ausgesetzt werden kann. Dagegen wurde eine maßlose Kampagne unter dem Motto: „Lebenslänglich muß lebenslänglich bleiben“ gestartet. Wir begründeten unser Anliegen mit Berufung auf Expertenberichten des Strafvollzuges, die folgende These vertraten: Wenn ein Häftling weiß, daß es nichts gibt, was er tun könnte, um herauszukommen, dann kennt er keine Hemmungen mehr. Die Todesstrafe gibt es nicht mehr. Abgesehen davon, ist es meines Erachtens nicht richtig, ihm die Hoffnung zu nehmen, jemals wieder in Freiheit zu sein. Unser Klub war, wie es schien, entschlossen, diesen Entwurf zu beschließen. Um ganz sicher zu gehen, daß es hier nicht zu Problemen kommen könnte, sprach ich noch einmal mit Olah, der Klubobmann war. Cernetz, Strasser und ich mußten zu einer Tagung nach Straßburg, aber Olah versicherte mir, es werde alles in Ordnung gehen, ich wisse doch, ich könne mich verlassen.

Einige Tage später traf ich Kranzlmayr in Straßburg. Er sagte: „Wahrscheinlich wirst du es schon wissen, daß euer Klub beschlossen hat: lebenslänglich muß lebenslänglich bleiben.“ Als ich wieder zurück war, ging ich, immer noch wütend, zu Olah: „Ich verlange, daß der Beschluß reassumiert wird.“ „Oh nein“, sagte er, „das ist ein Klubbeschluß.“ „Gut“, erwiderte ich, „dann werde ich die Justizfraktion einberufen.“ Ich war der Vorsitzende, und nach langen Beratungen und Verhandlungen und einer neuerlichen Klubsitzung setzte ich durch, daß der Beschluß reassumiert und die vorhandene Regierungsvorlage angenommen wurde.

Die Veränderung des Strafvollzuges brachte es auch mit sich, daß neue Formen gesucht wurden. Die Lebensverhältnisse in den Gefängnissen wurden verbessert, man sorgte für sinnvollere Arbeitsmöglichkeiten und bessere Entlohnung. Es gab Versuche mit relativ frei geführten Strafanstalten mit der Möglichkeit zur landwirtschaftlichen Betätigung, um nur ein Beispiel zu nennen.

Dazu war es notwendig, direkt in die Gefängnisse zu gehen, um sich ein Bild machen zu können. Um die Meinung der Häftlinge zu erfahren, gingen einige vom Justizausschuß in die Zellen zu den Häftlingen und forderten sie auf, uns ihre Meinung zu sagen. Hier erlebte ich, wie gern mir viele ihr Schicksal erzählten. Es erinnerte mich an meine eigene Haftzeit, und an das Vertrauen jener Mithäftlinge, die mir damals ihre Lebensgeschichte erzählt hatten, nicht selten, so wie jetzt, um sich darüber klar zu werden, wieso sie ihr Weg hierhergeführt hatte. Da wir darum bemüht waren zu helfen, machten wir sie darauf aufmerksam, daß sie vom Beschwerderecht Gebrauch machen könnten, wenn sie es für richtig hielten, und daß sie keine Scheu davor zu haben brauchten. Diesen Rat berücksichtigten sie sehr, so sehr, daß Österreich bei der Menschenrechtskommission des Europarates einen traurigen Ruhm dadurch erwarb, daß die meisten Beschwerden aus unserem Land kamen. Viele von diesen mußten zwar abgelehnt werden, aber wir waren stolz darauf, daß das Vertrauen in eine höhere Gerechtigkeit geweckt worden war.

Zu Beginn der fünfziger Jahre verlangte die katholische Kirche, daß die von ihr in der Zeit des Nationalsozialismus durchgeführten Notehen, die nicht standesamtlich vorgenommen werden konnten und daher rechtlich ungültig waren, nachträglich mit dem Tag der kirchlichen Trauung gültig gemacht werden sollten. Eine Ehe wird nur dann anerkannt, wenn die standesamtliche Trauung vor der kirchlichen stattfindet. Es bedurfte daher eines eigenen Gesetzes, um eine solche Regelung verbindlich zu machen. Wir berieten im Ausschuß und kamen zu dem Schluß, daß die Abänderung des Gesetzes nicht nur Katholiken zugute kommen sollte, sondern auch Paaren, die evangelisch oder privat getraut worden waren.

Als Justizsprecher hatte ich die Aufgabe, darüber im Parlament Bericht zu erstatten. Das amüsierte besonders meine Freunde, da ein Absatz im Gesetz, der auf Grund eines Antrages im Ausschuß eingeführt worden war, genau auf meine persönliche Situation paßte. Sie nannten das Gesetz später scherzhaft „Lex Mark“. Dieses Gesetz hatte zur Folge, daß ich ein drittes Mal getraut wurde. Im Jahre 1953 wurde im Justizpalast die Ehe zwischen meiner Frau und mir mit dem Tag der ersten Eheschließung (1. Oktober 1941) bestätigt. Ich hatte damit ein drittes Mal geheiratet. Und merkwürdigerweise immer dieselbe Frau, wie Kranzlmayr kommentierte.

Eine Frage ganz anderer politischer Natur, im Aufgabenbereich des Verfassungsausschusses, war das Vermögen der Habsburger. Bei der Verhandlung des Habsburgergesetzes traten die verschiedenen Interessen der beiden großen Parteien deutlich zu Tage. Wir unterschieden zwischen privatem Vermögen, das den einzelnen, und dem sogenannten Familienvermögen, das, im Jahre 1919 beschlagnahmt, nicht freigegeben werden sollte. Lujo Toncic, Abgeordneter der ÖVP, erregte sich darüber und zögerte nicht, diesen „unrechtmäßigen Entzug" als Raub darzustellen. Ich lachte und sagte: „Gut, dann bin ich auch dafür, daß Sie das Vermögen der Kuenringer, das diese gestohlen und geraubt haben, zurückgeben." Ich sprach auch vom evangelischen Großgrundbesitz, der im Zuge der Gegenreformation von „verdienten" Offizieren der Habsburgerarmee „übernommen" worden war, was Toncic in Entsetzen versetzte.

Außenpolitik

Staatsvertrag

Besonders wichtig waren die Verhandlungen über den Staatsvertrag, die sich über Jahre hinzogen. „Das Land, das keiner haben wollte", wie es Helmut Andic nannte, arbeitete fleißig daran, frei zu werden. 1954 wurde zum Beispiel in Berlin verhandelt und man erzählt, daß der Bundeskanzler Figl damals mit Raab telefoniert habe, daß die Verhandlungen sehr günstig stünden und daß man sich praktisch über alles einig sei, nur die „Schlußpräambel" sei noch nicht gefunden.

Bei der Botschafterkonferenz im Mai 1955 gelangte man endlich zu einer Einigung. Das Recht auf die staatliche Unabhängigkeit Österreichs und die Integrität des Landes wurden ebenso anerkannt, wie die freie Verfügung über unsere Bodenschätze.

Am 15. Mai wurde der Staatsvertrag zur Wiederherstellung eines unabhängigen und demokratischen Österreich im Belvedere unterzeichnet. Auch ich marschierte mit meinen beiden Töchtern zum Belvedere, um diesem Moment beizuwohnen. Am 26. Oktober, nach dem Abzug des letzten alliierten Besatzungssoldaten, trat dann das Bundesverfassungsgesetz über die immerwährende Neutralität Österreichs in Kraft, das wir alle sehr begrüßten.

Im Zusammenhang mit dem Staatsvertrag wurde auch die Frage des Staatsfeiertages diskutiert. Wir standen auf dem Standpunkt, es müßte der 12. November, der Gründungstag der Republik sein. Die ÖVP war der Meinung, es müßte der Tag des Staatsvertrages sein, denn da sei das „neue Österreich“ erst entstanden. Da wir uns darüber nicht einigen konnten, mußten wir einen Kompromiß finden. Wir nahmen den Tag der Neutralitätserklärung, bisher schon als „Tag der Fahne“ gefeiert, und erklärten ihn zum Staatsfeiertag: den 26. Oktober. Er ist eigentlich ein unmöglicher Staatsfeiertag. An diesem Tag gibt es nichts zu feiern. Um das zu überdecken, finden an diesem Tag die berühmten Märsche statt.

Europarat

Österreich wurde in die UNO aufgenommen, ein Jahr später beschloß der Ministerrat den Eintritt Österreichs in den Europarat. Wir wurden von allen Seiten freundschaftlich aufgenommen. Besonders gut war unser Verhältnis zur bundesdeutschen Delegation, insbesondere mit ihren sozialdemokratischen Mitgliedern, vor allem mit Ernst Paul und mit Annemarie Renger, der späteren Bundestagspräsidentin. Der Europarat verstand sich als Diskussionsforum, bei dem Regierungen und Parlamente ihre Meinung zum Ausdruck bringen und andere Meinungen hören konnten. Er besaß keinerlei Beschlußrechte. Um eine verbindliche Basis zu schaffen, versuchte man Konventionen festzulegen, die jedoch erst dann Gültigkeit erlangten, wenn sie von einer gewissen Anzahl von Europaratsmitgliedern ratifiziert worden waren. Sie galten dann nur für diese Staaten. Ein Beispiel ist die Abschaffung der Todesstrafe, die auf völlig freiwilliger Basis erst nach Jahren von allen Staaten - zuletzt von Frankreich - ratifiziert wurde und für das ganze Gebiet des Europarates in Kraft trat.

Im Mai 1957 wurde Adolf Schärf nach dem Tode Theodor Körners zum Bundespräsidenten gewählt. Bruno Pittermann wurde Vizekanzler und Parteiobmann. Jetzt verlangte er, daß ich in den Parteivorstand kommen sollte. Pittermanns Wunsch, wie auch meiner, war, ihn im Klub zu ersetzen. Ich glaubte, auf Grund meiner persönlichen Freundschaft zu Bruno Pittermann und zu Karl Waldbrunner, die nach dem Ausscheiden Schärfs die führenden Männer in Partei und Regierung waren, vermitteln zu können. Wieder stand Olah im Gegensatz zu mir und konnte diese Situation schließlich für sich entscheiden. Um mich mit dieser Enttäuschung ein wenig zu versöhnen, bot man mir neben der Mitgliedschaft im Parteivorstand, die ich gerne annahm, den freigewordenen Sitz im Europarat an. Ich hatte schon früher das Angebot Pittermanns, für den Europarat zu nominieren, abgelehnt und ihm die Entsendung von Marianne Pollak vorgeschlagen. Mich freute aber dann doch, daß ich vom Nationalrat in den Europarat gewählt wurde. Abgesehen von einer interessanten Tätigkeit, würde ich nun auch die Möglichkeit haben, Europa besser kennenzulernen.

Bei meiner ersten Teilnahme an einer Tagung des Europarates fragte eines der ältesten Europaratsmitglieder, Professor Karl Lugmayer von der ÖVP: „Herr Kollege, was sagen Sie dazu?“ Ich antwortete: „Wissen Sie, Herr Kollege, die Geschichte ist ganz einfach. Wenn man gar keine Illusionen hat, kann man sich denken, daß vielleicht in vielen Jahren ein bißchen was erreicht wird. Ich denke, man macht sich Illusionen, wenn man glaubt mit riesigen Schritten sofort vorwärts zu kommen.“

Ich begann meine Tätigkeit vor allem auf jenen Gebieten, die ich auch im Nationalrat betreute. Das waren vor allem Justiz und Kultur. Sonst fungierte ich sehr oft als Stellvertreter für Peter Strasser im Sozialausschuß, für Karl Cernetz im politischen Ausschuß. Da passierte es einmal, daß eine Kommission einen Passus vorschlug, der die Formulierung beinhaltete: „In den sozialistischen Staaten wurde ...“ Ich meldete mich zu Wort: „Einen Augenblick bitte. Was verstehen Sie unter ‚sozialistische Staaten‘?“ „Das sind die Ostblockländer“, bekam ich zur Antwort. „Aber das sind doch nicht die einzigen. Es gibt noch andere sozialistische oder zum Sozialismus strebende Länder.“ Ein Kollege bat um das Wort. Ich war erstaunt: Es war der Italiener Montini von den christlichen Demokraten, der Bruder Pius XII. Er war überzeugter Demokrat und unterstützte meine Argumentation: „Mark hat recht. Das Wort: ‚sozialistisch‘ dürfte in diesem Zusammenhang nicht verwendet werden. Das bedeutet eine Diskreditierung der Sozialisten, wenn man das, was im Osten geschieht, allein als sozialistisch bezeichnen würde.“

Der Passus wurde geändert. Solche, scheinbar unwichtigen Dinge haben eine große Bedeutung, weil sie das Verständnis der Menschen zur Welt prägen.

Ideologie war auch bei den Fragen der Rechtskommission von wesentlicher Bedeutung. In der Diskussion um die Verjährungsfrist von Kriegsverbrechen oder spezieller formuliert, Naziverbrechen, und Verbrechen gegen die Menschenwürde wurden zwei Linien vertreten. Die Konservativen aller Länder plädierten für die allgemein übliche Verjährungsfrist für Kapitalverbrechen von dreißig Jahren. Ich kämpfte mit anderen dafür, daß es bei dieser Art von Verbrechen keine Begrenzung geben dürfte und die Fristen erst vom Bekanntwerden des Tatbestandes einer solchen Handlung zu laufen beginnen sollten. Wie immer, wenn man in der Lage ist, einen kleinen Erfolg zu erringen, war es erfreulich, daß unser Vorschlag vom Rat beschlossen wurde.

Mit der Zeit konnte ich mir im Europarat eine gewisse Position schaffen. Ich nahm an den Sitzungen, die in Paris und Straßburg stattfanden, so oft es möglich war, teil, weil es mir wichtig erschien, Österreichs Interesse an der Zusammenarbeit der europäischen Länder zu dokumentieren. Natürlich nur scherzhaft, aber jedem Scherz wohnt ein winziger wahrer Kern inne, bezeichnete mich der Staatssekretär Franz Grubhofer (ÖVP), ebenfalls Delegierter, als „Politkommissar". Er hatte beobachtet, daß die österreichische Delegation immer meine Meinung zum Ausdruck brachte. Was er mir unterstellte, war, daß diese Meinung diktiert sei. Doch die Atmosphäre in der Delegation war freundschaftlich. Das Klima in Straßburg war eine unnachahmlichen Mischung aus harter Arbeit, Kreativität und gesellschaftlichem Leben.

Auch die Reisen, die ich im Zuge meiner Tätigkeit im Europarat unternahm, boten mir die Gelegenheit, Europa von Neapel bis Dublin und von Kiruna bis Istanbul und Ankara zu erleben und zu entdecken.

Jeder Ausschuß hatte das Recht, jährlich eine Sitzung an einem Ort eines dem Europarat angeschlossenen Landes abzuhalten. Gerne übernahm ich die Rolle des Gastgebers. Ich machte für Österreich viel Propaganda. War der Ausschuß einmal hier gewesen, so wollte man immer wieder kommen. Es kam nicht nur einmal vor, daß ein anderes Land gerade dabei war, eine Einladung auszusprechen, als es unterbrochen wurde: „Das ist aber schade, aber wir haben schon die Einladung Österreichs angenommen", ohne daß ich bis zu diesem Zeitpunkt etwas davon gewußt hätte. Ich halte es für keine schlechte Idee, die Arbeit mit vergnüglichen, angenehmen Aktivitäten zu verbinden, weil das Zusammengehörigkeitsgefühl wesentlich verbessert werden konnte.

Als Obmannstellvertreter des Kulturausschusses war ich für alle Belange der Kultur zuständig. So gelangte ich auch in den CCC, den Rat für kulturelle Zusammenarbeit im Europarat. Er arbeitet auch mit Nicht-Europaratsmitgliedern zusammen. Dadurch ergab sich die interessante Möglichkeit, die Situation dieser Länder, wie Spanien, Finnland oder die Tschechoslowakei, um nur einige Beispiele zu nennen, kennenzulernen.

Im CCC setzte ich mich bei der Behandlung des Vertrages über den deutsch-französischen Jugendaustausch vehement dafür ein, daß dieser möglichst auf alle Länder des Europarates ausgedehnt werde. Eine Jugendkommission sollte die Frage untersuchen. Man wählte mich zum Vorsitzenden. Da ich aber wenige Monate später aus dem Nationalrat und damit aus dem Europarat ausschied, konnte ich nur mehr in meiner letzten Rede im Europarat die Unterstützung aller Bestrebungen in diese Richtung herzlich empfehlen.

Titel und Orden

Eines der Themen, die wir im CCC diskutierten, war die Beziehung zwischen Parlament und Wissenschaft. Dadurch inspiriert, versuchte ich auch in Österreich eine Aussprache zwischen Wissenschaftern und Parlamentariern herbeizuführen. Das Resultat einer großen Konferenz, die wir veranstalteten, war die Bildung eines Forschungsrates, also die Installierung einer Körperschaft, die eine Entscheidungshilfe bei der Förderung von Forschungsprojekten bieten sollte. Auf Verlangen der ÖVP mußte dieser Forschungsrat geteilt werden. Der eine, von der gewerblichen Wirtschaft finanziert und daher in guter materieller Position, beschäftigte sich mit brisanten technischen oder wirtschaftlichen Forschungsaufgaben. Der andere, der sich mit geisteswissenschaftlichen Themen befaßte, bekam von der Industrie keine Gelder, was seine Möglichkeiten stark verminderte.

Es war an der Zeit, eine außeruniversitäre Gesellschaft zu gründen, die fortschrittliche geisteswissenschaftliche Forschungsprojekte unterstützen konnte. Das war die Ausgangsidee für die Gründung der Ludwig-Boltzmann-Gesellschaft. Pittermann setzte sich mit größter Energie dafür ein, und bald kam es zur Gründung, bei der ich in den kleinen Vorstand gewählt wurde. Die Finanzierung war sehr schwierig, weil das ÖVP-Ministerium nur geringe Mittel zur Verfügung stellte. Land und Gemeinde Wien halfen aus.

Als die Boltzmann-Gesellschaft fünfundzwanzig Jahre alt wurde, sprach der Magistratsdirektor Josef Bandion, der Geschäftsführer der Boltzmann-Gesellschaft, mit mir: „Wir haben bald ein Jubiläum. Du mußt eine Auszeichnung bekommen." „Das geht nicht", antwortete ich. Er war erstaunt. „Warum?" „Die höchste, die ich haben kann, habe ich schon, eine höhere kannst du mir auch nicht geben." Ich hatte bereits Jahre früher das große silberne

Ehrenzeichen für Verdienste um die Republik Österreich bekommen. Nach einer Kritik in der Budgetdebatte, daß die höhere Beamtenschaft immer gegenüber den Volksvertretern bevorzugt würde, hatte Körner veranlaßt, daß besonders verdiente Parlamentarier nun entsprechend geehrt würden. Nachdenklich und ein wenig unzufrieden zog sich Bandion zurück, um mit strahlendem Gesicht nach vierzehn Tagen wiederzukommen. „Ich habe recherchiert. Es gibt das Ehrenzeichen für Kunst und Wissenschaft. Das ist nicht eingestuft. Das kannst du bekommen. Und - keine Widerrede - ich habe es bereits eingereicht.“ Auf diese Weise bekam ich meine zweite Auszeichnung, obwohl ich ein vehementer Gegner aller Auszeichnungen und Titel bin.

Im Mai 1946 sagte ich in einer Spezialdebatte zum Budget: „Wenn es möglich ist, daß auf der Ministerbank vor uns ein Metallarbeiter, ein Eisenbahner und ein Bauer sitzen, die imstande sind, ihren Obliegenheiten nachzukommen, dann müssen wir uns klar darüber sein, daß es auch in der Bürokratie nicht immer auf akademische Vorbildung ankommt, sondern wir dort, wo es notwendig ist, auf die akademische Vorbildung verzichten und dafür sorgen müssen, daß an die Stellen, die zu besetzen sind, tüchtige Menschen gesetzt werden.“ Die Sozialisten spendeten Beifall. „Das ist alles schon deswegen notwendig, weil eine wirkliche Säuberung, insbesondere der hohen Bürokratie, von Nazielementen vordringlich geworden ist.“ Ich verlangte keineswegs eine einseitige Personalpolitik und verwies im weiteren auf die Schwächen des amerikanischen Beispiels, daß in dem Moment in dem eine andere Partei die Mehrheit bei den Wahlen bekommt, bei einem Regierungswechsel gleichzeitig auch fast alle höheren Beamten ausgetauscht werden.

Wieder einmal wurde ein braver Funktionär gefeiert, der den Professorentitel verliehen bekommen hatte. Während wir ihm gratulierten, kam Fred Sinowatz dazu und fragte mich ganz beiläufig: „Bist du eigentlich schon Professor?“ Ich sagte: „Nein.“ „Nun, dann mach ich dich zum Professor.“ Da antwortete ich spontan: „Wehe dir! Wenn du mich zum Professor machst, werde ich dir öffentlich eine ‚Watschn‘ geben.“ Er wußte wohl, daß dieser Antrag nicht ernst gemeint war, aber folgte meinem Wunsch. Doch es dauerte nicht lange, da bemerkte Rosa Jochmann, daß Manfred Ackermann und Josef Hindels, beide, wie ich, sozialistische Freiheitskämpfer, den Professorentitel besaßen, ich aber nicht. Diesem Mißstand mußte Abhilfe geschaffen werden. Sie aktivierte die Freiheitskämpfer, mich für den Professorentitel vorzuschlagen. Damit hatte sie aber kein Glück, da die Freiheitskämpfer nicht antragsberechtigt waren. Da kam sie auf die Idee, es über das Institut für Wissenschaft und Kunst (IWK), in dem ich mich stark engagierte, zu versuchen. Der Antrag wurde während meiner Abwesenheit gestellt, er wurde behandelt und Gutachten eingeholt, die alle positiv waren.

Ich hatte den Sommer, wie üblich, in Ramseiden verbracht, und als ich wieder zurückkam, erhielt ich den Anruf einer Beamtin aus dem Unterrichtsministerium. „Herr Nationalrat“, sagte sie, „darf ich Ihnen die Zustimmungserklärung schicken?“ „Welche Zustimmungserklärung?“ wollte ich wissen. „Wie bitte?“ fragte sie, „wissen Sie das nicht? Für den Professorentitel!“ Ich war entrüstet. „Wenn Sie müssen, dann schicken Sie sie mir, aber zurückbekommen werden Sie sie nicht“, sagte ich. Wahrscheinlich schüttelte sie am anderen Ende der Leitung den Kopf. „Das gibt's doch nicht“, sagte sie, „es hat sich noch niemand geweigert, die Erklärung zurückzuschicken.“ Ich erklärte aber, daß ich sehr eitel sei und mir der Name „Karl Mark“ wertvoller sei als der „Professor Mark“. Mein Entschluß stand fest: Ich würde die Erklärung nicht zurückschicken. Die Beamtin gab sich geschlagen. „Nun gut“, sagte sie, „ich werde den Akt aufheben. Vielleicht brauchen wir ihn noch einmal.“

Obwohl meine Einstellung Titeln und Auszeichnungen gegenüber sehr deutlich ist, meine ich doch differenzieren und nicht pauschal urteilen zu müssen. Etwas anzunehmen oder abzulehnen, sollte immer überdacht sein.

Ende der vierziger Jahre hatten die Abgeordneten ein Problem, da die höheren Beamten auf Grund ihres höheren Einkommens rangmäßig höher eingestuft wurden als die Abgeordneten und deshalb auch gewisse Vorteile genossen, die den Abgeordneten versagt waren. Wir beschwerten uns deswegen, und Körner, der damals Bundespräsident war, versuchte dadurch Abhilfe zu schaffen, daß er Obmännern von Ausschüssen und deren Stellvertretern eine Auszeichnung verlieh, die sie den höheren Beamten gleichstellte. Jochmann war genauso wie ich davon betroffen, erklärte aber, sie wolle die Auszeichnung nicht annehmen. Ich war anderer Meinung. „Ich bin wie du ein Gegner von Auszeichnungen“, sagte ich zu ihr, „aber wenn wir verlangen, daß Körner sich einschaltet, dann können wir nicht das erste Mal, wenn er es tut, dankend verzichten. Ich halte das für eine schlechte Entscheidung.“ Ich erklärte mich jedenfalls aus diesem Grunde bereit, die Auszeichnung anzunehmen. Es kam zu keiner offiziellen Verleihung, und die Auszeichnung machte sich nur dadurch bemerkbar, daß mir von der Quästur eine Gebühr von hundertfünfzig Schilling vorgeschrieben wurde. Meine Aufmerksamkeit wuchs. Die Beamten hatten dafür nichts zu bezahlen.

Die dritte Auszeichnung, die jeder bekam, der irgendwie mit dem Widerstand zu tun gehabt hatte, war das Ehrenzeichen für Verdienste im Kampf um ein freies Österreich.

Chronologisch vorwegzunehmen wäre nun auch das große silberne Ehrenzeichen der Stadt Wien. Im Jahre 1987 erhielt ich einen Anruf des Sekretariats von Bürgermeister Zilk, bei dem ich gefragt wurde, ob ich bereit sei, die Auszeichnung anzunehmen. „Bin nicht bereit", war meine Antwort. Freunde im IWK meinten dann, die Ablehnung sei nicht sehr höflich gewesen und könnte dem Institut abträglich sein. Also fragte ich an, was ich hätte bekommen sollen. Die Antwort war: „Das große silberne Ehrenzeichen der Stadt Wien." Das ist mit dem großen silbernen Ehrenzeichen der Republik gleichrangig. Ich hatte keinen Vorwand, abzulehnen.

Der Unfall

Nach einem anstrengenden Parlamentstag hatte ich abends eine Versammlung am Alsergrund. Als ich nach der Versammlung die Straße überquerte, um zur Straßenbahn zu gelangen, kam ein Auto, stieß mich nieder und fuhr sofort weiter. Ich versuchte aufzustehen, aber merkte gleich, daß das unmöglich war. Mein Fuß war gebrochen. Ich wurde in die Zweite Chirurgische Klinik des Allgemeinen Krankenhauses eingeliefert und sofort operiert. Danach lag ich vier Wochen in der Traktion und konnte mich kaum bewegen.

Am Tag nach dem Unfall schrieben die Zeitungen: „Abgeordneter Mark von einem Auto angefahren." Der Lenker hatte Fahrerflucht begangen, und es war nichts liegengeblieben außer einem Außenspiegel. Auch das war in der Notiz vermerkt. Wenig später war der Täter gefaßt. Er hatte in einer Garage versucht, den Außenspiegel seines Autos zu ersetzen, und war von zwei Arbeitern gesehen worden, die eben die Zeitung gelesen hatten. Binnen kürzester Zeit war die Polizei zur Stelle. Der junge Mann, der festgenommen wurde, war der siebzehnjährige Sohn eines bekannten Wiener Fahrschulbesitzers, der, obwohl es ihm sein Vater streng untersagt hatte, ohne Führerschein unterwegs gewesen war. Wie sich herausstellte, hatte ihm die Mutter Geld und Autoschlüssel zugesteckt, damit er jede Nacht ausfahren konnte.

Da die Berichterstattung über meinen Unfall in der Zeitung weiterging, las ich eines Tages mit Entsetzen, daß der junge Mann mit der Begründung, daß er einen Abgeordneten angefahren hatte, zehn Wochen Polizeiarrest bekommen hatte. Am selben Tag kam mein Freund, Josef Holaubek, der Polizeipräsident, zu mir auf Besuch. Ich war fast ein bißchen unhöflich, weil mich diese Ungerechtigkeit erboste. „Das geht doch nicht", sagte ich, „die Polizei hat nicht das Recht länger als vier Wochen anzuhalten." „Er hat doch aber drei Straftaten begangen", verteidigte sich Holaubek. „Die Kumulation von Strafen ist verboten. Wenn das nicht bereinigt wird, mache ich vom Krankenbett aus einen großen Wirbel." Das wirkte. Die Strafe wurde auf vier Wochen herabgesetzt.

Der Genesungsprozeß dauerte insgesamt acht Monate. Es war eine Zeit, in der einerseits meine politischen Widersacher die Chancen meiner Verhinderung nutzten, andererseits bei manchen meiner politischen Gegner Mitgefühl erweckt wurden. Einige Monate zuvor war der Schah von Persien in Österreich zu Besuch. Aus diesem Anlaß hatten wir Abgeordnete Ehrenkarten für die Oper bekommen und wurden anschließend zu einem Empfang in Schönbrunn geladen. Für diesen Anlaß waren Frack und Auszeichnungen vorgeschrieben. Viele meiner Kollegen aus der Fraktion hielten diese Forderung für anmaßend und lehnten es deshalb ab, an dem Empfang teilzunehmen. Ich vertrat dagegen die Meinung, man dürfe dann eben keine gleiche Behandlung mit der hohen Beamtenschaft fordern, wenn man sie bei Erfüllung dieser Forderung zurückwies. Da mir kurz vorher vom Bundespräsidenten Theodor Körner eine Auszeichnung verliehen worden war, lieh ich mir auch einen Frack in einer Leihanstalt. Gleichzeitig aber gab ich zu Protokoll, daß ich es mit Protest tue und der Meinung sei, das Protokoll müsse abgeändert werden. Als ich dann, nachdem ich der Höflichkeit Genüge getan hatte, den Saal verließ, um nach Hause zu fahren, sprachen mich zwei FPÖ-Abgeordnete, Kandutsch und Zeillinger, an: „Ihr seid lauter Feiglinge." – „Wieso sind wir Feiglinge?" fragte ich. „Wir wollten uns mit einem Träger der Auszeichnung fotografieren lassen. Aber von euch traut sich ja keiner." Sie hatten keine Auszeichnungen erhalten. Ich ärgerte mich über sie und sagte: „Ich wage es." Nach der Aufnahme, bat ich sie, mir eine Kopie zu schicken, und sie sagten es mir zu. Wochenlang kam nichts. Ich erinnerte sie an ihr Versprechen. Dann bekam ich einen Brief, in dem stand: „Wir werden doch nicht ein solches Propagandamittel für die nächsten Wahlen aus der Hand geben: Du im Kreise von FPÖ-Abgeordneten. Schöne Grüße." Jetzt, da ich im Spital lag, erhielt ich abermals einen Brief. Der FPÖ-Club hatte beschlossen, mir angesichts meines Unglücks die Fotografie ohne sie zu verwenden zu übermitteln. Anbei lag das bewußte Foto.

Nicht alle waren so loyal. Robert Weisz und Walter Hofstätter, meine Vertreter in der SPÖ-Bezirksorganisation Döbling, luden Franz Olah zu einem Referat in den Bezirk ein, obwohl oder gerade weil sie wußten, daß ich dagegen sein würde. Doch die Gefahr, daß er die Döblinger mitreißen werde, war schließlich nicht sehr groß. Zum Termin der Versammlung war ich wieder auf den Beinen und lauschte nun einem Referat, das so trocken war, daß es überhaupt niemanden begeistern konnte.

Ich stützte mich noch einige Zeit lang auf einen Stock, bis der Klubobmann der SPÖ, mein Freund Robert Uhlir, sagte: „Wenn ich dich noch einmal mit einem Stock sehe, nehme ich ihn dir weg und schlag ihn kaputt." Er wollte, daß ich mich nicht an diese Stütze gewöhne. Und er hatte recht. Es ging auch ohne Stock.

SCHUL- UND KULTURFRAGEN

Schulwesen und Wissenschaft

Im Jahre 1956 begannen die Diskussionen zur Schulreform. Sie legten die Grundlage für das jetzt geltende Schulgesetz. Die Verfassung von 1920 hatte vorgesehen, daß Bestimmungen über das Schulwesen durch ein eigenes Bundesgesetz zu erlassen seien. Regelungen, die in der Zwischenzeit notwendig wären, könnten nur auf Grund gleichlautender Beschlüsse von Nationalrat und allen neun Landtagen beschlossen werden. Das waren die sogenannten paktierten Gesetze. Im Schulwesen gab es daher de facto keine Entwicklung, weil es sich als unmöglich herausstellte, zu gemeinsamen Beschlüssen aller dieser Institutionen zu kommen.

Schule, Bildung, Erziehung formen den Menschen. Schul- und Bildungsfragen sind also von besonderer Bedeutung. Schon in meiner Jugend hatte ich mich mit diesen Fragen sehr eingehend beschäftigt, als ich für den Verein „Freie Schule“ tätig war. Die Förderung kultureller Interessen ist Voraussetzung der Schlagkraft der SPÖ.

In meiner Funktion als Kultursprecher der Partei gehörte ich auch dem Unterrichtsausschuß an. Völlig dem Usus widersprechend, wählte man mich zum Berichterstatter für meinen Antrag, der die Einberufung einer Enquete über die Förderung von Wissenschaft, Kultur und Volksbildung verlangte. Eigentlich war es üblich, daß den Bericht eines Ausschusses ein Abgeordneter jener Partei bringt, der der Minister angehört. Damit soll gewährleistet werden, daß im Sinne des Ministers berichtet wird. Am Beginn meiner Rede im Dezember 1948 erinnerte ich an den Satz des Staatsgrundgesetzes vom Jahre 1867, der lautet: „Die Wissenschaft und ihre Lehre ist frei.“ „Dieser Satz, der sicher heute noch Gültigkeit hat“, fuhr ich fort, „legt uns aber die Verpflichtung auf, daran zu denken, daß es zur Pflicht der Gesamtheit gehört, der Wissenschaft die nötigen Mittel zur Verfügung zu stellen, damit sie wirklich in Freiheit ihrer Lehre dienen kann. Sonst kommen wir wieder zu den Zuständen, wie wir sie in der Ersten Republik erlebt haben, wo es vorgekommen ist, daß etwa die Bibliothek einer nationalökonomischen Lehrkanzel ihre Mittel von Castiglioni, dem größten Schieber in der Ersten Republik und anderen jüdischen und christlichen Kapitalisten, beziehen mußte. Ein Zustand, von dem wir wissen, daß er nicht erfreulich war. Er legt der Wissenschaft Einschränkungen auf und führt zu einer allzu starken geistigen Abhängigkeit der Forschung und ihrer Jünger von den materiellen Interessen gewisser Kreise. Wir haben ja in der Entwicklung der österreichischen Hochschulen vor 1934 und vor 1938 deutlich sehen können wie ungünstig diese Abhängigkeit gewesen ist. Die Nazi-Exzesse an den Hochschulen haben das aufs deutlichste bewiesen." Ich forderte einen wesentlich erhöhten Beitrag zur Förderung der Wissenschaft, die Beseitigung steuerlicher Ungerechtigkeiten bei Hochschullehrern und die Errichtung eines österreichischen Forschungsrates, der, wie ich damals formulierte, „ähnlich wie in anderen Staaten des Ostens und Westens eine gewisse planmäßige Lenkung der Forschung zum Vorteil der Gesamtheit und damit auch der Wissenschaft ermöglichen wird".

Schon Ferdinand Lassalle hatte auf die enge Beziehung von Wissenschaft und Arbeiterschaft hingewiesen, und Friedrich Engels hatte die Entwicklung des Sozialismus von der Utopie zur Wissenschaft aufgezeigt. Ich halte die Wissenschaft für den Motor des gesellschaftlichen Fortschritts.

Es wurde eine allgemeine Kulturdiskussion in Gang gesetzt. Worüber erstens eine baldige und zweitens eine ernsthafte Diskussion notwendig erschien, waren die Fragen, die sich mit den Hochschulen beschäftigen sollten. Darin stimmte ich mit Ludwig Weiß, dem Kultursprecher der ÖVP, überein, und jeder beantragte in seinem Parlamentsklub ein Komitee zur Behandlung der Hochschulfragen. Noch immer wurden Wissenschaft und Forschung als unproduktiver Luxus betrachtet, was sicher mit der Thematik der Forschung zu tun hatte, die sich zu wenig an den Fragen der Gegenwart orientierte. Natürlich erschien auch mir die Rechtsgeschichte, die sich mit dem Werden des Rechtes beschäftigt, sehr wichtig, doch die Frage nach dem tatsächlichen Bestand der Gesellschaft, Thema der Soziologie, war an den Hochschulen damals noch sehr schlecht bedacht. Die Elektrizität, die weiße Kohle, wurde immer deutlicher zu einem entscheidenden Faktor des Wirtschaftslebens.

Doch die Lehrkanzel für Wasserkraftmaschinen an der Wiener Technik blieb viele Jahre unterbesetzt. Ein ähnliches Problem stellte sich auf dem landwirtschaftlichen Sektor, wie zum Beispiel das Fehlen einer Lehrkanzel für Düngemitteltechnik, was bei dem Anspruch einer Hebung der Landwirtschaft für sich sprach.

Zu meiner freudigen Überraschung wurde nicht nur der Vorschlag aufgegriffen, sich eingehend mit den Hochschulen zu beschäftigen, sondern auch mit dem Unterrichtsminister Drimmel vereinbart, alle Schulfragen einmal durchzubesprechen. Ich war wirklich froh. Meiner Meinung nach hatte ich etwas Sinnvolles ins Rollen gebracht und wollte es vertrauensvoll in die Hände anderer übergeben. Dann nominierte der Parteivorstand drei Delegierte: Karl Waldbrunner, Max Neugebauer und mich. Anlaß, mich mit Schulproblemen zu beschäftigen.

Die Schulreformkommission, die zu diesem Zweck eingesetzt wurde und der ich nun angehörte, unterschied sich gegenüber früheren Versuchen, Schulfragen zu diskutieren, durch einen entscheidenden Faktor: Auf jeder der politischen Seiten war diesmal nur ein Lehrer vertreten. Das war auf seiten der Sozialisten Neugebauer, der als Doktor der Philosophie kein typischer Vertreter der Lehrerschaft war. Die Lehrerschaft auf der ÖVP-Seite vertrat Adolf Harwalik. Außerdem waren in der Kommission: von der SPÖ der Verantwortliche für die verstaatlichten Betriebe, Karl Waldbrunner, und ich; von der ÖVP der Abgeordnete Fritz Bock, später Handelsminister und Vizekanzler, und Ludwig Weiß, Bundesbahndirektor. Den Vorsitz führte Unterrichtsminister Heinrich Drimmel. Meiner Meinung nach ermöglichte gerade diese Zusammensetzung der Kommission, daß es uns gelang, zu einer Einigung zu kommen und einen Gesetzesentwurf zustande zu bringen, während die Beratungen seit 1920, deren Teilnehmer von Lehrerorganisationen dominiert worden waren, nicht zu einem Resultat gelangen konnten.

Begonnen wurden die Verhandlungen mit den Pflicht- und Mittelschulen. Ich war mir dessen bewußt, welchen Einfluß auf mich und andere - ich denke dabei an die beiden Nobelpreisträger aus meiner Maturaklasse, Wolfgang Pauli und Richard Kuhn, beide Naturwissenschaftler - eine humanistische Ausbildung hatte. Deshalb setzte ich mich stark für die Aufrechterhaltung einer Form des humanistischen Gymnasiums ein. Von Delegierten aus der Tschechoslowakei erfuhr ich, daß sich ihr Staat mit dem Gedanken beschäftigte, die klassische Bildung wieder einzuführen, die aus Gründen der Irrelevanz für die Gesellschaft abgeschafft worden war. In der Frage der Bedeutung der klassischen Bildung für das sozialistische Bildungsideal vertrat ich durchwegs meine eigene Meinung.

Als der Gesetzesentwurf fertig war, wollte die ÖVP jeglicher Änderung vorbeugen und verlangte eine Zweidrittelmehrheit für das Schulgesetz und für jede Änderung. Wir wehrten uns energisch. Da aber unsere Leute endlich zu einem Erfolg kommen wollten, stimmten wir schließlich zu. Meine Intention wäre es gewesen, diese Zweidrittelmehrheit auch für die Hochschulen zu verlangen. Das lehnte die ÖVP jedoch rundweg ab, da sie nicht auf den Gedanken kam, die Hochschulen könnten jemals ihrem Einflußbereich entgleiten.

Zugute kam diese Regelung den Sozialisten in der Zeit, in der Herta Firnberg als Minister für die Hochschulen die Verantwortung trug. Die ÖVP mußte wesentlich verhandlungsbereiter sein, wußte sie doch, daß wir eigentlich mit einer absoluten sozialistischen Mehrheit Hochschulgesetze hätten ändern können ohne ihrer Zustimmung zu bedürfen.

Trotzdem bin ich mit der Hochschulreform unter Herta Firnberg nicht ganz glücklich. Sie griff damals das Schlagwort der Drittelparität auf, ein von Otto Bauer nach 1918 geprägtes Wort. Er verwendete es hauptsächlich auf wirtschaftlichem Gebiet und verstand darunter eine Führung der Wirtschaft, basierend auf Vertretern der Konsumenten, der Produzenten und der Gesamtheit. Angewendet auf das Hochschulsystem hätte das bedeuten müssen: Eine Entscheidung müßte von Vertretern des Lehrkörpers, der Studenten und der Gesamtheit erarbeitet werden, so daß den allgemeinen Interessen ein Platz zugekommen wäre. Das ist nicht der Fall. Die Drittelparität besteht aus dem sogenannten Ober-, Mittel- und Unterbau, also den Professoren, den Dozenten und Assistenten und schließlich den Studenten. Die Vertreter der allgemeinen Interessen fehlen.

Ich kann ein Sonderinteresse der Wissenschaft nicht akzeptieren. Sie kann nur im Rahmen der Gesellschaft blühen und gedeihen und muß daher die gesellschaftlichen Notwendigkeiten beachten, und die Gesellschaft muß auf die Entscheidungen Einfluß nehmen können, um sie mit ihren Bedürfnissen in Einklang zu bringen. Damit meine ich, daß die Wissenschaft nicht einseitig im Interesse der Wirtschaft betrieben werden darf. Daß diese sie vehement für sich in Anspruch nimmt und die Wissenschaft dazu neigt, sich in den Dienst der Wirtschaft zu stellen, halte ich für ein gesellschaftliches Problem, dem es gilt entgegenzuwirken.

Ein Versuch in dieser Richtung bildete der Forschungsfonds. Aus Beiträgen der öffentlichen Hand und solchen der wirtschaftlich interessierten Kreise sollte ein Fonds gebildet werden. Die Gelder, die hier vergeben werden, sollten sowohl der Grundlagen- wie auch der Zweckforschung zugute kommen. Die Wirtschaft tendiert, von ökonomischen Zwängen bestimmt, dazu, nur das zu erforschen, was unmittelbar gebraucht wird. Grundlagenforschung bietet jedoch die Basis und darf nicht dem reinen wirtschaftlichen (markt- und profitorientierten) Denken zum Opfer fallen. Es kann in der Grundlagenforschung zu phänomenalen Ergebnissen kommen, wie das klassische Beispiel der Entdeckung des Penicillin, auf das Fleming im Zuge seiner Grundlagenforschung stieß, beweist. Die Wirtschaft stellte sich, wie erwartet, der Idee eines gemeinsamen Fonds entgegen und setzte schließlich eine Teilung durch. Das hatte natürlich zur Folge, daß dem Wirtschaftsförderungsfonds meist ausreichende Mittel zur Verfügung standen, während für den Fonds zur Förderung der Grundlagenforschung wenig übrig blieb.

Im Parlament redete ich selten, und meine Reden waren, soweit ich sie beurteilen kann, nie mitreißend, sondern sachlich. Wenn ich von der Berichterstattung über Einzelgesetze absehe, die mir häufig zugeteilt wurde, redete ich in all den Jahren meiner Parlamentstätigkeit regelmäßig während der Budgetdebatten vor allem zum Unterrichtsressort. Intern nannten wir diese Debatte „Lehrerkirtag", der seine Entsprechung im „Bauernkirtag" des Landwirtschaftsausschusses oder im „Eisenbahnerkirtag" des Verkehrsausschusses hatte. Ein solches Zusammentreffen barg natürlich einige Gefahren in sich, da Fachleute unter sich leicht ins Fachsimpeln kommen und darüber gern alle anderen Probleme vergessen.

Beim Aufbau der Pflicht- und Mittelschulen kam es uns Sozialisten vor allem darauf an, daß Chancengleichheit für alle Kinder, ohne Rücksicht auf ihre Herkunft, gesichert werde. Wir wollten daher eine Gliederung in eine Unterstufe, entsprechend der Volksschule, und eine Mittelstufe für alle Kinder, also die Zusammenlegung von Hauptschule und den bestehenden Formen der Mittelschule, in der auf verschiedene Begabungen, Entwicklungswünsche und -richtungen Rücksicht genommen werden sollte. Das schulpflichtige Alter sollte auf fünfzehn Jahre hinaufgesetzt werden. Es kam zu schwierigen Auseinandersetzungen darüber, ob die Unterstufe oder die Mittelstufe, die jeweils vier Jahre umfaßte, durch das zuwachsende Schuljahr erhalten bleiben sollte. Schließlich einigte man sich darauf, daß das neunte Schuljahr als „polytechnisches" Jahr an die Mittelstufe angeschlossen wurde für jene Schüler, die nicht in eine weiterführende Schule eintraten. Die Oberstufe aber sollte so gestaltet werden, daß sie als Vorbereitung für die Hochschule geeignet sei. Ich hoffe, daß diese „laienhafte" Darstellung - ich bin ja kein Lehrer - dem Leser Einblick in die Tendenzen unserer Arbeit vermittelt.

Kulturfragen

Daß kulturelle Interessen in meinem Leben eine besondere Rolle spielten, ist sicher eine Folge der Atmosphäre meines Elternhauses. So kam es, daß ich mich für die politischen Aspekte von Kulturfragen besonders interessierte und sie in mein politisches Engagement einbezog. In der Ersten Republik war ich bereits sehr aktiv. Ich hatte in Döbling nach der Beschlußfassung des Betriebsrätegesetzes 1919 die erste Betriebsräteschulung eingerichtet, in der Luitpold Stern, Eduard Straas, Viktor Stein u. a. Vorträge hielten. Außerdem hatte ich die „Roten Spieler" um mich versammelt. Damals gab es eine klare Unterscheidung zwischen Arbeiterbildung und Volksbildung. Die Arbeiterbildung wirkte parallel zur politischen Schulung in den Bildungs- und Unterrichtsausschüssen der Bezirke.

Nach der Befreiung setzte ich alles daran, die wirtschaftliche Förderung aller kulturellen Bestrebungen zu unterstützen, ohne daß Versuche unternommen würden, Einfluß auf die künstlerische Arbeit zu nehmen.

Dem Unterrichtsressort unterstanden die Bibliotheken, die Volksbildung, die Staatstheater. Man überantwortete mir, als Nicht-Lehrer, die Staatstheater, eine interessante und bedeutungsvolle Arbeit. Es gab so viel zu sagen, so daß ich in meiner Redezeit im Parlament, die bei Diskussionsrednern ziemlich eingeschränkt ist, möglichst viel unterzubringen versuchte. Das brachte mir bei den Parlamentsstenographen den liebevollen Beinamen „Das Maschinengewehr des Satans". Mein Redeschwall ließ sich nicht bremsen, was regelmäßig dazu führte, daß ich meine Redezeit überschritt.

Meine Einstellung zur Lage der Staatstheater, vor allem der Staatsoper, kann in einem Wort zusammengefaßt werden: Karajan. Er stand im Zentrum meiner Kritik. Jedesmal, wenn ich im Parlament zum Budget des Unterrichtsministeriums zu sprechen hatte, begann ich: „Wenn ich jetzt über Herrn Karajan spreche, habe ich nicht über seine Fähigkeiten als Dirigent, als Künstler zu urteilen, die niemand, und am wenigsten ich, bestreiten kann. Das ist nicht Kompetenz des Parlaments oder gar einzelner Abgeordneter. Unsere Aufgabe ist nur die Zweckmäßigkeit der Verwendung von Steuergeldern zu kontrollieren, die auf Grund von Parlamentsbeschlüssen aus dem Bundesbudget zur Verfügung gestellt werden. In dieser Richtung gab es einige Kunststücke, die der Virtuosität nicht entbehren." Mich auf Informationen aus der Gewerkschaft für Kunst, Medien, Freie Berufe stützend, durchleuchtete ich diese Arbeit des Staatsoperndirektors. Eines der Beispiele war der Mailänder Vertrag, den der Maestro mit der Scala abgeschlossen hatte, um die Premieren der Mailänder Oper auch nach Wien zu bringen. Unser Budget wurde aber durch die Bedingungen des Vertrages stark belastet: Österreich hatte die Ausstattung jener Opern voll zu bezahlen, die nach der Mailänder Premiere nach Wien kamen. Uns wurden sie nur geliehen und blieben im Eigentum der Scala. Die Bezüge der italienischen Sänger wurden von der Staatsoper nach Mailand überwiesen, in Italien ausbezahlt und auch dort versteuert, ein Verlust für den österreichischen Staat. Diese Art der Behandlung von österreichischen Steuergeldern ging bis zu Kleinigkeiten, die geradezu lächerlich waren, wie zum Beispiel: Der Friseur der Scala wurde extra nach Wien geholt und mußte selbstverständlich für die Dauer seines Aufenthaltes (rund vier Wochen) im Hotel Bristol untergebracht werden.

Was ebenso regelmäßig auf meine Rede zur Budgetgebarung Karajans folgte, war die Rede des ÖVP-Abgeordneten Hubert Hofeneder, der, nachdem er mich vor der Sitzung gefragt hatte: „Müssen Sie wieder über Karajan sprechen?" - „Warum?" - „Weil ich dann auch sprechen muß", eine Lobesrede auf Karajans künstlerische Qualitäten losließ, die ich nie in Frage gestellt hatte. Manche meiner Kritikpunkte machten auch Schlagzeilen. Zum Beispiel Karajans Einkommen aus österreichischen Steuergeldern war, meinen Berechnungen nach, höher als das des Bundespräsidenten, des Bundeskanzlers, des Unterrichtsministers und meines zusammengerechnet. Vielleicht nicht ganz einsehbar. Doch Karl Löbl stellte das in der „Wochenpresse" sofort „richtig" und konterte mit dem Angriff, daß der Abgeordnete Mark mit dem Direktorengehalt Karajans (sechzigtausend Schilling jährlich) sicher nicht zufrieden wäre, wobei er es aber unterließ, auf die ebenso regelmäßigen Zahlungen für Inszenierungen, Bearbeitungen und Dirigentenhonorare einzugehen, die fester Bestandteil seines Engagements waren.

Schließlich fand Karajan eine fast österreichische Lösung seines Problems. Er beförderte meinen Informanten, den Betriebsratsobmann, zum Beamten, so daß er lahmgelegt war. Trotzdem erhielt ich auch weiterhin Informationen von der Gewerkschaft, aber auch von Beamten der zuständigen Ministerien.

Das Interesse für Kunst und Kultur fördert meiner Ansicht nach die Auseinandersetzung mit der Gesellschaft. Und gingen die Leute nicht ins Theater, so müßte das Theater zu den Leuten gehen. Sollte Kunst immer nur einer Elite vorbehalten sein? Meine Vorschläge schienen aber in der Zwischenkriegszeit so radikal, daß David Bach, der Leiter der Kunststelle der SDAP, sie als „Entweihung der Kunst" bekämpfte. Nicht, daß er den Arbeitern absprechen wollte, Theater zu genießen, aber er wollte den bürgerlichen, vorgegebenen Rahmen nicht sprengen. „Mir sind diese Konventionen egal", sagte ich, „von mir aus können sie in Hausschuhen ins Theater gehen. Die Hauptsache ist, daß sie überhaupt ins Theater gehen. Oder", und das war eines meiner dringlichsten Anliegen, „das Theater muß zu den Menschen kommen."

In der Zweiten Republik brachte Karl Mantler durch die Arbeiterkammer die Vorstellungen des Volkstheaters in die Außenbezirke. Das entspricht ganz meinen Vorstellungen aus der Zwischenkriegszeit. Er wußte das. Bei der ersten Aufführung im neueröffneten Haus der Begegnung in Stadlau bat mich Mantler, die Eröffnungsrede zu halten. Manche Vorschläge werden eben erst dreißig Jahre später realisiert, aber sie werden realisiert.

Ein anderer Aspekt, der die Arbeiter bestärken könnte, am kulturellen Leben teilzunehmen, ist eine Art Vorbildeffekt. Früher war es selbstverständlich, daß führende Leute, wie Otto Bauer oder Gabriele Proft, immer wieder kulturelle Veranstaltungen besuchten. Nach 1945 wurde einmal kritisiert, daß bei den Konzerten der Philharmoniker nie Politiker zu sehen seien. Das bedurfte natürlich einer Berichtigung, schon allein weil ich, wie auch andere Politiker, jedesmal anwesend waren. Es ändert jedoch nichts an der berechtigten Forderung, daß führende Politiker eines Bereiches öfter bei kulturellen Anlässen in Erscheinung treten sollten. In Döbling wurde das so gehandhabt, daß wir bewußt darauf achteten, an Tagen, an denen Vorstellungen des Volkstheaters stattfanden, keine Parteiveranstaltungen festzusetzen. Vor allem aber machte ich es den führenden Genossen in Bezirkspräsidium und Bezirksvertretung zur Pflicht, mit mir gemeinsam die Vorstellungen zu besuchen. Das gute Beispiel bewirkte, daß Döbling die durch Jahrzehnte fortdauernde Reihe der Volkstheaterabende nicht nur nie unterbrechen mußte wie andere Bezirke, ja sogar als einziger Bezirk auf zwei Spielorte, die beide nach wie vor gut besucht sind, erweiterte. Es war die beste Propagandamethode für Kultur und Partei.

Nachdem Ende der fünfziger Jahre das Volksheim Heiligenstadt eröffnet wurde, gründete einer meiner Neffen, Richard Stark, die Theatergruppe Heiligenstadt, eine Laiengruppe, die heute noch aktiv ist. Die erste Aufführung war „Ein Sommernachtstraum". Hinter mir saß ein Brauereiarbeiter, der zu seiner Frau sagte: „Hearst, i hob goar net gwußt, daß der Schakespeare (er sprach den Namen so aus, wie man ihn schreibt) so schee is." Das war eine Bestätigung für mich. Er mußte nicht wissen, wie man den Namen richtig ausspricht, aber daß es von diesem Shakespeare schöne Theaterstücke gibt, das sollte er wissen.

Ein Gespräch ganz anderer Art ereignete sich einmal in der Oper. Einer meiner Freunde, ein Arbeiter bei Gräf und Stift, der regelmäßig ins Stehparterre ging, traf während der Pause seinen Chef, den Kommerzialrat Gräf, der ihn fragte: „Nun, wie hat Ihnen die Aufführung gefallen?" „Wissen Sie, Herr Kommerzialrat", antwortete er, „ich habe den Fidelio schon besser gesehen." Auch das war für mich ein Zeichen, daß Kunst eine Bereicherung des Lebens ist und daß man den Menschen dabei helfen kann und soll, diese Möglichkeiten wahrzunehmen.

Ein anderes Mal kam eine junge Bäuerin aus Ramseiden zu uns nach Wien auf Besuch. Fasziniert sah sie eine Reproduktion eines Gemäldes an der Wand und sagte zu meiner Frau: „Hast du den Renoir auch so gern wie ich?"

Volksbildung

Als neutrale Institution hielt die Volksbildung an dem in ihren Statuten vorgesehenen Ausschluß politischer Fragen aus ihrem Programm fest. Sie hatte zwar ihren Ausgangspunkt in sozialistischen Bestrebungen, arbeitete aber auch in Kooperation mit den Liberalen und Bürgerlichen. Zum Beispiel wurde die Urania von bürgerlicher Seite aufgebaut und wird noch heute von dem Industriellen Mautner-Markhof als ihrem Präsidenten geleitet, dem seit den Tagen des Wiederaufbaus ein sozialistischer Generalsekretär zur Seite steht. Nach der Befreiung beschloß man aber, die Neutralität aufzugeben, weil vor allem die demokratische Erziehung, also politische Probleme in den Vordergrund traten.

In dieser Zeit, 1945/46, entstand ein neues Konzept der Volksbildung. Wie in Döbling, auf meine Initiative, wurden in vielen anderen Bezirken Volksbildungsvereine gegründet, meist unter sozialistischer Führung. Sie schlossen sich zu einem Verband zusammen, dessen erster Vorsitzender der Stadtschulratspräsident, Leopold Zechner, war. In diesem „Verband Wiener Volksbildung“ wurde ich zum Fraktionsobmann der sozialistischen Vertreter gewählt und damit für die politische Linie verantwortlich. Als Zechner im Jahre 1960 ausschied, machte man mich zum Präsidenten, was ich die nächsten zwölf Jahre blieb.

Auch die Volkshochschulen schlossen ihre Landesverbände im „Verband österreichischer Volkshochschulen“ zusammen. Den Vorstand bildete ein Präsidium, in dem jedes Land vertreten war. Ich vertrat Wien. Innovationen niemals abgeneigt, versuchte ich gemeinsam mit ähnlich Denkenden, wie Josef Lehrl und Wolfgang Speiser aus Wien, Herbert Grau aus Linz, Otto Zwicker aus Salzburg, verschiedene Anregungen in die Realität umzusetzen. Nach skandinavischem Beispiel verfolgten wir die Idee, Volkshochschulheime, also Internate, zu schaffen. Obwohl es mir gelang, für den Kauf des ersten Hauses in Rif bei Hallein eine Sonder-Subvention zu beschaffen, hatten wir schließlich doch Schwierigkeiten, unser Projekt durchzusetzen. Die Landesverbände wollten mit den Beträgen, die ich für das Heim aufgetrieben hatte, lieber die Sockelsubvention erhöht wissen. Dieses Heim erfüllte, auf längere Sicht betrachtet, dann doch nicht unsere Erwartungen. Die Auslastung war im Sommer zwar zufriedenstellend, in den anderen Monaten jedoch gering, daher wurde es in den letzten Jahren in ein Sportheim umfunktioniert, in dem den Volkshochschulen nur wenige Termine zur Verfügung stehen.

Für jede kleinste Neuerung bedarf es einer finanziellen Basis. Aus dieser Erkenntnis heraus verlangten wir jene Enquete, von der im Kapitel „Kunst und Kultur“ berichtet wurde. Das Resultat war erfreulich: Fünf Millionen Schilling zusätzlich für die Volksbildung. Glücklich darüber, mit diesem Geld so richtig arbeiten zu können, hatten wir nicht damit gerechnet, daß nun auch andere Volksbildungsorganisationen ihre Hand aufhalten würden. Vor allem der auf Grund dieses Erfolges erst kürzlich entstandene „Verband österreichischer Bildungswerke“. Meinen Erkundigungen nach eine rein konservative Organisation, die fünf Landesverbände, aber keinen in Wien hatte. War es möglich, durch einen Wiener

Verband sozusagen den Fuß in die Tür zu stellen? Einen Versuch war es immerhin wert.

Ich faßte einige Kulturvereine zusammen und gründete in Wien ein Bildungswerk, wo es ja noch keines gab. Dann beantragten wir, in den Verband aufgenommen zu werden. Sie erkannten zwar meine Absicht, doch vor allem Heinrich Gleißner, Landeshauptmann von Oberösterreich und Präsident des „Verbandes österreichischer Bildungswerke", setzte schließlich durch, daß wir aufgenommen wurden. Er wußte den Wert eines Sozialisten in seinem Verband zu schätzen und war sehr kooperationsbereit, was sich auch darin zeigte, daß er meine Nominierung zur Wahl des Vizepräsidenten vorschlug.

Gleißner war es auch, der mich gerne im „Ring der Bildungswerke", einer übergeordneten Organisation, bestehend aus allgemeinen und konfessionellen Bildungswerken, gesehen hätte. Jahrelang, fast jahrzehntelang wurde mit der Möglichkeit meiner Mitgliedschaft gespielt, bis ich im Jahre 1978 tatsächlich in den Ring gewählt wurde.

Bei aller Zusammenarbeit der Parteien kam es doch immer wieder darauf an, den eigenen Standpunkt so gut wie möglich zu vertreten. Zum Beispiel bei der rechtlichen Grundlage der Volksbildung. Gesetze in der Volksbildung konnten nur paktiert beschlossen werden, also in Übereinstimmung von Unterrichtsministerium und Landtagen. Wie auch bei der Schulreform gab es hier Bestrebungen, einen einfacheren Weg zu finden, um aus der Schwerfälligkeit dieses komplizierten und deshalb kaum in Anspruch genommenen Systems herauszukommen. Das wurde auch von konservativer Seite unterstützt, doch in ihren Vorstellungen verbarg sich eine neue Gefahr. Der Bund sollte die Grundsatzbeschlüsse und die Finanzierung übernehmen, das Beschlußrecht über die Ausführung sollte aber bei den Ländern liegen. Praktisch gilt das heute noch immer fast überall. Außer Wien gibt es kein Land, das die Volksbildung ernsthaft subventioniert. In manchen Bundesländern trägt die Arbeiterkammer die Finanzierung, in anderen wird eben nicht viel gemacht.

In Wien wurde das Volksbildungswerk von Sozialisten geführt, bis Helmut Zilk 1981 den Vorschlag unterbreitete, Vertreter der ÖVP hinzuzuziehen. Ich wehrte mich dagegen. Ein Konflikt war nicht mehr aufzuhalten. Natürlich schlug ich dann auch sein Angebot aus, bei der Generalversammlung im Herbst zu erklären, ich sei müde und krank und wolle mein Amt zurücklegen. Im Gegenteil. Ich berief eine außerordentliche Generalversammlung ein und sorgte dafür, daß alle erfuhren, daß er versucht hatte, mich unter Druck zu setzen, indem er gesagt hatte: „Ihr könnt wählen, wen ihr wollt, ihr kriegt halt dann kein Geld mehr." Die Diskussion ging sogar über die Medien, ohne jedoch viel Staub aufzuwirbeln. Ich trat dann aus dem Wiener Bildungswerk, das ich gegründet hatte, mit schwerem Herzen aus. Auf ausgesprochenen Wunsch blieb ich noch bis 1989 Vizepräsident im österreichischen Verband der Bildungswerke. Dieser Wunsch kam von seiten der ÖVP, die meine Rolle als Vermittler zwischen den beiden Parteien nicht missen wollte.

Die Volkshochschulen betreffend, konnte durchgesetzt werden, daß der Neutralitätsparagraph gestrichen und die politische Erziehung zu einem Hauptaufgabengebiet wurde, die, 1945 überaus wichtig, mit der Zeit einen immer geringer werdenden Zulauf fand. Standen zunächst Kurse, die Themen der Lebenshilfe betreffend, auf dem Programm, so verschob sich der Interessenschwerpunkt sehr bald in Richtung beruflicher Bildung. Das entsprach meinen Vorstellungen von den Aufgaben der Volksbildung überhaupt nicht. Entscheidender Faktor blieb für mich die Bildung der Persönlichkeit und das Erkennen der eigenen Stellung in der Gesellschaft. Dafür trete ich seither ein. Es war auch der Grund, weshalb ich mich gegen die Tendenz der Volkshochschulen wandte, um jeden Preis Zeugnisse ausstellen zu wollen. Als ich mich dagegen aussprach, wurde damit argumentiert, daß die Leute kein Interesse zeigten, wenn sie für ihren Besuch keine Zeugnisse bekämen. „Dann brauchen sie gar nicht zu kommen. Denn die Entwicklung der Persönlichkeit kann man nicht messen und in einem Zeugnis bewerten."

Institut für Wissenschaft und Kunst

Auf Initiative von Leopold Zechner und Ernst Fischer fand im Jahre 1946 die Gründungsversammlung des Instituts für Wissenschaft und Kunst (IWK) statt. Auch Christian Broda gehörte, wie ich, zu den Gründungsmitgliedern. Linke sozialistische und liberale Intellektuelle hatten immer wieder eine außeruniversitäre Forschungsstelle gefordert, die fortschrittliche Forschungsbestrebungen und künstlerische Aktivitäten unterstützen sollte. Internationale Kontakte und interdisziplinäre Forschungs- und Vortragstätigkeit bildeten den Aufgabenbereich. Wir versuchten auch bedeutende

Persönlichkeiten der Politik nach Wien zu bringen - so sprachen etwa Pierre Pflimlin, Bürgermeister von Straßburg und mehrfach französischer Ministerpräsident, der bundesdeutsche Universitätsprofessor Carlo Schmidt, Vizepräsident des Bundestages, oder der Schweizer Bundesrat Oliver Reverdin in großen Kundgebungen über „Europa". Den Eröffnungsvortrag hielt Karl Renner zum Thema „Demokratie und Bürokratie".

Ungefähr ein halbes Jahr nach seiner Gründung zählte das IWK rund siebenhundert Mitglieder. Hatte ich Zeit, besuchte ich einzelne Veranstaltungen, sonst sah ich der Entwicklung des Instituts mehr von außen zu. Ich konnte beobachten, daß sich die Struktur des Vorstands im Jahre 1947 stark verändert hatte. Die Kommunisten mit Ernst Fischer traten aus, linksliberale und links-katholische Tendenzen dagegen von Josef Dobretsberger bis Friedrich Heer gewannen an Boden.

Die politische Situation spiegelte sich in der Geschichte des IWK wider. Von den Spätwirkungen des Kalten Krieges angefangen bis zum ersten Happening, das auf Wiener Boden stattgefunden hat. Krisenjahre, wie 1953, schüttelten das Institut genauso wie das Land, dazu kam die Diskussion über die Stellung zur UdSSR und zu den USA. Eine Resolution faßte zusammen, daß nur politisch einwandfreie Vorträge von Personen mit keinem weltanschaulich oder parteipolitisch einseitigem Charakter ins Programm aufgenommen werden sollten.

Auf Vorschlag von Wilhelm Marinelli, der nach Leopold Zechner von 1960 bis 1973 Präsident des IWK war, wurde ich in das Kuratorium des IWK gewählt. Aufmerksam lernte ich, die Situation von innen her zu verstehen. Marinelli und sein Nachfolger Alfred Gisel (1973 bis 1989) waren wissenschaftliche Kapazitäten, hatten aber kaum Zeit, sich um den Bestand des Instituts zu kümmern. So war es an mir, meine organisatorischen Fähigkeiten als geschäftsführender Vizepräsident, der ich seit 1978 war, unter Beweis zu stellen. Die großen Subventionsgeber zogen die Effektivität des Instituts in Zweifel. Das Grundkonzept mußte überdacht werden. Hatte das Institut früher auch wichtige Probleme der kulturellen Entwicklung behandelt, also Fragen der Hochschulreform oder die Organisation von Enqueten, verflachte die Tätigkeit immer mehr zu einer Art gehobener Volksbildung. Zu Recht kamen da die Argumente, daß dafür die Volkshochschulen zuständig seien und es nicht gerechtfertigt wäre, dafür eine eigene Organisation zu erhalten.

Ich regte eine Diskussion über die Aufgaben, Zielsetzungen und Funktionen des Instituts an. Wir versuchten ein neues Konzept auszuarbeiten, wobei wir auf das alte Konzept zurückgriffen und legten es den wichtigsten Subventionsgebern (Bundesministerien für Unterricht und Wissenschaft und Kulturamt der Stadt Wien) vor, die zustimmten, daß das Hauptgewicht für die Arbeit des IWK in die Richtung der Gründungsidee gelenkt werden sollte, daß besonders wissenschaftliche Forschung auf Gebieten, die die Universitäten nicht berücksichtigen konnten oder wollten vom IWK gefördert werden müsse. Damit sollte gleichzeitig Entscheidungsträgern progressiver Richtung objektive Unterlagen geliefert werden, da sie ja bisher vielfach auf einseitige Informationen verschiedener offizieller Instanzen angewiesen waren. Es war für das Institut ein günstiger Zeitpunkt.

Abgesehen von organisatorischen Veränderungen verlagerten wir den Schwerpunkt von Vorträgen auf seminaristische Tätigkeit, die dazu dienen sollte, verschiedene wichtige Fragen in einen gesellschaftspolitischen Zusammenhang zu stellen und aufzuarbeiten. Interdisziplinäre Arbeitsgemeinschaften und Publikationen rundeten das Bild ab und sicherten eigenständige Aufgaben. Die von uns geforderten, unbedingt notwendigen, Subventionen wurden zugesagt. Das Institut wurde dann einige Zeit sehr wohlwollend behandelt, nicht zuletzt, weil Sozialisten für Vergabe von Geldern maßgeblich verantwortlich zeichneten.

Plötzlich überraschte Helmut Zilk als neuer Kulturstadtrat mit einer kurzen, aber aussagekräftigen Erklärung: „Ineffizienz. Weg." Er schrieb, daß bei unseren Seminaren oft nur zehn bis fünfzehn Teilnehmer anwesend seien. Wir waren aber der Meinung, produktive wissenschaftliche Arbeit könne nicht in Massenversammlungen, sondern nur in verhältnismäßig kleinen Gruppen wertvolle Ergebnisse bringen. Begreiflicherweise waren wir im IWK nicht sehr erfreut über diese Mitteilung und setzten alles in Bewegung, um doch auch vom Kulturamt der Stadt Wien subventioniert zu werden, umso mehr, als auch das Bundesministerium für Wissenschaft und Forschung keine Subvention geben konnte, wenn die Stadt Wien sich von der Absprache des Jahres 1979 zurückziehen würde. Unsere Bemühungen waren zum Teil erfolgreich. Im Dezember 1981 erhielt unser Präsident Gisel einen Brief von Zilk, der ankündigte, daß die Magistratsabteilung 7 im Zuge einer Umbudgetierung zweihundertfünfzigtausend Schilling für das kommende Jahr vorsehen werde.

Mitte 1982 war das Generalsekretariat neu zu besetzen. Daß wir uns damals für Helga Kaschl als Generalsekretärin entschieden, freut mich noch heute, denn die positive Entwicklung, die das Institut seither durchgemacht hat, ist zweifellos ihr zuzuschreiben.

Jeder, der an der Leitung des IWK beteiligt war, beeinflußte durch sein spezielles Interessensgebiet die Schwerpunkte der Tätigkeit. Waren es Naturwissenschaftler, wie Marinelli oder Gisel, so entstand, zum Beispiel, die „Naturgeschichte Wiens". Helga Kaschl, Historikerin, legte Wert auf geisteswissenschaftliche Disziplinen. Was mir besonders wichtig erscheint, ist der Bezug zur Gesellschaft, der gesellschaftliche Kontext, der den Rahmen der Forschung bilden soll, einerlei ob es sich um naturwissenschaftliche oder geisteswissenschaftliche Forschung handelt. Es wurde ein juridischer Arbeitskreis eingerichtet. Auch die Frage der Theorie der Gewerkschaftsbewegung sollte behandelt werden. Eine Aufgabe, die mir seit meinem Studium sehr am Herzen liegt. Hatte ich doch schon bei Carl Grünberg an einer Dissertation in dieser Richtung zu arbeiten begonnen. Mit dem Abgang von Grünberg hätte ich bei Othmar Spann weiterarbeiten sollen, was ich auf keinen Fall wollte. Ich war mit Friedrich Hillegeist, dem Vorsitzenden der Gewerkschaft der Privatangestellten, sehr befreundet und unterstützte ihn auch bei den Verhandlungen zum ASVG. Mein Interesse und mein Engagement gefielen ihm so gut, daß er mir vorschlug, in der Gewerkschaft tätig zu werden. Ich war überrascht. „Wieso?" fragte ich ihn. „Ich brauche bald einen Nachfolger und nehme an, daß du ein guter wärest", meinte er. Natürlich fühlte ich mich sehr geehrt, doch ich mußte sein freundliches Angebot ablehnen: „Ich bin ein Mann, der gerne politische Verhandlungen führt und glaube, daß ich das auch ganz gut kann. Ich müßte mich von all dem zurückziehen. Das kann ich nicht." So schlug ich die Karriere in der Gewerkschaftsbewegung aus.

In engem Zusammenhang mit dem erfolgreichen internationalen Symposion „Vertriebene Vernunft - Emigration österreichischer Wissenschaft" vom 19. bis 23. Oktober 1987 in Wien, mitveranstaltet vom Bundesministerium für Wissenschaft und Forschung, und den entsprechenden Publikationen: „Vertriebene Vernunft I, II - Emigration und Exil österreichischer Wissenschaft", herausgegeben von Friedrich Stadler, gelang es, eine beachtliche Öffentlichkeitswirkung zu erzielen und die in- und ausländischen Forschungskontakte wesentlich zu erweitern. Die im Projektantrag formulierte Zielsetzung - nämlich Einrichtung einer dauerhaften Dokumentations- und Forschungsstelle für österreichische Wissenschaftsemigration im Rahmen des IWK - konnte realisiert werden.

Schon als junger Mann interessierte ich mich sehr für Agrarfragen. Ich hatte sogar - das war 1919 noch für Einzelmitglieder möglich - einen Antrag in dieser Richtung an den Parteitag gestellt. Auf diesem Gebiet, das vor allem in konservativen Händen liegt, sollten sich, wie es unter Carl Grünberg und Walter Schiff an der Universität der Fall war oder wie sich Otto Bauer in seinem Werk „Wald und Weide" bemühte, fortschrittlich denkende Spezialisten mit landwirtschaftlichen Fragen beschäftigen. Nur dann könnten sich die Sozialisten durchsetzen, wenn es ihnen gelingt, auch in den ländlichen Gebieten Einfluß zu gewinnen. Das könnte wiederum nur dadurch geschehen, daß die Klassengegensätze, die in der ländlichen Gesellschaft herrschen, durch eine eindeutige Stellungnahme der Sozialisten transparent gemacht werden. Diese Problematik sollte wissenschaftlich durchforscht werden. Gutbesuchte Seminare und Vorträge dienten der Vorbereitung dieser Arbeit.

Zu meinen Aufgaben im IWK gehört die finanzielle Sicherung. Trotz meines Alters setzte ich mich für Projekte ein, indem ich mich um die erforderlichen Mittel kümmerte. Ich hielt den Parteibeschluß für die sogenannte Quotenregelung für falsch, weil sie letzten Endes ohne Sanktionen wirkungslos bleiben wird. Deshalb sollte gezeigt werden, daß der Vorwand, es gebe nicht genügend geeignete Frauen, auf den man immer wieder hingewiesen wird, unrichtig ist. Ich stellte fest, daß 1919 in Wien von achtundzwanzig sozialistischen Abgeordneten sieben, also ein Viertel, Frauen waren, die gute Arbeit geleistet haben. Ich schlug vor, das erfolgreiche Wirken bedeutender Frauen der österreichischen Arbeiterbewegung durch junge Historikerinnen in einer Reihe von Biographien darstellen zu lassen. Der dafür notwendige Betrag (acht Projekte mit je fünfzigtausend Schilling) war vierhhunderttausend Schilling. Ich verpflichtete mich, alles daran zu setzen, diese Summe aufzubringen, was mir zunächst nur ein gewisses mitleidiges Lächeln einbrachte, das sich jedoch veränderte, als es mir doch gelang, mein Versprechen zu erfüllen, weil ich führende Männer verschiedener Organisationen von der Wichtigkeit des Projektes überzeugen konnte.

Nicht unerwähnt bleiben darf, daß das IWK besondere Leistungen auf dem Gebiete der Frauenforschung erbringen konnte. Entstanden aus einem Projektauftrag des Wissenschaftsministeriums, wurde eine Dokumentationsstelle für Frauenforschung errichtet, die wertvolle Arbeit leistete und bald zu den führenden Instituten in diesem Wissenschaftszweig gehörte.

Reisen und Sport

Das Kapitel „Der Anfang vom Ende“ bringt einen Bericht von meiner Spitzbergenreise im August 1930. Im September 1930 begann der steile Aufstieg Adolf Hitlers mit dem großen Wahlsieg bei den Reichstagswahlen, der die ganze Welt fünfzehn Jahre lang in Atem hielt. In einem späteren Abschnitt meines Buches verweise ich auf die zahlreichen Reisen, die mich nach 1945 in verschiedenen Funktionen durch Europa, Amerika, Asien und Australien geführt haben. Karl Seitz hat einmal gesagt: „Es ist gut, wenn man international gesinnt ist, es ist natürlich, daß man ein bewußter Europäer und selbstverständlich, daß man ein begeisterter Österreicher, vor allem ein echter Wiener, aber ein bisserl ein Floridsdorfer (das heißt für mich: ein bisserl ein Döblinger und ein bisserl ein Ramseidner) ist.“ Dieser Ausspruch hat mir immer sehr gut gefallen, und so habe ich vor allem den letzten Teil immer hoch gehalten. Trotzdem war mir das „Fernweh“ kein Gegensatz zur Heimatverbundenheit.

Schon als Gymnasiast bin ich in der alten Monarchie herumgekommen. Mit meinem lieben Freund Walter Nuki durchquerte ich das Waldviertel - die Milchsuppe als einziges Nachtmahl im kleinen Dorfgasthaus ließ mich die Armut dieses Gebietes erkennen. Der weitere Weg durch die Stiftergegend des Böhmerwaldes nach Wallern und Prachatitz, nach Eger und Marienbad zeigte uns die Probleme des Nationalitätenkonflikts. Eine Wanderung durch das Leithagebirge führte mich nach Ungarn in das Heanzenland, das heutige Burgenland. Ein Besuch in Prag im Juni 1918 machte mich frühzeitig auf den knapp bevorstehenden Zusammenbruch der Doppelmonarchie aufmerksam.

Nach 1918 konzentrierte sich mein Leben auf Wien. Die Ferien verbrachte ich in Ramseiden, aber fast in jedem Jahr bis 1933 zwangen mich das erwähnte „Fernweh“ oder politische Verpflichtungen zu einer Reise in die Welt hinaus. 1922 kam ich das erste Mal nach Deutschland, um in Leipzig an einem internationalen Studentenkongreß von Sozialisten und Kommunisten teilzunehmen. 1923 besuchte ich in Hamburg den Gründungskongreß der Sozialistischen Arbeiterinternationale (S. A. I.) und machte einen Abstecher nach Helgoland, 1924 war es ein internationales Jugendtreffen in Nürnberg, bei dem ich Regensburg und Rothenburg ob der Tauber aufsuchen konnte, 1925 arbeitete ich im Büro des Kongresses der S. A. I. in Marseille, lernte Mailand, Monte Carlo, Nizza und die von mir besonders geliebte Provence und auf der Rückreise die französischen Alpenpässe, Turin und Bozen kennen. 1926 gab es nach einem kurzen Aufenthalt in Köln die Teilnahme an dem großen sozialistischen Jugendtreffen in einem Zeltlager in Holland in der Nähe von Amsterdam, das mich sehr beeindruckte. 1927 wanderte ich durch die Schweiz und erlebte Zürich, Luzern, die Seen und das herrliche Hochtal des Engadin. 1928 gab es wieder einen Kongreß der S. A. I. in Brüssel, der mir Gelegenheit gab, in Belgien viel Neues zu sehen.

1929 gab es eine Weltausstellung in Sevilla und Barcelona. Ich unterbrach in Toulouse, um nach Lourdes zu fahren, nicht weil ich die Wundergrotte sehen wollte - und ich habe sie tatsächlich nicht besucht -, sondern um eine Autobusfahrt nach dem Cirque de Gavarnie, dessen Talsohle zweitausendfünfhundert Meter über dem Meeresspiegel mitten in den Pyrenäen liegt, zu unternehmen. Weiter ging es nach San Sebastian und Madrid. Die Fahrt im primitiven Eisenbahncoupé lehrte mich den offenen und herzlichen Charakter der Spanier, die mich als Fremden verwöhnten, schätzten und liebten. In Madrid streifte ich durch die Stadt und lernte alle die Straßen und Plätze kennen, das erleichterte mir später in der Zeit des Bürgerkriegs, das hart umkämpfte Schicksal dieser Stadt zu verstehen. In Sevilla war es sehr heiß. Die Temperaturen, die immer auf dem Titelblatt der Zeitungen standen, waren in diesen drei Tagen: achtundvierzig, neunundvierzig, achtundvierzig Grad Celsius „al ombra". Dort badete ich im Guadalquivir, bestaunt von Hunderten Mädchen, die in der bekannten Tabakfabrik arbeiteten. In Granada gab es eine Fahrt mit der Straßenbahn hinauf in die Sierra Nevada, eine zweitausend Meter hoch gelegene Talsohle, umgeben von hohen, schneebedeckten Bergen. Auch die Zigeunerwohnwagen in den Lehmhöhlen sah ich. Schließlich besuchte ich den zweiten Teil der Weltausstellung in Barcelona. Die Besuchszeiten waren acht bis zehn Uhr morgens und zwanzig Uhr bis zwei Uhr früh. Ein deutschsprechender Kellner riet mir, mit dem Nachtdampfer um billiges Geld nach Mallorca zu fahren, lange bevor Kreisky es entdeckte. Über Genf und die Alpenpässe Furka und Grimsel und durch das Engadin ging es nach Hause.

Ein Jahr nach der Reise nach Spitzbergen wanderte ich 1931 im Ortlergebiet bis zur Pragerhütte (dreitausend Meter hoch) und durch den Vintschgau nach Osttirol. 1932 machte ich mit Döblinger Freunden mit einem kleinen Steyr 12 eine Autofahrt über Süddeutschland, Straßburg und Lyon nach Marseille und dann zurück über Genf und wieder durch das Engadin nach Ramseiden. 1933 meldete ich mich zu einer Intouristfahrt in die Sowjetunion und erhielt sogar von Julius Deutsch als dem Zentralsekretär die für einen Parteiangestellten erforderliche Parteigenehmigung. Die Fahrt kam nicht zustande, und ich meldete mich bei der Bildungszentrale als Helfer für eine Schiffsreise nach Istanbul an. Luitpold Stern hielt während der Reise auf dem Schiff entsprechende Vorträge, aus denen jeder von uns viel lernen konnte. Nachher ging es noch einmal nach Paris, wo ich im Büro der S.A.I. mithalf. Ausflüge in die Normandie und die Bretagne, nach Versailles und Rheims rundeten das Bild von Frankreich, aber insbesondere vom Schicksal der deutschen Emigranten. Ich beschloß, auf keinen Fall in die Emigration zu gehen, wenn es, wie wir alle erwarteten, auch in Österreich zu Faschismus und Nationalsozialismus kommen würde. Aber meine Reisezeit war für lange Zeit zu Ende.

Alle diese Reisen hatte ich finanzieren können, da ich dafür mein Monatsgehalt, das mir alljährlich zustehende dreizehnte Monatsgehalt und einen Geburtstagszuschuß meiner Eltern in der gleichen Höhe, also einen Betrag von etwa drei Monatsbezügen, die damals etwa zweihundertfünfzig bis dreihundert Schilling ausmachten, verwendete.

Nach 1945 bis zu meinem Übertritt in den Ruhestand waren fast alle meine Reisen dienstlicher Natur, vor allem finanziert durch verschiedene Institutionen. Als Generalsekretär des Bundes politisch Verfolgter kam ich nach Budapest und nach Warschau, als Geschäftsführer des Verbandes der Wiener Arbeiterheime mußte ich an Sitzungen in Bern, Düsseldorf, Lüneburg, Lüttich, Stockholm und Helsinki teilnehmen. Beim Europarat gab es Zusammenkünfte in Straßburg, Paris, Luxemburg, Rom, London, Dublin, Athen, Kiruna, Ankara, Istanbul und in der Bundesrepublik Deutschland. Jede Reise vermittelte mir bleibende wertvolle Eindrücke. Von Erwachsenenbildungsorganisationen aus kam ich nach Mailand, Kopenhagen, Israel, Moskau und Taschkent, und schließlich fuhr ich als Pensionist mehrfach nach Übersee, wo ich meine Tochter in New York und meine Neffen in Washington, Florida, Montreal, in Thailand und Australien aufsuchte. Von jeder dieser zahllosen Reisen gäbe es Wichtiges und Interessantes zu berichten. Dafür aber fehlt der Platz, und ich will nur zeigen, daß ich, von Afrika abgesehen, in allen Teilen der Welt Erfahrungen sammelte, die ich in meiner Arbeit nutzbringend verwerten konnte.

Von den Reisen zu meiner sportlichen Tätigkeit. Im Gymnasium gründete ich unter dem Ehrenschutz des Mathematikprofessors den

Fußballklub „Argonauten“, der mir lobende Anerkennung des vor dem Ersten Weltkrieg sehr bekannten Fußballstars Poppovich, der mich für seinen Klub werben wollte, einbrachte. Die erste Mathematikschularbeit nach dieser Gründung fiel aber für fast alle Spieler so schlecht aus, daß der Lehrer die sofortige Auflösung anordnete.

Später begann ich zu wandern, vor allem in den Bergen meiner zweiten Heimat Ramseiden. Nur selten kletternd, lockten mich vor allem Höhenwege in den Hohen Tauern, von Hütte zu Hütte. Die Gegend um Großglockner und Großvenediger lernte ich recht gut kennen, kam in die Zillertaler und Lechtaler Alpen und nach Vorarlberg ins Montafon, wo ich die Scesaplanagruppe, in Gewaltmärschen bis zu fünfzehn Stunden am Tag, durchzog. Natürlich waren auch der Hochkönig, das Steinerne Meer, der Hundsstein und die Schmittenhöhe Ziele meines Bergwanderns.

Ein wenig lockten mich auch der Schnee und der Schilauf, damals noch in unserem Bezirk und in der Nähe Wiens möglich, aber auch im Pinzgau und in den Radstädter Tauern machte ich einige Schitouren. Aber ich muß gestehen, daß ich kein engagierter Sportler gewesen bin. Umso mehr war ich erstaunt, als Ludwig Treybal von den Wiener Arbeiterturnern, den ich aus der Zwischenkriegszeit gut kannte, in einer Sitzung des Wiener Vorstandes der SPÖ verlangte, daß ein bekannter Politiker sozusagen mit der Patronanz des eben begründeten Wiener ASKÖ betraut werden möge und auf meine Frage „Wen wollt ihr denn?“ sofort antwortete: „Na, eben dich.“ Sehr zur Freude aller Anwesenden, die der Gefahr entgangen waren, eine zeitraubende Arbeitsbelastung auf sich nehmen zu müssen. So wurde ich nun Präsident des ASKÖ-Wien. Fraktionsführer im Sportbeirat der Stadt Wien, den der damals noch kommunistische Kulturstadtrat Viktor Matejka ins Leben gerufen hatte. Erst nach sechs Jahren konnte ich im Zuge einer Umorganisierung des Arbeitersportwesens den Platz abgeben, der mich in diesen Jahren viel Zeit gekostet, mir aber doch auch Freude bereitet hatte. Meine Beziehung zu den Arbeitersportlern, Naturfreunden, Arbeiterturnern ist bis heute eine freundschaftliche geblieben.

Zur Körperkultur gehörte natürlich auch das Wasser. Als Bub hatte ich ein sehr zwiespältiges Verhältnis zu diesem Element. Man nannte mich „Kaltwasserheulanstalt“. Das änderte sich, als nach Wolkenbrüchen das kleine Bächlein, das durch Ramseiden fließt, zweimal große Überschwemmungen verursachte. Das ermöglichte uns Kindern, im Wasser zu waten und zu pritscheln. Die Folge der beiden Katastrophen war, daß eine Wildbachverbauung durchgeführt wurde, die den Bach an den Rand des Ortes verlegte. Das

Wasser wurde durch ein gemauertes Bachbett geführt und endete mit einem kleinen, ca. eineinhalb Meter hohen Wasserfall in einem Teich. Dieser war so tief, daß man darin sogar baden und schwimmen konnte. Langsam füllte sich das Becken mit Geröll, und der Teich wurde immer seichter, bis schließlich nur mehr der Bach durch das Geröllfeld floß. Damit war es mit dem Baden vorbei: Übrig blieb der Wasserfall, der für mich zum wichtigsten Erholungsfaktor während meiner Sommerferien wurde.

Geschäftstüchtig hatte die Bachgenossenschaft die Nutzung des üppig wachsenden Grases einem Bauern um ein Spottgeld verpachtet. Wenn wir zum Wasserfall wollten, mußten wir diese Wiese überqueren. Plötzlich versuchte der Pächter, uns das zu verbieten, und beschwor einen Prozeß herauf, in dem schließlich festgestellt wurde, daß wir den Weg wesentlich länger als dreißig Jahre benutzt hatten und uns daher eine Art Servitut zustand. Der Bauer verlor den Prozeß und mußte eine beträchtliche Summe an Prozeßkosten zahlen.

Religion und Kirche

Schon Ende der zwanziger Jahre bin ich aus der evangelischen Kirche ausgetreten und bin seither konfessionslos. Ich habe das aber immer für eine private Angelegenheit gehalten. Die Döblinger Freidenker haben mich auf einer Bezirkskonferenz offen angegriffen, weil ich die Kirche nicht verlassen hätte. Ich stand immer auf dem Standpunkt, daß Religion wirklich Privatsache sei, die man streng trennen müsse von Organisationsstrukturen wie sie die Kirche darstellt. Das geht auch aus dem Gespräch mit Landeshauptmann Ender deutlich hervor.

Als mich der russische Bezirkskommandant zum „Burgomistr“ ernannte, erklärte ich ihm, daß ich nicht allein für die Arbeiterschaft die Verantwortung für die Aufbauarbeit auf mich nehmen könne, und daß auch Menschen aus bürgerlichen Kreisen sich beteiligen müßten. Wir einigten uns schließlich darauf, Männer aus der katholischen Kirche zuzuziehen. Meine Haltung führte dazu, daß das Verhältnis zwischen mir, dem Konfessionslosen, und der katholischen Geistlichkeit von vornherein gut war. So kamen dann der Pfarrer von Glanzing und der von Heiligenstadt zu mir als dem „Burgomistr“, der zu der Zeit auch für Gemeindegründe zuständig war, und baten mich, ihnen Grund für den Bau von Notkirchen zur Verfügung zu stellen. Ich habe diese Bitte selbstverständlich erfüllt.

Im Jahre 1951 kam der Dechant von Döbling zu mir, um mich für eine Sammelaktion zugunsten des Wiederaufbaus des Stephansdoms zu gewinnen. Im Bezirksvorstand stellte ich dieses Ersuchen wie folgt dar: „Ich bin der Meinung, der Stephansdom ist eine Angelegenheit aller Wiener. Er ist für uns alle, nicht nur für die Gläubigen, ein Symbol. Es ist notwendig, das zum Ausdruck zu bringen.“ Es wurde beschlossen, daß ich mit zehn anderen an der Sammelaktion in den Straßen Wiens teilnehmen solle.

Doch es kam anders: Eines abends sah ich von meinem Fenster aus, wie ein großer Lastwagen beim Pfarrhof in der Vormosergasse vorfuhr. Eine Menge junger Leute kam aus dem Pfarrhof und stieg auf das Lastauto. Es war die Zeit, in der Renner gestorben war und der Wahlkampf um den Bundespräsidenten die Gemüter erregte. Schon vorher hatte ich gesehen, daß die Körnerplakate übermalt worden waren, und das, was ich hier sah, schaute mir sehr nach Aktion aus. Ich ging sofort ins Arbeiterheim, in dem immer eine Bereitschaft von Ordnern zur Verfügung stand und wies sie auf die bevorstehende geplante Plakatzerstörungsaktion hin. Wir wollten sie verhindern und fuhren so lange hinter dem Wagen her, bis sie bemerkten, daß sie verfolgt wurden. In der Nußdorfer Straße bogen sie in die Wiederhofergasse ein. Diese Gasse ist eine Sackgasse. Wir stellten uns davor und warteten. Als die jungen Leute heraus wollten, gab es eine ungeheure Prügelei, denn jetzt erst sahen wir, daß sie mit Kleister und Farben ausgerüstet waren, was unseren Zorn so richtig schürte. Der Capo der Gruppe war der junge Figl. Am nächsten Tag rief ich den Dechanten an und sagte: „Leider. Meine Leute gehen nicht sammeln. Nicht nach dem, was sie gestern Nacht erlebt haben.“ Er stritt zunächst jegliche Verbindung ab. Wir aber hatten den Kaplan gesehen, der mitgefahren war. Es war einfach keine Basis für eine Zusammenarbeit.

Ich möchte nicht, daß die Kirche herrscht, was aber nicht bedeutet, daß ein Sozialist, der gläubig ist, nicht gläubig sein darf. Das ist die Sache jedes einzelnen. Ich halte die Glaubensfrage für eine private Angelegenheit. Das ist auch der Grund, aus dem ich mich nie an der starken Stimmung der Arbeiterschaft gegen die Kirche in der Zwischenkriegszeit beteiligt habe. In meinem Bezirk gab es viele religiöse Sozialisten. Die proletarischeste Sektion des Bezirks hatte an ihrer Spitze fast ausschließlich gläubige Katholiken, die zum Teil auch dem Kirchenrat angehörten.

Bei einem Seminar über geistige Landesverteidigung sollte Drimmel das Referat halten. Da er erkrankte, sollte sein Vorgänger, Ernst Kolb, ein Vorarlberger Abgeordneter der ÖVP, der einige Zeit Unterrichts- beziehungsweise Handelsminister gewesen war, ihn vertreten. Bei einer Abstimmung im Parlament über eine einschlägige Frage, war er der einzige im ganzen Haus, der sitzen blieb. Hilde Krones konnte sich da nicht zurückhalten, ging zu ihm und fragte: „Herr Kollege, sind Sie wirklich der Meinung?" Es war ihm sehr peinlich, daß jemand diese Unhöflichkeit bemerkt hatte: Bei einer Abstimmung hat man aufzustehen. In der Diskussion, nachdem Kolb vom Podium her erklärt hatte, wenn einer nicht gläubig sei, könne er kein guter Mensch sein, meldete ich mich und sagte: „Glauben Sie wirklich, daß es in der jetzigen Zeit wertvoll ist, Wunden aufzureißen, die uns in der Vergangenheit genug geschadet haben?" Er antwortete mir in seinem Schlußwort nicht. Marcel Reding, Professor der Moraltheologie in Graz, kam lachend zu mir und sagte: „Was glauben Sie, was jetzt war? Kolb war bei mir und fragte mich: Hat Mark recht? Ich antwortete ihm: Lesen Sie in meiner Moraltheologie nach, was ich dazu gesagt habe, nämlich, daß auch ein Ungläubiger ein guter Mensch sein kann."

Jachim - er sollte Erzbischof von Wien werden, lehnte dies aber ab - war ein begeisterter Bergsteiger. Sein Bergkamerad war ein führender Kommunist. Sie vertrugen sich herrlich und blieben was sie waren.

In dieser Zeit gab es auch Organisationen von gläubigen Christen, die sich zur Sozialdemokratie bekannten. Viel stärker aber war die Bewegung der Freidenker, die durch die aggressive Haltung besonders der katholischen Geistlichkeit immer mehr Anhänger gewann. Seipels Wort von der Beseitigung des „revolutionären Schutts", der Hirtenbrief der Bischöfe, in dem es hieß, es wäre besser den, der Kinder glaubenlos erziehen will, mit einem Mühlstein um den Hals im Wasser zu ertränken, die Segnung der Waffen der Heimwehr, die Wahlbewegung, die Wahlwerbung von der Kanzel herab und vieles andere putschte die Menschen auf. Der Versuch, die kirchlichen Symbole zu bekämpfen, wie das Verbot des Kreuzes in den Schulklassen, die Firmungsfeiern und die Fronleichnamsprozessionen durch eigene antikirchliche Symbole zu ersetzen, schürte die Gegensätze immer mehr.

MEINE SICHT DES FALLES OLAH

Mit Franz Olah konnte ich nie zu einem kameradschaftlichen Verhältnis kommen. Nach einigen Jahren im KZ stieg er rasch von Stufe zu Stufe: Gemeinderat, Bezirksobmann von Hernals, Abgeordneter zum Nationalrat und Mitglied der Parteivertretung. Das Nationalratsmandat und den Sitz im Klubvorstand übernahm er, nachdem Erwin Scharf zurückgetreten war. Es war vor allem der politische Kurs, den er steuerte, und die Art, wie und mit welchen Mitteln er dies tat, der mich in Opposition zu ihm brachte. Vor allem setzte er alles daran, die Unklarheiten über seine Haltung während der Haft im KZ zu beseitigen. Davon bekam ich aus meiner Tätigkeit im „Bund politisch Verfolgter" einige Kenntnisse, die meine Sympathie für ihn keineswegs verstärkten.

Im Herbst 1950, als der Widerstand gegen das vierte Lohn- und Preisabkommen zu Streiks führte und es an einigen Stellen in Wien zu Ausschreitungen kam, organisierte Franz Olah Gegenmaßnahmen mit der Behauptung, daß es sich um einen kommunistischen Putschversuch handle, was sich inzwischen längst als nicht beweisbar herausstellte. Die Preise stiegen ständig, die Löhne blieben aber zurück. Das führte zum Unmut der Arbeiter, die er mit Hilfe arbeitsloser, von ihm mit Holzknüppeln bewaffneter Bauarbeiter brutal niederschlagen wollte. Sehr zum Unterschied von Bürgermeister Theodor Körner, der in eigener Person an besonders bedrohlichen Stellen durch sein Zureden die Menschen zur Vernunft brachte. Olah aber benützte die Behauptung, es handle sich um einen kommunistischen Putsch, als Legitimation, seinen verläßlichen Antikommunismus hervorzukehren, denn das paßte gut in die Reihe seiner Bemühungen um die Integration reaktionärer und klerikaler Anschauungen. Damit gewann er auch das Wohlwollen des Amerikaners McCarthy.

Schon einige Jahre vorher, als die Linke innerhalb der Partei noch frei agieren konnte, hatte er, nach einem Aufenthalt in den USA einigen amerikanischen Zeitungen von einem Zusammentreffen Hilde Krones', Karl Gföllers, mir und anderer unserer Mitarbeiter auf dem Semmering mit führenden österreichischen Kommunisten berichtet. Obwohl wir dieser Zeitungsente scharf entgegentraten und beweisen konnten, daß an ihr kein wahres Wort war, wurde diese Nachricht von Karl Gruber, dem Außenminister, in die offiziellen Nachrichten des Außenamtes übernommen und über die ganze Welt verbreitet. Als die Lage für uns Linke immer schwieriger wurde, erzählte Olah überall herum, daß Hilde Krones bei den kommenden Wahlen zum Nationalrat nicht mehr kandidieren werde, daß sie auch nicht mehr für den Parteivorstand und das Frauenzentralkomitee in Betracht komme, obwohl er wußte, daß die Ottakringer fest hinter ihr standen, wie sich kurze Zeit später, bei ihrem Begräbnis an der eindrucksvollen Teilnahme, insbesondere der großen Masse der Ottakringer Genossen, zeigte. Zweifellos war er, neben Marianne Pollak, stark daran beteiligt, daß sie nicht auf die Vorschlagsliste für das Frauenzentralkomitee gestellt wurde. Trotzdem blieb sie mit neunzig Stimmen nur knapp unter der nötigen Mehrheit.

Olah brauchte nur mit der russischen Fahne zu winken und das Wort „Spion" zu flüstern, und schon waren die wildesten Gerüchte über uns im Umlauf. Dabei wollten wir nichts anderes als eine loyale Zusammenarbeit der Regierung mit den Russen, also das, was heute auf der ganzen Welt selbstverständlich ist.

Bei den Budgetverhandlungen über die Erhöhung der Biersteuer gab es im Parteivorstand heftige Diskussionen mit Hillegeist und Olah, die sich als Vertreter der Gewerkschaften energisch dagegen aussprachen. Ganz ungewohnt wurde auf ihr Ersuchen hin die Sitzung unterbrochen, damit sich die Genossen aus den Gewerkschaften in einer abgesonderten Besprechung über eine gemeinsame Linie einigen könnten. Ein Vorgang, wie ich ihn seit meiner Zugehörigkeit zum Parteivorstand nie erlebt hatte, von dem ich auch nie gehört hatte, daß er vor oder nachher praktiziert worden sei. Sie erschienen eine Stunde später ohne Olah und erklärten, ihren Einspruch zurückzuziehen. „Wo ist der Franz?" war unsere Frage. „Er hat gesagt, er ist müde. Er ist nach Hause gegangen."

Nach Schluß der Sitzung fuhr Benya Hillegeist und mich in seinem Auto nach Hause. Während der Fahrt lief das Radio, und wir hörten eine Erklärung Olahs. Er verzichte wegen der Zustimmung zur Biersteuer auf alle Funktionen. Die Gewerkschafter waren entsetzt. In der Stunde, in der sie das Problem diskutiert hatten, hatte er mit keiner Silbe seinen Rücktritt angekündigt, falls die

Angelegenheit nicht zu seiner Zufriedenheit entschieden werde. Er lege sein Mandat als Abgeordneter zurück, hieß es weiter, und gehe in den Gewerkschaftsbund zurück. Seine erste Handlung war die Anschaffung eines Dienstwagens, genau dem entsprechend, den er vorher als Parlamentsvizepräsident gehabt hatte.

Einige Monate später plauderte ich im Parlament mit einer Mitarbeiterin, die, als sie Olah vorbeigehen sah, sich bei mir entschuldigte: „Ich muß jetzt gehen, um dem Herrn Präsidenten seine Bezüge auszuzahlen." - „Welche Bezüge?" fragte ich, sofort neugierig geworden. „Naja, er bekommt doch jeden Monat sein bisheriges Gehalt. Es steht im Gesetz, daß er ein Jahr lang seine Bezüge erhält." So sah sein Verzicht auf „alles" aus.

Immer öfter kam ich in Gegensatz zu seiner Haltung und mußte oft gegen seine Vorschläge Stellung nehmen. Das war ihm natürlich nicht recht, und so versuchte er, mich mindestens in eine gewisse Abhängigkeit zu bringen. Einmal hatte ich als Vorsitzender der Justizfraktion ihm als Klubobmann Bericht erstattet und mich bereits zum Gehen angeschickt, da sagte er plötzlich: „Bleib noch, ich will mit dir etwas plaudern." Ich setzte mich wieder und fragte ihn nach seinen Wünschen. Darauf sagte er: „Es ist eine Schweinerei, wie sie dich behandeln, jeder kriegt sein Gschaftl, nur dich lassen's in der Luft verhungern." Lachend erwiderte ich: „Sehe ich so verhungert aus?" Ich hatte zu diesem Zeitpunkt fast hundert Kilo. Darauf er: „Ich hab mir das überlegt. Wir hauen den Kübler" - der Grazer Hochschulprofessor war damals der Vertreter der SPÖ in der Verwaltung des deutschen Eigentums - „aussi, und du sollst seine Stelle übernehmen. Du kriegst an Sektionschefgehalt, an Dienstwagen, und vielleicht bringen wir dich in ein paar Jahren in die Pension." Meine Antwort war: „Bisher habe ich jede Arbeit übernommen, für die mich die Partei heranziehen wollte. Aber eines mußt du wissen: Pappn hoiten hat der Mark nia glernt." - Olah verabschiedete sich ziemlich ungnädig. Pittermann, Jonas und andere, denen ich die Geschichte sofort erzählte, waren entsetzt, denn in keiner Besprechung im kleinen Kreise war Olahs Vorschlag jemals erwähnt oder gar beschlossen worden. Vierzehn Tage später war sein Sekretär auf diesem Posten.

Eine Zeitlang standen wir uns immer wieder gegenüber. Bei der Besetzung des Wiener Vorstands genauso wie bei der Stelle als Klubobmann. Felix Slavik, der wie Bruno Kreisky dem Olah-Kreis zuzurechnen war, wollte um jeden Preis Wiener Obmann werden. Ich war im Wiener Vorstand, hatte aber das Gefühl, Verstärkung zu brauchen. Deshalb setzte ich mich dafür ein, Karl

Waldbrunner auch in den Vorstand zu bekommen, und argumentierte damit, daß doch noch ein Platz frei sein werde.

Das Wahlkomitee schlug an meiner Stelle Karl Waldbrunner vor, mit der von Slavik verbreiteten Version: „Mark hatte freiwillig verzichtet." Natürlich stellte ich sofort auf der Konferenz richtig, daß das nicht wahr sei, ich mich aber einem Vorschlag des Wahlkomitees nicht widersetzen werde.

Als die Frage des Klubobmanns wieder aktuell wurde, für die Pittermann mich vorgeschlagen hatte, was ich sehr gerne übernommen hätte, konnte Olah seinen Einfluß geltend machen, ohne gegen mich persönlich aufzutreten, indem er einen Kandidaten vorschlug, gegen den man nichts Negatives vorbringen konnte und so seine Wahl akzeptieren mußte.

1955 war Olah Vizepräsident des ÖGB geworden, jetzt, 1957, geschäftsführender Obmann des SPÖ-Parlamentsklubs und 1959, nach dem Tode Johann Böhms, Präsident des ÖGB. Es waren zentrale Schaltstellen in Gewerkschaft und Partei.

Besonders geschmacklos war die Kampagne gegen Pepo Afritsch. Obwohl er bereits wichtige Positionen bekleidete, konnte Olah seinen Ehrgeiz nicht zügeln und strebte danach, das wichtigste Machtinstrument, die Polizei, in die Hand zu bekommen. Afritsch hatte 1959 als Innenminister die Nachfolge Oskar Helmers angetreten. Olah verdrängte ihn aus dieser Position 1963. Anfang Jänner waren alle Regierungsmitglieder zur Eröffnung der Olympischen Winterspiele mit der Eisenbahn nach Innsbruck gefahren. Olah blieb allein zurück und erklärte, das Haus hüten zu wollen.

Kaum hatte der Zug den Westbahnhof verlassen, berief er eine außerordentliche Pressekonferenz ein, um festzustellen, daß man Dokumente gefunden habe, wonach Afritsch an der Fälschung von Pässen beteiligt gewesen sei, und daß auch gegen Jonas gewisse Vorwürfe bekanntgeworden seien. Die Beteiligung an der Fälschung von Pässen entsprach der Wahrheit. Daß Afritsch aber Pässe habe fälschen lassen, um Gefährdeten in der austrofaschistischen und vor allem in der nazistischen Zeit, insbesondere auch Juden, die Reise ins Ausland zu ermöglichen, davon sagte er nichts.

Seine Position als Präsident des ÖGB hatte er niedergelegt, um Innenminister zu werden, wahrscheinlich auch, weil er Kenntnis hatte von der Verwendung von Gewerkschaftsgeldern für die finanzielle Absicherung der FPÖ. Die Mitarbeit an „nicht sozialistischen" Zeitungen brachte ihm eine Verwarnung ein, so daß er gezwungen war, als Innenminister zurückzutreten. Seine Popularität war inzwischen so groß, daß spontan für ihn gestreikt wurde und es zu Sympathiekundgebungen kam. Die Stimmung wandte sich vor allem gegen Bruno Pittermann, Anton Benya und Christian Broda, die für die Entscheidung verantwortlich gemacht wurden. Man ging damals sogar mit physischer Gewalt gegen Broda und andere vor, als sie in das Parteihaus in der Löwelstraße wollten.

Damals kamen einige Leute zu mir, die wissen wollten, was ich von diesem Streik hielte. Ich riet allen, auch dem Betriebsratsobmann des Pressehauses (eintausend Beschäftigte) davon ab, in den Streik zu treten. „Traust du dich, das den Leuten zu sagen?“ fragte er mich. „Selbstverständlich.“ Im Pressehaus war die Stimmung zunächst äußerst frostig, doch langsam begannen mir die Versammelten zuzuhören. Ich legte alle Dinge dar, die ich über Olah wußte. Danach stand der Betriebsratsobmann auf und sagte: „Karli, wir glauben dir. Aber wehe dir, wenn das nicht wahr ist, was du uns berichtet hast. Dann wirst du was erleben!“ Ich sagte: „Bitte, darauf bin ich gefaßt.“ Einige Wochen später kam er wieder: „Danke schön, daß du uns abgehalten hast, bei dem Streik mitzutun.“

Ende August 1964 war Pepo Afritsch plötzlich gestorben. Noch in der Nacht veranlaßte Olah, daß ich sofort von Ramseiden nach Wien zurückkehrte. Da es keine Nachtverbindung gab, wurde der Arlbergexpreß in Saalfelden so langsam geführt, daß ich mit Hilfe des Bahnpersonals aufspringen konnte. Als ich in der Früh in die Wohnung Pepos kam, fand ich dort außer der Haushälterin zwei Gruppen von Polizisten, die sich gegenseitig mißtrauisch überwachten. Die eine von der Polizeidirektion, die andere von der sogenannten „Ministerpolizei“, die sich Olah im Ministerium eingerichtet hatte. Vermutlich wollten sie verhindern, daß die jeweils andere Gruppe Zugang zu Akten und Dokumenten bekäme, die für ihre Gegenseite von Bedeutung sein könnten. Mit Müh und Not gelang es mir erst in den späten Nachmittagsstunden, den Abzug beider Gruppen zu erreichen, nicht ohne daß ich feststellen mußte - Afritsch war Philatelist -, daß von vier „Rennerblocks“, die von Pepos Bruder Viktor noch kurz vorher gesehen wurden und deren Wert sehr hoch war, nur mehr einer da war.

Zur Trauerfeier wollte Olah nicht kommen. Erst auf Drängen aller anderen Regierungsmitglieder, die ihn aufmerksam machten, daß ein amtierender Innenminister unmöglich das Begräbnis seines Vorgängers boykottieren könne, entschloß er sich, daran teilzunehmen. Er schritt hinter einem ungeheuer großen und prächtigen Kranz an der Spitze von hohen Polizeioffizieren in Uniform zu den Leidtragenden, reichte mir die Hand und sagte: „An der Bahre schweigen alle Gegensätze.“

Kurze Zeit danach, legte er auf Grund eines Berichts der zentralen Kontrollkommission des ÖGB alle Funktionen in der Gewerkschaft zurück. Er wurde aus der Partei ausgeschlossen und in einem Prozeß, der ihm wegen der Finanzierung einer neuen, von ihm gegründeten Partei (Demokratisch-fortschrittliche Partei) aus ÖGB-Geldern gemacht wurde, verurteilt.

Für mich schien der Fall Olah erledigt, bis ich aus dem Amtsblatt der Stadt Wien am 28. Dezember 1989 erfuhr, daß ihm wegen seiner „besonderen Verdienste“ um die Stadt Wien das große goldene Ehrenzeichen verliehen wurde. Ich fragte mich, für welche Verdienste.

AKTIV IM RUHESTAND

Im Jahre 1966 wurde innerparteilich die Altersklausel für Mandatare mit fünfundsechzig Jahren, die einige Jahre vorher beschlossen worden war, realisiert. Das bedeutete für Ernst Winkler, Robert Uhlir, Alfred Migsch und mich, daß wir für den Nationalrat bei den bevorstehenden Wahlen nicht mehr kandidieren konnten und aus dem Parteivorstand auszuscheiden hatten. Rosa Jochmann, auch schon sehr nahe dieser Altersgrenze, blieb noch ein Jahr, den Zeitpunkt ihrer Ablöse vorzubereiten.

Unsere Verabschiedung fand bei einer Klubtagung statt. Ernst Winkler meinte: „Wir Pensionisten können ja nur zuschauen. Auf unsere Ratschläge werdet ihr nun nicht mehr neugierig sein." Dazu mußte ich doch etwas sagen: „Ich kann nicht zuschauen, lieber Ernst. Ich fühle mich nicht als Pensionist und werde mich wahrscheinlich nie als solcher fühlen. Ich werde immer aktiver Sozialist bleiben. Das bin ich immer gewesen. Und ich werde alles daran setzen, meine Anschauungen und Meinungen weiterhin zu vertreten."

Robert Uhlir, Präsident des Pensionistenverbandes, bat mich, die Statuten für den Pensionistenverband vorzubereiten. Diesen Gefallen tat ich ihm gern, bemerkte aber sofort dazu: „Ich entwerfe die Statuten, aber werde diesem Verband nicht beitreten. Nicht des Beitrags wegen, sondern weil ich prinzipiell kein ‚Pensionist' sein will."

Es fällt mir schwer, zu akzeptieren, daß man mich als Senior bezeichnet. Ich halte weder das Alter noch das Geschlecht für einen Grund unterschiedlicher Behandlung innerhalb der Partei. Entweder man ist ein guter Sozialist, dann spielen das Geschlecht und das Alter keine Rolle, oder man ist ein schlechter, und dann ist es auch einerlei, ob jung, ob alt, ob Mann, ob Frau. Es war wieder eines der vielen Vorurteile, denen ich im Laufe meines Lebens begegnete und denen ich mit voller Kraft entgegentrat. Nicht nur durch Worte, sondern durch mein gelebtes Leben.

Es gab so viel zu tun. Nach den Nationalratswahlen vom März 1966 entschied sich die Partei nach fast einundzwanzigjähriger Zusammenarbeit mit der ÖVP dafür, in die Opposition zu gehen. Der Beschluß wurde mit großer Mehrheit im Parteirat gegen Slavik und Kreisky gefaßt. Bruno Pittermann trat als Parteivorsitzender zurück. Kreisky und seine Gruppe hatten das durchgesetzt. Der Bundesparteitag 1967 wählte Bruno Kreisky mit Stimmenmehrheit zum neuen Parteivorsitzenden. Ich hatte mich für den anderen Kandidaten Hans Czettel eingesetzt. Mit zu Kreiskys Gruppe gehörten: Felix Slavik und vor seinem Ausschluß aus der Partei auch Franz Olah. Pittermanns Frau pflegte sie „die unheiligen Drei" zu nennen. Die drei versuchten, sich den Einfluß in der Partei zu teilen. Felix Slavik war Obmann der Wiener Partei, Franz Olah Obmann der niederösterreichischen Organisation, Kreisky sollte an die Parteispitze.

Vor dem Feber 1934 wußte ich zwar, daß bei der SAJ ein „Kreisky" existierte, ohne mit ihm zu tun zu haben. Ich kannte seine Rolle in der niederösterreichischen SJ, und wußte, daß er mit Pepo Afritsch befreundet war. Damals hatte ich Pepos Schwester Grete noch nicht kennengelernt, im Gegensatz zu Kreisky, der, wie er heute noch schmunzelnd zugibt, sie sehr, doch unerwidert, verehrte. Ich erfuhr von seinem Aufenthalt in Schweden und seiner Rolle in der Emigrantenbewegung.

Meine Einstellung zu Kreisky war nie gegen ihn als Person gerichtet, sondern manchmal gegen seine Haltung in einer konkreten Frage. Ich achtete Kreisky als große Persönlichkeit. Daher sollte er zu denen gehören, die mitentscheiden über die Linie der Partei. Sehr deutlich brachte ich das auf dem Parteitag 1956 zum Ausdruck. Damals hatte der föderalistische Gedanke dazu geführt, daß die Mandate im Parteivorstand im Proporz auf die einzelnen Landesorganisationen aufgeteilt wurden. Als der Vorschlag des Wahlkomitees vorlag, stellte sich heraus, daß eine Reihe von Genossen, die gerade für die Bundespartei wichtige Arbeit leisteten, von keinem Land berücksichtigt worden waren. Es waren Alfred Migsch, Karl Waldbrunner, Otto Probst und Bruno Kreisky. Seinerzeit hatten die Steirer verlangt, daß der Wiener Alfred Migsch ihnen als Listenführer zur Verfügung gestellt werden soll, weil er auf Grund seiner gemäßigten Haltung in der Nazifrage großes Ansehen in der Steiermark genoß. Die Steirer entschlossen sich, einen der von ihnen vorgeschlagenen Kandidaten durch Migsch zu ersetzen. Waldbrunner und Probst waren Zentralsekretäre, und man stellte fest, daß sie daher im Bundesparteivorstand Sitz und Stimme hätten. Übrig blieb Bruno Kreisky. Ich hielt es für einen Fehler, Leute wie Kreisky nicht in den Parteivorstand zu wählen. Er gehörte zweifellos zu „den“ Köpfen der Partei. Da bat ich ums Wort und sagte: „Ich, für meinen Teil, werde einen Genossen auf der Liste streichen. Ich sage nicht welchen, aber an seine Stelle werde ich den Namen Kreisky setzen.“ Während ich sprach, sah ich, wie Schärf einen roten Kopf bekam und seinen Namen auf einen Zettel kritzelte. Als ich vom Rednerpult stieg, hatte ich sehr starken Beifall, was breite Zustimmung zu meinen Worten ausdrückte. Da zerriß Schärf seinen Zettel und meldete sich nicht zu Wort. Kreisky wurde mit zweihundertvierzig zu hundertsechzig Stimmen gegen den Sankt Pöltner Bürgermeister Rudolf Singer, den niederösterreichischen Abgeordneten, gegen den ich nichts einzuwenden hatte, er war eben am leichtesten zu streichen, in den Vorstand gewählt. Kreisky kam diese kleine Unterstützung, die ich ihm hatte zuteil werden lassen, lange nicht zu Bewußtsein. Zu einem seiner runden Geburtstage fand am Kahlenberg eine große Feier statt. Auf einen Zettel schrieb ich: „Parteitag ’56.“ Als ich ihm gratulierte, legte ich ihm den Zettel in die Hand. Er steckte ihn ein. Vier Wochen später traf ich ihn im Volkstheater: „Hör einmal“, sagte er, „ich habe den Zettel erst viel später gefunden. Ich wußte gar nicht, daß du mich in den Parteivorstand gebracht hast.“

Bezog ich im Konflikt zwischen Pittermann und Olah eindeutig gegen Olah, und damit auch gegen Kreisky, Stellung, so konnte ich Kreiskys Verhalten in anderen Fragen meist unterstützen. Das war etwa der Fall, als Olah zu den Sitzungen der Fraktion des Außenausschusses einen seiner Sekretäre schickte, ganz offensichtlich, um uns, damit auch Kreisky, zu überwachen. Dagegen trat Kreisky auf, was ihm meine Sympathie einbrachte. Sie aufrechtzuerhalten fiel mir manchmal schwer. Bei einer Bezirkskonferenz referierte er unter anderem über Afghanistan. Der Grundtenor war unschwer herauszuhören: Schuld war die Sowjetunion. Ich hielt das für eine einseitige Darstellung und erzählte, um andere Informationen in die Diskussion einzubringen, daß die Russen nur einem Putsch der Amerikaner zuvorgekommen seien. Das hatte die Arbeiter-Zeitung von den Meldungen einer bürgerlichen englischen Zeitung übernommen. „Was sagst du dazu?“ fragte ich Kreisky, „die Times ist doch wirklich kein kommunistisches Organ. Das unterstreicht doch die Glaubwürdigkeit des Artikels.“ Wir steckten mitten in einer Werbeaktion für Partei und Zeitung. Seine Antwort war: „Ja, glaubst du denn das, was in der Arbeiter-Zeitung steht?“

Trotzdem war es nicht zuletzt seiner Person zu verdanken, daß die SP im Jahre 1970 mit einundachtzig Mandaten (die ÖVP erreichte achtundsiebzig, die FPÖ sechs) erstmals die relative Mehrheit gewann. Der Erfolg lag einerseits in der konkreten Haltung zu Tagesfragen, die vor allem von Pittermann als Klubobmann im Parlament vertreten wurden, andererseits darin, daß liberale Wähler, die in der Ersten Republik meist sozialistisch gewählt hatten, durch ihn und seine Haltung zurückgewonnen wurden. Die sogenannten „Kreisky-Wähler" waren nicht Mitglieder der SP, unterstützen die Partei jedoch durch ihre Stimme, also eine Situation vergleichbar jener der Wahlen von 1911, bei der alle Oppositionellen in den Stichwahlen geschlossen gegen die Christlichsozialen gestimmt hatten. Kreisky gelang es, dieses Wählerpotential erneut zu mobilisieren. Gleichzeitig organisierte er Ende der sechziger Jahre eine Programmdiskussion. Eine Art Expertenkollegium, bestehend aus führenden Wissenschaftern und Wirtschaftsleuten, beriet über die Zukunft des Landes. Im Mai 1969 beschloß der Parteitag ein neues Parteiprogramm, das die fortschrittlichen Kräfte dieses Landes entwickelt hatten, das „Programm der 1400". Ein Jahr später folgten die Nationalratswahlen.

Obwohl ich aus dem Parlament und dem Parteivorstand ausgeschieden war, blieb ich weiterhin Bezirksobmann in Döbling. In dieser Funktion bereitete ich auch die Wahlen 1970 vor. Sie bildeten den Höhepunkt der Entwicklung der Döblinger Organisation. Mehr Mitglieder und mehr Stimmen gab es nie zuvor und nie nachher.

Vor der Jahreskonferenz im Bezirk teilte mir Walter Hofstätter mit, daß ich abgelöst werden sollte. Ein Generationswechsel sei angebracht. Ich zögerte nicht mit meiner zustimmenden Entscheidung. Die Wahl zum Ehrenpräsidenten aber lehnte ich natürlich ab. „Das könnt ihr gegen meinen Willen machen, aber ich werde kein Ehrenpräsident sein." Zu jeder Bezirksjahreskonferenz wird ein Funktionär aus der Bundespartei delegiert, der die Begrüßungs- und Dankrede zu halten hat. 1970 war es Felix Slavik, der es sicher, trotz all unserer Konflikte, nicht unterlassen hätte, mich, und das wäre ihm vielleicht eine Genugtuung gewesen, anläßlich meines Rücktritts ins Gesicht hinein zu loben. Wie konnte ich das verhindern? Ich hielt meine Schlußrede und zeichnete die Entwicklung der Partei von 1921 bis 1970, wobei ich auf meine Rolle in dieser Entwicklung einging. Dann sagte ich: „Damit verabschiede ich mich" und verließ den Saal gefolgt von entgeisterten Blicken und einer sehr verwirrten jungen Genossin, die mir durch den ganzen Saal nachlaufen mußte, um mir einen Blumenstrauß zu überreichen.

Robert Weisz, Präsident der Gewerkschaft der Gemeindeangestellten, wurde zum Obmann gewählt. Gerne hätte ich, um weiter im Bilde zu bleiben, an den Vorstandssitzungen teilgenommen, aber mein Ersuchen wurde rundweg abgelehnt. Vielleicht ein bißchen zu kühl wiesen sie mich darauf hin, daß ich sowieso die Möglichkeit hätte, im Bezirksausschuß zur politischen Entwicklung Stellung zu nehmen. Der Platz, den sie mir dadurch zuwiesen, entsprach nicht meinen Vorstellungen, und ich entschied mich, von der Teilnahme an den Sitzungen Abstand zu nehmen. Ich besuchte nur mehr die Bezirkskonferenzen, zu denen ich automatisch eingeladen wurde. Dort brachte ich als einfacher Delegierter, ohne an irgendwelche vorherigen Besprechungen gebunden zu sein, meine Meinung zum Ausdruck.

Es dauerte nicht lange, da stellte sich heraus, daß Walter Hofstätter Robert Weisz als Obmann nur vorgeschoben hatte und danach trachtete, so schnell wie möglich selbst diese Position zu erreichen. Zwei Jahre später „durfte" Robert Weisz zurücktreten, und Hofstätter folgte ihm als Obmann. Er zeigte sehr bald, worauf es ihm wirklich ankam. Er ließ sich immer wieder in den Gemeinderat wählen, zögerte dann aber kurz nach der Wahl 1979 keinen Augenblick, ein gutes Angebot in einer wirtschaftlichen Institution der Gemeindeverwaltung anzunehmen und legte sein eben bestätigtes Mandat zurück. Daß es ihm augenscheinlich um den finanziellen Vorteil ging, war die allgemeine Meinung im Bezirk und brachte die Menschen gegen ihn auf. Sie wandten sich an mich: „Du mußt bei der Jahreskonferenz gegen ihn auftreten", forderten sie mich auf. „Nein", sagte ich, „das werde ich ganz bestimmt nicht tun. Wenn ihr glaubt, daß er nicht der geeignete Obmann ist, dann müßt ihr gegen ihn auftreten, nicht ich."

Die Stimmung wendete sich immer stärker gegen ihn. Das zeigte sich bei der Besetzung einer freiwerdenden Stelle auf der Nationalratswahlliste. Er hatte Andreas Rudas dafür vorgeschlagen und als dieser, in Kenntnis der Lage, verzichten wollte, ließ er das nicht zu. Frauen und Jugend verlangten aber Elisabeth Hlavac. Sie wurde mit neunzig gegen sechzig Stimmen für Rudas gewählt. Von verschiedenen Seiten wurde Hofstätter vor der Jahreskonferenz 1981, bei der es zur Neuwahl eines Obmanns kommen sollte, geraten, feierlich zu verzichten. Dazu war er nicht bereit. Das Resultat der Wahl lautete: hundertfünfzehn Stimmen für Hofstätter, also die Mehrheit, hundertvierzehn gegen ihn. Wir konnten es nicht glauben und ersuchten um eine Kontrolle. Nach einer genauen Untersuchung war der Irrtum, der hier vorlag, offensichtlich. Von den hundertfünfzehn Stimmen waren hundertzehn für Hofstätter als Obmann, fünf hatten ihn nur als Beisitzer gewählt und damit gegen ihn als Obmann gestimmt. Jetzt sah das Resultat anders aus: hundertzehn für, hundertneunzehn gegen ihn. Hofstätter trat zurück. Bei der erforderlichen Nachwahl des Bezirksobmannes kandidierten Albert Holub und Richard Stockinger, die von vornherein erklärten, bei jedem Ausgang der Wahl eng miteinander arbeiten zu wollen. Holub wurde mit achtzig gegen sechzig Stimmen für Stokkinger gewählt.

Es war Sommer, und ich fuhr am Tag nach der Entscheidung nach Ramseiden. Wenige Wochen später kam meine Tochter Toni nach Ramseiden und brachte mir eine mündliche Botschaft mit: „Richard läßt dir sagen, daß du jetzt endlich dein Ziel erreicht hast.“ Ich war überrascht. Was hatte das zu bedeuten? „Man hat dich in deiner Abwesenheit in den Bezirksvorstand kooptiert, so wie du es dir vor sechzehn Jahren eigentlich vorgestellt hättest.“ Ich freute mich darüber. Seither nehme ich wieder zur Politik des Bezirks Stellung und beteilige mich gewissenhaft am Leben der Partei.

EPILOG

Vergangenheit und Zukunft

Rückblick

Vor allem ein herzlicher Dank allen, die geholfen haben, diese Arbeit zustande zu bringen. Insbesondere Frau Dr. Doris *Ingrisch,* die in harter Arbeit mit zahlreichen Interviews und deren Transkription beigetragen hat, den Mangel an Unterlagen zu kompensieren. Ich hatte ja nie daran gedacht, meine Erlebnisse zu Papier zu bringen und besaß daher keinerlei wie immer geartete Aufzeichnungen. So mußte ich aus meiner Erinnerung heraus arbeiten. Durch unermüdliches Fragen half sie mir dabei und konnte auf diese Art auch unklare Aussagen transparent machen.

Nach ihrem Ausscheiden nach knapp eineinhalb Jahren übernahm Frau Elfriede *Schrödl* die Fortführung und den Abschluß der Arbeit. Durch ihre Verbundenheit mit meiner Familie - sie war von frühester Jugend an mit meinen Töchtern eng befreundet - und der Partei war sie besonders geeignet, mir bei der Ordnung und Formulierung des Manuskripts unschätzbare Hilfe zu leisten.

Danken möchte ich auch dem Institut für Wissenschaft und Kunst und dessen Generalsekretärin Frau Dr. Helga Kaschl sowie ihren Mitarbeiterinnen, die mich tatkräftig und uneigennützig unterstützten. Denen, die mir bei der Schlußfassung wertvolle Hinweise und Ratschläge gaben, aber auch den Freundinnen und Freunden, Männern und Frauen, von A wie Afritsch bis Z wie Ziak, die mich im Laufe meines Lebens begleitet und mir Zuversicht gegeben haben, bin ich aufrichtig dankbar.

Daß aus „75 Jahre Roter Hund" schließlich siebenundsiebzig Jahre geworden sind - was mit Schwierigkeiten der Entstehung dieses Buches zusammenhängt - wird mir hoffentlich verziehen werden.

Natürlich gibt es in diesem Buch Fehler, natürlich gibt es Irrtümer. Ich bitte alle, die das Buch bis zum Ende gelesen haben, mir schriftlich mitzuteilen, ob sie Fehler und Irrtümer gefunden haben. Ich stehe auch gerne für mündliche Aussprachen oder Diskussionen zur Verfügung, soweit es meine Zeit und meine Kräfte erlauben.

Ausblick

Franz Kreuzer nannte sein Buch in Anlehnung an ein altes Kampflied: „Was wir ersehnen von der Zukunft Fernen ..." Ich habe mir vorgenommen, den alten Anfang: „Was wir begehren von der Zukunft Fernen ..." zu verwenden. Denn sehnen ist Traum, begehren ist Kampf. Ich aber bin fürs Kämpfen. Darum begehre ich von der Gegenwart und der Zukunft, daß Partei und Arbeiterbewegung zurückfinden zu dem Bewußtsein ihrer historischen Aufgabe und mit Kampfesmut und Zuversicht sich an das Wort erinnern: „Wir sind das Bauvolk der kommenden Welt ..."
Ich möchte gerne, daß es mir gelingt, darzustellen, daß vieles von dem, was wir in unserer Jugend gelernt haben und was uns aus der Vergangenheit wertvoll erscheint, für die Zukunft nicht vergessen wird.

Ich möchte gerne, daß allen jenen, die an wichtigen Entscheidungen mitzuwirken haben, Partei und Arbeiterbewegung, Sache des Herzens und des Verstandes und nicht der Routine oder der Karriere sind.

Ich möchte gerne, daß wir alle uns erinnern an das Solidaritätslied von Bert Brecht und Hanns Eisler, mit dem wir - bevor die „Nacht über Österreich" hereinbrach - nach dem letzten Arbeitersymphoniekonzert am 11. Feber 1934 um zehn Uhr abends die letzte öffentliche Kundgebung der österreichischen Sozialdemokratie in einem Marsch über Ring und Kärntner Straße abgeschlossen haben:

> Vorwärts und nicht vergessen
> worin unsere Stärke besteht,
> beim Hungern und beim Essen,
> vorwärts und nicht vergessen
> die S o l i d a r i t ä t.

Namenregister

Autor und Verlag danken folgenden Stellen für die freundliche Genehmigung der Bildwiedergabe: Bezirksmuseum Döbling, Verein für Geschichte der Arbeiterbewegung, Bildarchiv der Österreichischen Nationalbibliothek.
Umschlagfoto: Karl-Marx-Hof 1927. Renner-Institut, Abt. Geschichte und Politik, Wien.
Farbabb.: Kurt Morawek